Das Gesetz

über das

Verfahren in Versorgungssachen

mit Ausführungsbestimmungen

Erläutert von

Dr. Th. von Olshausen
Präsident des Direktoriums
der Reichsversicherungsanstalt für Angestellte

und

Dr. Th. Schulte-Holthausen
Oberregierungsrat und ständiges Mitglied des
Reichsversicherungsamtes

2. Auflage

1926
München, Berlin und Leipzig
J. Schweitzer Verlag (Arthur Sellier).

Druck von Dr. F. P. Datterer & Cie., Freising-München

Vorwort zur 2. Auflage.

Die vorliegende 2. Auflage berücksichtigt die neueste Fassung des Gesetzes und der Ausführungsbestimmungen und alles, was seit Erscheinen der 1. Auflage (Mitte 1922) an Rechtsprechung, Schrifttum und Verwaltungsanordnungen auf dem Gebiete des Versorgungsverfahrens erschienen ist. Besonders ausgestaltet sind die Erläuterungen über die Versorgung in den abgetretenen Gebieten (Ausführungsbestimmungen zu § 38), die Rechtskraft (§ 65) einschließlich der Neubescheidung nach § 57 RVG. und der Berichtigungen nach § 65 Abs. 2, den Rekursausschluß in Gradsachen (§ 92) und die Einheitlichkeit des Versorgungsanspruchs (§ 125). Den Schluß bilden verfahrensrechtliche Auszüge aus dem Wehrmachtversorgungsgesetz, dem Kriegspersonenschädengesetz und dem Reichsgesetz über die Schutzpolizei der Länder, ein Verzeichnis der beteiligten Behörden und Dienststellen nach dem neuesten Stande und ein erweitertes Sachverzeichnis.

Berlin-Wilmersdorf, den 28. Juni 1926.

Inhaltsübersicht.

Dritter Teil.

Anlagen.

Abkürzungen.

AB.	= Ausführungsbestimmungen.
a. M.	= anderer Meinung.
AN. RAM.	= Amtliche Nachrichten des Reichsarbeitsministeriums.
AN. RVA.	= Amtliche Nachrichten des Reichsversicherungsamts.
ARG.	= Altrentnergesetz.
BGB.	= Bürgerliches Gesetzbuch.
Begr.	= Begründung zum Entwurf eines Gesetzes über das Verfahren in Versorgungssachen (Reichstagsdrucksache 2856/1921).
Bek.	= Bekanntmachung.
DA.	= Dienstanweisung für die Versorgungsbehörden vom 25. 11. 1920 (RVBl. 21 S. 9 Nr. 25).
DB.	= Dienstbeschädigung.
E.	= Entscheidungen des Reichsversorgungsgerichts, Verlag Behrend & Co., Berlin (III 120 = Band III Seite 120).
HptVersAmt	= Hauptversorgungsamt.
HVBl.	= Heeresverordnungsblatt.
KapEntschGes.	= Kapitulantenentschädigungsgesetz.
JW.	= Juristische Wochenschrift.
Kb.-Fürsorge	= Die Kriegsbeschädigten-Fürsorge (Zeitschrift).
Kb.- und Kh.-Fürsorge	= Die Kriegsbeschädigten- und Kriegshinterbliebenen-Fürsorge (Zeitschrift).
KPG.	= Kriegspersonenschädengesetz.
LVGer.	= bayer. Landesversorgungsgericht.
MHG.	= Militärhinterbliebenengesetz.
MdE.	= Minderung der Erwerbsfähigkeit.
MfA.	= Monatsschrift für Arbeiter- und Angestelltenversichernng.

MVG.	=	Mannschaftsversorgungsgesetz.
OffEntschGes.	=	Offizierentschädigungsgesetz.
OPG.	=	Offizierpensionsgesetz.
OVA.	=	Oberversicherungsamt.
PAV.	=	Personal-Abbau-Verordnung vom 27. 10. 23 (RGBl. I S. 999).
RABl.	=	Reichsarbeitsblatt.
RAM.	=	Reichsarbeitsminister.
RBG.	=	Reichsbeamtengesetz.
RBesoldBl.	=	Reichsbesoldungsblatt.
RG.	=	Reichsgericht.
RGBl.	=	Reichsgesetzblatt.
RMBl.	=	Reichsministerialblatt.
RVA.	=	Reichsversicherungsamt.
RVBl.	=	Reichsversorgungsblatt.
RVG.	=	Reichsversorgungsgesetz.
RVGer.	=	Reichsversorgungsgericht.
RVO.	=	Reichsversicherungsordnung.
SozPrax.	=	Soziale Praxis und Archiv für Volkswohlfahrt.
StGB.	=	Strafgesetzbuch.
VersAmt	=	Versorgungsamt.
VersBeh.	=	Versorgungsbehörde.
VersBerechtigte	=	Versorgungsberechtigte.
VersGeb.	=	Versorgungsgebührnisse.
VersGer. und VGer.	=	Versorgungsgericht(e).
VO.	=	Verordnung.
VerfG.	=	Gesetz über das Verfahren in Versorgungssachen.
Zentralbl.	=	Zentralblatt für das Deutsche Reich.
ZPO.	=	Zivilprozeßordnung.

Einleitung.

Unmittelbar nach Beendigung des Krieges wurde neben der Änderung des materiellen Militärversorgungsrechts auch die Neugestaltung des Verfahrens in Versorgungssachen in Angriff genommen. Zunächst wurde durch die Verordnung der Reichsregierung über Änderung des Verfahrens in Militärversorgungssachen vom 1. Februar 1919 (RGBl. S. 149) die gerichtliche Nachprüfung der Verwaltungsbescheide in einem besonderen Spruchverfahren eingeführt. Sodann wurden die im Verwaltungsverfahren entscheidenden Stellen als Zivilbehörden dem Reichsarbeitsminister unterstellt. Mit der Neuregelung ihrer sachlichen und örtlichen Zuständigkeit ging die Änderung des Verfahrens einher. Besondere Maßnahmen wurden insbesondere durch das Inkrafttreten des Reichsversorgungsgesetzes vom 12. Mai 1920 (RGBl. S. 989) erforderlich. Eine Zusammenfassung der bisher ergangenen Vorschriften, deren Handhabung in der Praxis infolge ihrer großen Zahl zu Schwierigkeiten geführt hatte, bringt das Gesetz über das Verfahren in Versorgungssachen vom 10. Januar 1922 (RGBl. S. 59), zu dem der Reichsarbeitsminister am 30. Januar 1922 Ausführungsbestimmungen erlassen hat. Diese Ausführungsbestimmungen sind in der vorliegenden Bearbeitung des Gesetzes im Anschluß an die einzelnen Paragraphen des Gesetzes in lateinischer Schrift abgedruckt.

Das Verfahrensgesetz behandelt in drei Hauptteilen die Versorgungsbehörden, das Versorgungsverfahren und die Schutz-, Straf-, Schluß- und Übergangsvorschriften. Unter den Versorgungsbehörden sind die Versorgungsämter und Hauptversorgungsämter als Verwaltungsbehörden und die Versorgungsgerichte und das Reichsversorgungsgericht als Spruchbehörden zu verstehen. Während die Verwaltungsbehörden der Reichsversorgung ausschließlich Reichsbehörden sind, sind die Versorgungsgerichte infolge ihrer Angliederung an die Oberversicherungsämter Landesbehörden.

Das Versorgungsverfahren zerfällt in das Verwaltungsverfahren und das Spruchverfahren. Die für beide gemeinsam geltenden Vorschriften sind der Übersichtlichkeit halber in einem besonderen Abschnitt zusammengefaßt. Wichtig ist insbesondere die Vorschrift, daß in Versorgungssachen der ordentliche Rechtsweg, der bisher im sogenannten „Regelungsverfahren" zulässig war, ausgeschlossen ist.

Im Verwaltungsverfahren liegt künftig der Schwerpunkt bei den für die Versorgungsberechtigten am leichtesten erreichbaren Ortsbehörden, da alle Angelegenheiten, die nicht den Hauptversorgungsämtern besonders vorbehalten sind, zur Zuständigkeit der Versorgungsämter gehören. Der Sachverhalt ist von Amts wegen aufzuklären, die Beteiligten sind jedoch verpflichtet, zur Aufklärung mitzuwirken. Ein Einspruch gegen die Bescheide der Verwaltungsbehörden ist nicht vorgesehen, der Antragsteller kann vielmehr beim Vorliegen der gesetzlichen Voraussetzungen gegen die erste Entscheidung im Verwaltungsverfahren die Spruchbehörden anrufen.

Die Vorschriften über das Spruchverfahren gelten mit den besonders hervorgehobenen Abweichungen einheitlich für das Berufungs- und das Rekursverfahren. Die Berufung ist zulässig gegen alle Bescheide der Verwaltungsbehörden mit Ausnahme der Bescheide über Gebührnisse, deren Gewährung durch die Versorgungsgesetze in das pflichtgemäße Ermessen der Verwaltungsbehörden gestellt ist („Kannbezüge"). Während die Berufung im übrigen unbeschränkt gegeben ist, ist der Rekurs in bestimmten Fällen von geringerer Bedeutung ausgeschlossen. Den Bedürfnissen der Praxis entsprechend ist ferner vorgesehen, daß künftig nicht nur unzulässige oder verspätet eingelegte, sondern auch sachlich unbegründete Rechtsmittel ohne mündliche Verhandlung durch Verfügung des Vorsitzenden zurückgewiesen werden können. Die Entscheidungen der Kammern und Senate ergehen durch Urteil, und zwar auf Grund mündlicher und öffentlicher Verhandlung, soweit nicht Ausnahmen besonders zugelassen sind.

Die Schutz- und Strafvorschriften sichern die Erfüllung der den Beisitzern der Spruchbehörden obliegenden Pflichten, die unbehinderte Ausübung des Amtes als Beisitzer der Spruchbehörden und die Beobachtung der zum Schutze der Versorgungsberechtigten vorgesehenen Pflicht zur Verschwiegenheit.

Bei den Schluß- und Übergangsvorschriften sei hingewiesen auf die Beibehaltung des bayerischen Landesversorgungsgerichts, das bis auf weiteres für alle zur Zuständigkeit der bayerischen Versorgungsgerichte gehörigen Versorgungssachen als oberste Spruchbehörde an die Stelle des Reichsversorgungsgerichts tritt.

Gesetz über das Verfahren in Versorgungssachen †)

vom 10. Januar 1922 (RGBl. I S. 59)

in der Fassung des Gesetzes vom 22. Dezember 1922 (RGBl. I S. 982 und RVBl. 23 Nr. 2), der Art. 21, 22 der Personal-Abbau-Verordnung vom 27. Oktober 1923 (RGBl. I S. 999 und RVBl. Nr. 874), der Verordnung vom 12. Februar 1924 (RGBl. I S. 59 und RVBl. Nr. 85) und des Gesetzes vom 4. August 1924 (RGBl. I S. 677 und RVBl. Nr. 334).

nebst den Ausführungsbestimmungen ††) vom 30. Januar 1922

(Zentralbl. S. 79 und RVBl. Nr. 121) und 30. Oktober 1922 (Zentralbl. S. 1013 und RVBl. Nr. 931) in der Fassung vom 15. Juli 1922 (RVBl. Nr. 634) und vom 27. Februar 1924 (RBesoldBl. S. 49 und RVBl. 23 Nr. 926; 24 Nr. 122).

Erster Teil.

Versorgungsbehörden.

Erster Abschnitt.

Allgemeine Vorschriften.

§ 1.

Das Reichsversorgungsgesetz vom 12. Mai 1920 (RGBl. S. 989) und das Altrentnergesetz vom 18. Juli

---

†) Schrifttum zum Verfahrensgesetz: Entscheidungen des RVGer. Entscheidungen des BayLVGer.; Kommentar von Kaufmann-Fuisting, Berlin 1922 (Verlag Vahlen). Rabeling, Das neue Verfahren in Militärversorgungssachen (zur VO. vom 1. Febr. 1919). Zielke, Die Rechtsprechung des RVGer. MfA. 21 Sp. 467, 523; 23 Sp. 93, 125, 229. Schulte-Holthausen, Das Gesetz über usw. Ortskrankenkasse 22 Sp. 313. Derselbe, Die verfahrensrechtlichen Vorschriften der PAV., MfA. 23 Sp. 657. Ortweiler, Das Verfahren usw., JW. 22 S. 465, Seel, Das neue Gesetz usw., Kb.- und Kh.-Fürsorge 22 S. 274.

††) Die Ausführungsbestimmungen sind durch lateinischen Druck kenntlich gemacht.

1921 (RGBl. S. 953) sowie die vor ihrem Inkrafttreten ergangenen Militärversorgungsgesetze (Versorgungsgesetze[1]) werden, soweit nicht in diesem Gesetz ein anderes vorgeschrieben ist[2], im Verwaltungsverfahren von den Versorgungsämtern und den Hauptversorgungsämtern (Verwaltungsbehörden der Reichsversorgung), im Spruchverfahren von den Versorgungsgerichten und dem Reichsversorgungsgerichte (Spruchbehörden der Reichsversorgung) durchgeführt[3]. Die oberste Leitung des Versorgungswesens hat der Reichsarbeitsminister[4].

Zu § 1.

Außer den „Versorgungsbehörden" (Verwaltungs- und Spruchbehörden)*) bestehen wie bisher Versorgungskrankenhäuser[5]), Versorgungskuranstalten[5]), orthopädiche Versorgungsstellen[6]), das Beobachtungskrankenhaus in Heidelberg, die Reichsversorgungskasse[7]), die Einkaufsstelle für Sanitätsbedarf im Versorgungswesen und die Kaiser-Wilhelms-Akademie für ärztlich soziales Versorgungswesen. Diese Einrichtungen und die Verwaltungsbehörden der Reichsversorgung einschließlich der Landesdienststelle für das Rentenversorgungswesen in Bayern (§ 155), jedoch nicht die Spruchbehörden, fallen unter die gemeinsame Bezeichnung „Versorgungsdienststellen".

*) Das RVG. versteht unter „Versorgungsbehörden" nur die „Verwaltungsbehörden" im Sinne des Gesetzes vom 10. Januar 1922.

1. Das Tätigkeitsgebiet der Behörden der Reichsversorgung, der Versorgungsbehörden (vgl. § 2 und AB. zu § 1), ist die Durchführung der Versorgungsgesetze. Versorgungsgesetze im Sinne des § 1 sind nur die dort als solche ausdrücklich bezeichneten Gesetze. Dieses sind:

a) Das RVG. vom 12. Mai 1920, das nach § 92 des Ges. mit Wirkung vom 1. April 1920 in Kraft getreten ist. Es ist geändert durch Gesetz vom 22. Juni 1923, Art. 21 Ziff. I und II der PAB. vom 27. Okt. 23, Gesetz vom 4. Aug. 24, Art. 4 der BO. über die 18. Ergänzung des Besoldungsgesetzes vom 23. Okt. 1924 und Gesetz vom 28. Juli 1925. Neueste Fassung vom 31. Juli 1925 (RGBl. I S. 165). Zu ihm sind ergangen: die AB. vom 16. 11. 20 (RGBl. S. 1907), 6. 7. 23 (RBBl. Nr. 545), 21. 12. 23 (RBBl. Nr. 986) und 12. 8. 25 (RBBl. Nr. 115), die BO. der Reichsregierung zur Durchführung des § 25 Abs. 3 und des § 28 RBG. vom 1. 9. 20 (RGBl. S. 1633); die AB. zu §§ 72—85 (Kapitalabfindung) vom 13. 12. 20 (RGBl. S. 2146); die BO. zur Durchführung des § 7 vom 3. 7 22 (RBBl. Nr. 578) mit Ergänzungsbestimmungen RBBl. 24 S. 108 — letztere nicht bindend im Sinne des § 114 Satz 1 (E. IV, 120); die AB. zu §§ 88 bis 95 (Zusatzrente), zusammengestellt RBBl. 25 Nr. 116; die

Durchführungsvorschriften zu § 62 (Ruhensvorschriften) vom 18. 8. 25 (RVBl. Nr. 128).

b) Das Gesetz über die Versorgung der vor dem 1. 8. 14 aus der Wehrmacht ausgeschiedenen Militärpersonen und ihrer Hinterbliebenen (Altrentnergesetz) vom 18. 7. 21, das nach § 10 des Ges. mit Wirkung vom 1. 1. 21 in Kraft getreten ist. Neue Fassung durch Gesetz vom 30. 6. 23 (RGBl. I S. 524), Art. 21 Ziff. III der PAV. und Gesetz vom 28. 7. 25 (RGBl. I S. 163 und RVBl. Nr. 114). Zu ihm sind am 7. 11. 21 AB. ergangen, RVBl. Nr. 1167.

c) Die vor dem 1. 1. 21 ergangenen Militärversorgungsgesetze. Als solche früheren Militärversorgungsgesetze kommen in erster Linie in Betracht das Mannschaftsversorgungsgesetz und das Offizierpensionsgesetz vom 31. 5. 06 sowie das Militärhinterbliebenengesetz vom 17. 5. 07. Dazu treten die älteren Militärversorgungsgesetze, die zum Teil auch heute noch für die Beurteilung von Ansprüchen Bedeutung haben, so das Militärpensionsgesetz vom 27. 6. 71 (RGBl. S. 275) nebst den ergänzenden Reichsgesetzen vom 4. 4. 74 (RGBl. S. 25), 22. 5. 93 (RGBl. S. 171), 14. 1. 94 (RGBl. S. 107), 22. 5. 95 (RGBl. S. 237) und das Gesetz vom 31. 5. 01 (RGBl. S. 193); auch das Fürsorgegesetz für militärische Luftfahrer vom 29. 6. 12 (RGBl. S. 415) und das Gesetz über die Kriegsversorgung von Zivilbeamten vom 4. 8. 14 (RGBl. S. 335) hinsichtlich der Hinterbliebenen dieser Zivilbeamten sind als solche Versorgungsgesetze anzusehen. Hingegen rechnet nicht hierher das Unfallfürsorgegesetz vom 18. 6. 01 (RGBl. S. 211), weil es nicht ein Versorgungsgesetz, sondern eine Art Versicherungsgesetz ist; ähnlich E. V. 5 und RVBl. 25 Nr. 83². An Stelle des Unfallfürsorgegesetzes kommt jetzt das Altrentnergesetz, aber nicht das Pensionsergänzungsgesetz in Frage; RVBl. 22 Nr. 360², 476²; 25 Nr. 84. Auch das Kap.-EntschG. und das OffEntschG., beide vom 13. 9. 19 (RGBl. S. 1654 und S. 1659) sind Versorgungsgesetze; vgl. § 160.

2. Vgl. § 37 Abs. 2—5 (Heilbehandlung und soziale Fürsorge), § 151 (Reichsversicherungsamt), § 155 (Landesdienststelle Bayern) und § 160 (aktive Offiziere, Beamte und deren Hinterbliebene, Offizierentschädigungsgesetz und Kapitulantenentschädigungsgesetz).

3. a) Neben den im § 1 genannten Versorgungsgesetzen (vgl. Anm. 1) sind auf dem Gebiete des Militärversorgungswesens noch weitere Gesetze in Geltung. Für die Durchführung dieser nicht unter § 1 fallenden Gesetze kommt das Verfahrensgesetz nicht ohne weiteres, sondern nur insoweit zur Anwendung, als diese Gesetze selbst es für anwendbar erklären oder auf Vorschriften verweisen, an deren Stelle es getreten ist (vgl. § 158 Abs. 2). So erklärt das Wehrmachtversorgungsgesetz vom 4. 8. 21. (RGBl. S. 993) das Spruchverfahren für anwendbar.

Das Wehrmachtversorgungsgesetz†) ist geändert durch Art. 2 des Ges. vom 7. 4. 22 (RGBl. S. 328); Ges. vom 22. 6. 23 (RGBl. I S. 404) und Ges. vom 31. 7. 25 (RGBl. I S. 161). Neueste Fassung vom 19. 9. 25 (RGBl. I S. 349) mit Berichtigungen vom 20. 11. 25 (RGBl. I S. 389). Die AB. vom 22. 5. 22 (HVBl. S. 365) sollen nach HVBl. 25 S. 70 und RVBl. 25 Nr. 130 neu bearbeitet werden. Über Zahlbarmachung der Gebührnisse und Rechnungslegung RVBl. 23 Nr. 447 und 855 Ziff. II. — Vgl. auch das Ultimatumversorgungsgesetz vom 27. 7. 22 (HVBl. S. 349) mit AB. vom 12. 8. 22 (HVBl. S. 350).

b) Nach § 8 des Pensionsergänzungsgesetzes vom 21. 12. 20 (RGBl. S. 2109) sind die Spruchbehörden der Reichsversorgung im gewissen Umfange zuständig für die Verfolgung von Ansprüchen in den Ruhestand versetzter Offiziere. Das PEG. ist geändert durch Ges. vom 7. 4. 22 (RGBl. I S. 328), die 6. und 7. Ergänzung des Besoldungsges. vom 6. 4. und 28. 10. 22 (RGBl. I S. 331 und 862), Ges. vom 14. 11. 22 (RGBl. I S. 781), die 9. und 12. Ergänzung des Besoldungsges. vom 18. 6. und 12. 12. 23 (RGBl. I S. 385 und 1180). Neueste Fassung bei Behrend, Versorgungsrecht und Versorgungsverfahren, Carl Heymann-Verlag 1926.

c) Nicht durch die Versorgungsbehörden durchzuführen ist das Schwerbeschädigtengesetz vom 6. 4. 20 (RGBl. S. 458) in der Fassung der Bek. vom 12. 1. 23 (RGBl. I S. 57 und RVBl. Nr. 45), geändert durch Art. 21 Ziff. VII PAB. mit AusfVO. vom 13. 2. 24 (RVBl. Nr. 103). Über das Zusammenarbeiten der Verf.-Behörden mit den Organen der Sozialen Fürsorge s. RVBl. 22 Nr. 253 und 511, der Hauptfürsorgestellen und Berufsgenossenschaften bei der Unterbringung Schwerunfallbeschädigter RVBl. 22 Nr. 257.

d) Das Kapitalabfindungsgesetz für Offiziere vom 26. 7. 18 (vgl. dazu RVBl. 24 Nr. 420; 26 Nr. 20, 21) und die VO. über Abfindung von Versorgungsanwärtern vom 30. 10. 23 (RGBl. I S. 1050 und RVBl. Nr. 989) regeln nur „Kannbezüge"; vgl. § 91. Im übrigen s. Anm. 3 zu § 77.

e) Auf Behörden und Verfahren des VerfG. verweist auch das Kriegspersonenschädengesetz††) vom 15. 7. 22 (RGBl. I S. 620 und RVBl. Nr. 681) in der Fassung vom 30. 6. 23 (RGBl. I S. 545 und RVBl. Nr. 542), geändert durch Art. II der VO. vom 29. 3. 24 (RGBl. I S. 381 und RVBl. Nr. 180) und Art. IV des Ges. vom 28. 7. 25 (RGBl. I S. 163 und RVBl.

†) Ein Auszug des WVG. ist unten in Anlage 1 abgedruckt.

††) Ein Auszug aus dem KPG. ist unten in Anlage 2 abgedruckt. Zur Überleitung der Tumultschädensachen (§ 18 KPG.) auf die Länder vgl. Liebrecht im Preuß. Verwaltungsbl. 24 S. 283. Vgl. ferner Waschow, Kriegspersonenschädengesetz, in der JW. vom 1. 6. 25.

Nr. 114). Erläuterungen und Durchführungsanweisungen RVBl. 23 Nr. 245—251; 26 Nr. 10. Über Parteien und ihre Vertretung vgl. Anm. 1 b zu § 50.

Nicht unter das VerfG. fallen folgende z. T. geänderten Gesetze:

A. das Ges. über Feststellung von Kriegsschäden im Reichsgebiet vom 3. 7. 16 (RGBl. S. 675);

B. das Reichstumultschädengesetz. vom 12. 5. 20 (RGBl. S. 941), aus dem später die Personenschäden, d. h. Schäden an Leib und Leben, herausgenommen und in § 18 des KPG. geregelt sind;

C. das Verdrängungsschädengesetz. vom 28. 7. 21 (RGBl. S. 1021);

D. das Kolonialschädengesetz. vom 28. 7. 21 (RGBl. S. 1031);

E. das Auslandsschädengesetz. vom 28. 7. 21 (RGBl. S. 1045);

F. das Besatzungspersonenschädengesetz. vom 17. 7. 22 (RGBl. I S. 624).

Die Gesetze zu A—E betreffen nur Sachschäden. Für die Durchführung vgl. u. a. die Entschädigungsordnung vom 30. 7. 21 (RGBl. S. 1046). Der ordentliche Rechtsweg ist ausgeschlossen. Auch zu F kommen die Spruchbehörden der Reichsversorgung keinesfalls in Frage (E. IV 214).

f) Nach dem Reichsgesetz über die **Schutzpolizei der Länder** †) vom 17. 7. 22 (RGBl. I S. 597 und RVBl. Nr. 680) kann durch Landesgesetz den Schutzpolizeibeamten und ihren Hinterbliebenen Versorgung im Rahmen des RVG. und des WVG. zugebilligt werden. Die Versorgung nach dem RVG. wird von den Verwaltungs- und Spruchbehörden der Reichsversorgung, die besondere Schutzpolizeiversorgung (nach Art des WVG.) von den Verwaltungsbehörden der Länder und den Spruchbehörden der Reichsversorgung unter Ausschluß des ordentlichen Rechtsweges bearbeitet. — Allgemeine Anweisungen des RAM. über die Versorgung der Schutzpolizei RVBl. 23 Nr. 568. Über Verwaltungskostenaufwand bei den Reichsbehörden und Kostenerstattung vgl. RVBl. 24 Nr. 286; 25 Nr. 47. Über Parteien und ihre Vertretung vgl. Anm. 1 b zu § 50. — Wegen der beabsichtigten Aufhebung des Reichsgesetzes über die Schutzpolizei vgl. Fußnote 1 zu Anl. 3 (S. 220).

Die Schutzpolizeigesetze der einzelnen Länder sind in folgenden Übertragungserlassen im RVBl. zitiert: für Preußen 23 Nr. 569; Bayern 23 Nr. 570; Sachsen 26 Nr. 17; Württemberg 23 Nr. 834; Baden 23 Nr. 835; Thüringen 24 Nr. 291; Hessen 24 Nr. 73; Hamburg 23 Nr. 683; Mecklenburg-Schwerin 24 Nr. 74; Oldenburg 24 Nr. 182; Braunschweig 23 Nr. 940; Anhalt 24 Nr. 290; Bremen 24 Nr. 336; Lübeck 23 Nr. 684; Mecklenburg-Strelitz 24 Nr. 217; Lippe, Waldeck und Schaumburg-Lippe haben keine eigene staatliche Polizei.

---

†) Ein Auszug aus dem Reichsgesetz über die Schutzpolizei ist unten in Anlage 3 abgedruckt.

Die Polizeibeamten beim Reichswasserschutz sind Reichsbeamte. Das Gesetz über die Versorgung der Polizeibeamten beim Reichswasserschutz vom 26. 2. 26 (RGBl. I S. 149 und RVBl. Nr. 44) mit AusführungsVO. vom 29. 3. 26 und Durchführungsbestimmungen vom 3. 4. 26 (RVBl. Nr. 44) gewährt eine dem WVG. ähnliche Versorgung.

4. Die oberste Leitung des Versorgungswesens durch den RAM., †) dem sie bereits durch die VO. des Reichskanzlers vom 5. 10. 19 (RGBl. S. 1784) übertragen worden war, umfaßt auch die Dienstaufsicht.

5. Über Versorgungskuranstalten vgl. RVBl. 23 Nr. 638. Die Untersuchungsstellen im Bereiche des RAM. führen jetzt die Bezeichnung „Versorgungsärztliche Untersuchungsstellen"; RVBl. 25 Nr. 101. Die Krankenbuchlager sind seit dem 1. 4. 24 den Versorgungsämtern VI Berlin, I München, Dresden und Stuttgart angegliedert; RVBl. 24 Nr. 50.

6. Über die orthopädischen Versorgungsstellen, die in wirtschaftlicher Beziehung keine selbständigen Dienststellen sind, vgl. RVBl. 21 Nr. 857; 22 Nr. 209, 461, 615; 23 Nr. 304, 523; 24 Nr. 187, 234; 25 Nr. 78.

7. Die Reichsversorgungskasse hieß früher Zentralversorgungskasse und führt seit März 1924 die Bezeichnung „Reichsarbeitskasse (Reichsversorgungskasse)". Die Anschrift lautet: Berlin NW. 40, Scharnhorststr. 35. Über Kassen der HVA. und VA. vgl. Anm. 1 und 2 zu § 5.

§ 2.

Die bei den Verwaltungs- und Spruchbehörden (Versorgungsbehörden) tätigen Personen[1] haben über die vermöge ihrer dienstlichen Tätigkeit ihnen bekannt gewordenen Angelegenheiten, deren Geheimhaltung ihrer Natur nach erforderlich oder dienstlich vorgeschrieben ist, Verschwiegenheit[2] zu beobachten[3]; zu diesen Angelegenheiten gehören insbesondere die gesundheitlichen und wirtschaftlichen Verhältnisse der Beteiligten, in Hinterbliebenenangelegenheiten auch des Verstorbenen. Die Verpflichtung bleibt nach dem Ausscheiden aus dem Dienste bestehen.

1. Hierunter fallen die Beamten und Angestellten der Verwaltungsbehörden wie auch die Mitglieder der Kammern und Senate der Spruchbehörden, also sowohl die beamteten Beisitzer

†) Hartrodt, Das Reichsarbeitsministerium, seine Entstehung, sein Aufgabenkreis und seine Organisation, RABl. 26, nichtamtl. Teil. S. 11*—16*; derselbe, Der Behördenorganismus auf dem Arbeitsgebiete des Reichsarbeitsministeriums (mit Behördenverzeichnis und Schaubild), a. a. O. S. 223*—227*.

wie auch die aus der sozialen Fürsorge und aus den Vers.Berechtigten. Wegen der besonderen Verpflichtung der Mitglieder der Spruchbehörden, den Hergang bei der Beratung und das Stimmenverhältnis bei der Abstimmung geheimzuhalten, vgl. § 131 Abs. 2.

2. Die Verschwiegenheitspflicht †) besteht auch gegenüber den Steuerbehörden. Zwar ist der Steuerbehörde über die Höhe der Rente auf Anfordern Mitteilung zu machen, aber nicht über den Inhalt eigener Angaben des Versorgungsberechtigten oder amtlicher Auskünfte. Diese Angaben können zwar „für die Ausübung der Steueraufsicht oder in einem Steuerermittlungsverfahren für die Feststellung der Steueransprüche von Bedeutung" sein (§ 177 der ReichsabgabenO. — RGBl. 19 S. 1993), doch bezieht sich die Auskunftspflicht der Vers.-Behörden nicht auf diese Tatsachen (§ 181 a. a. O.), weil sie nur gelegentlich des Versorgungsverfahrens und lediglich für die Zwecke desselben zu ihrer Kenntnis gekommen sind und die Steuerbehörde die Angaben aus der gleichen Quelle erhalten kann. Auch die §§ 191, 192 a. a. O. nötigen nicht zu einer anderen Stellungnahme. Überdies sollen nach § 209 a. a. O. andere Personen erst dann zu einer Auskunft usw. angehalten werden, wenn die Verhandlungen mit dem Steuerpflichtigen nicht zum Ziele führen oder keinen Erfolg versprechen; vgl. hierzu Reichssteuerblatt 20 S. 377.

3. Die unbefugte Offenbarung ist unter die Strafvorschrift des § 150 gestellt. Außerdem kann die Verletzung der Schweigepflicht dienststrafrechtliche Ahndung und zivilrechtliche Schadensersatzpflicht nach sich ziehen. Bei Anfragen von Personen ohne Vollmacht (auch von Verwandten) ist Vorsicht geboten, besonders wenn gegen den Versorgungsberechtigten Unterhaltsklage erhoben werden soll; vgl. im übrigen RVBl. 22 Nr. 1056.

§ 3.

Die Vorsitzenden und Beisitzer der Kammern und Senate der Spruchbehörden sind bei der Rechtsprechung unabhängig[1] und nur dem Gesetz unterworfen[2], insbesondere sind sie an Aufträge und Weisungen irgendwelcher Art nicht gebunden[3].

1. Die Mitglieder der Kammer der Vers.Gerichte und der Senate des RVGer. — die beamteten sowohl wie z. B. auch die Beisitzer aus der sozialen Fürsorge und aus den Vers.Berechtigten — sind wie die Richter unabhängig und nur dem Gesetz unterworfen (vgl. Art. 102 der Reichsverfassung und § 1 des Gerichts-

†) Weinhold, „Über Umfang der Verschwiegenheitspflicht ..." MfA. 24 Sp. 696—99 und Arb.-Versorgung 25 S. 257 bis 260. Dazu v. Lewinski in MfA. 25 Sp. 172/73.

verfassungsgesetzes). Die Dienstaufsicht der Landesverwaltungen über die Vers.Gerichte wie die des RAM. über das RVGer. kann sich daher nur auf die ordnungsmäßige Ausführung der Amtsgeschäfte, nicht aber auf die Rechtsprechung erstrecken.

2. Die Gerichte können mithin zwar sozialen Erwägungen durch wohlwollende Auslegung des Gesetzes Raum geben, aber nicht über die gesetzlichen Vorschriften hinausgehen. Der Ausgleich etwaiger Härten des Gesetzes ist vielmehr Sache der sozialen Fürsorge und der Verwaltungsbehörde (vgl. z. B. § 113 RVG.).

3. Es sind daher z. B. auch die Beisitzer aus den Vers.-Berechtigten nicht etwa an irgendwelche Weisungen der Verbände gebunden, die sie nach § 13 als Beisitzer vorgeschlagen haben. Für die Gerichte sind auch Ausführungsbestimmungen, Erlasse und sonstige Verwaltungsanordnungen nur insoweit bindend, als sie mit den Gesetzen im Einklang stehen. Auch die vom RAM. herausgegebenen Anhaltspunkte für die Beurteilung der Minderung der Erwerbsfähigkeit nach dem RVG. †) sind nicht bindend, sondern stellen nur ein wertvolles Hilfsmittel dar. Jedoch haben die zur Durchführung der §§ 7, 25 Abs. 3 und 28 RVG. von der Reichsregierung erlassenen Vorschriften nach ausdrücklicher Vorschrift des 114 RVG. bindende Kraft.

Zweiter Abschnitt.

Verwaltungsbehörden.

§ 4.

Die Verwaltungsbehörden[1] der Reichsversorgung sind Reichsbehörden[2]; ihren Sitz und Bezirk[3] bestimmt der Reichsarbeitsminister.

Die Beamten der Verwaltungsbehörden sollen für ihren Beruf besonders vorgebildet sein[4].

1. Verwaltungsbehörden der Reichsversorgung sind nur die Hpt.Vers.Ämter und die Vers.Ämter. Nicht zu den Verwaltungsbehörden in diesem Sinne rechnen daher z. B. die Versorgungskrankenhäuser, die Reichsversorgungskasse und die übrigen in den AB. zu § 1 aufgeführten Versorgungsdienststellen. Auch die Organe der sozialen Fürsorge, die Hpt.Fürsorgestellen und Fürsorgestellen, sind nicht hierher zu zählen; sie sind keine Reichsbehörden, sondern Dienststellen der Länder oder der Selbstverwaltungskörperschaften (näheres Anm. 11 zu § 37). Auf sie findet das Vers.G. daher keine Anwendung.

---

†) Die Anhaltspunkte sind abgedruckt bei Nilson, Reichsversorgungsrecht und Fürsorgewesen 1922, Bd. II S. 408.

Für die Verwaltungsbehörden der Reichsversorgung gelten die für alle Reichsbehörden im allgemeinen und die für sie vom RAM. im besonderen erlassenen Vorschriften. Das Reichskontrollgesetz vom 21. 3. 10 (RVBl. 22 Nr. 262) ist durch die Reichshaushaltsordnung vom 31. 12. 22 (RGBl. 23 II S. 17 und RVBl. 23 Nr. 81) außer Kraft gesetzt. Über Versicherung des Reiches gegen Schulden aller Art RVBl. 23 Nr. 620; Gerätebewirtschaftung der Reichsbehörden RVBl. 24 Nr. 220. Unterhaltung und Bewirtschaftung von Reichsgebäuden früher RVBl. 22 Nr. 348, 516, 794, 963, jetzt Runderlaß des RAM. vom 24. 9. 25; Brennstoffbeschaffung s. Runderlaß des RAM. v. 27. 1. 25; Gebührenablösung für Briefsendungen der Reichsbehörden RVBl. 23 Nr. 780, ferner Nr. 804; Portokosten im Versorgungswesen (ungenügend freigemachte Sendungen usw.) RVBl. 22 Nr. 399, 780; Anfertigung von Dienstsiegeln und Verwendung des Reichsadlers auf amtlichen Schildern und Drucksachen RVBl. 22 Nr. 770; Ausnutzung der Büromaschinen RVBl. 23 Nr. 738; „Sammelsachen" RVBl. 21 Nr. 886; VO. über Bildung von Betriebsräten im Bereich des RAM. vom 26. 3. 24/23. 5. 25 RVBl. 24 Nr. 196; 25 Nr. 94.

2. a) Die Beamten der Verwaltungsbehörden sind mithin Reichsbeamte, die den Vorschriften des RBG. unterstehen. Jeder planmäßige und außerplanmäßige Beamte hat daher den Diensteid in der für Reichsbeamte in der VO. vom 14. 8. 19 (RGBl. S. 1419) vorgeschriebenen Form zu leisten (vgl. RAM. 14. 3. 21, RVBl. Nr. 428). Das Besoldungsges. vom 30. 4. 20 (RGBl. S. 805) ist mehrfach geändert. Über Notstandsbeihilfen RVBl. 23 Nr. 440, 600, 812, 956; 24 Nr. 40. Die Personal-Abbau-VO. vom 27. 10. 23 (RGBl. I S. 999) ist geändert durch die VO. vom 28. 1. 24 (RGBl. I S. 39) und aufgehoben durch Ges. vom 4. 8. 25 (RGBl. I S. 181). Richtlinien zur Regelung des allgemeinen Dienstalters der Beamten im Vers.Wesen RVBl. 22 Nr. 1085. Reihenfolge für die Beförderungen RVBl. 23 Nr. 118, 756. Bezirksbeamtenausschüsse bei den Hpt.Vers.Ämtern RVBl. 24 Nr. 263. Über Wohnungsfürsorge für Reichsbeamte und -bedienteste RVBl. 22 Nr. 523; 25 Nr. 90. Vorlegung ärztlicher Zeugnisse in Krankheitsfällen RVBl. 24 Nr. 159. Untersuchung von Beamten usw. durch Versorgungsärzte RVBl. 22 Nr. 497; 23 Nr. 350, 403, 856; 24 Nr. 63, 394. Verpflichtung zur Übernahme nebenamtlicher Tätigkeit (§ 13 PAV.) RVBl. 24 Nr. 222. Privat- und Kassenpraxis der beamteten Versorgungsärzte RVBl. 23 Nr. 510; 24 Nr. 52.

b) Hinsichtlich des Disziplinarrechts kommen auf die Beamten die §§ 72 ff. RBG. und die Art. 129, 130 der Reichsverfassung vom 11. August 1919 zur Anwendung. Im übrigen vgl. RVBl. 21 Nr. 842; 22. Nr. 315, 745 und über die Löschung von Disziplinarstrafen insbesondere RVBl. 21 Nr. 1134. Ges.

über Dienstgeldstrafen vom 16. 5. 23 (RGBl. I S. 295). Über Einfluß des Geldstrafengеs. vom 27. 4. 23, insbesondere die Berechnung der Dienstgeldstrafen in Goldmark vgl. RVBl. 24 Nr. 66. — VO. über die Führung früherer Titel und Amtsbezeichnungen vom 11. 6. 20 (Reichsanz. Nr. 135). Verbot der Führung militärischer Dienstbezeichnungen RVBl. 22 Nr. 926.

c) Bei Regreßnahme †) des Fiskus gegen Beamte richten sich Inhalt und Umfang der Haftung nach BGB., dagegen das zu fordernde Maß des Verschuldens gem. Art. 80 EG. BGB. nach Landesrecht, z. B. preuß. Allg. Landrecht II, 10 §§ 88—91.

Die Beamten unterliegen auch den Vorschriften der §§ 134 bis 148 RBG. über das Defektenverfahren. Hiernach kann ein Beamter haftbar gemacht werden, wenn er als Verwalter von Reichskassen und Reichsvermögen den Fiskus durch eine pflichtvergessene oder fahrlässige Handlung geschädigt hat. Der Defektenbeschluß wird dem Beamten unter Hinweis auf die für die Beschreitung des Rechtswegs im § 144 Abs. 2 RBG. bestimmte Frist von einem Jahre bekannt gemacht. Im übrigen sei auf die Richtlinien für die Bearbeitung von Defekten, RVBl. 21 Nr. 486 verwiesen. Über Defekte auf Goldmarkgrundlage RVBl. 24 Nr. 81, über Inanspruchnahme der Erben des Beamten im Defektenverfahren RVBl. 22 Nr. 651. Über Niederschlagung von Ansprüchen gegen Beamte oder Angestellte vgl. § 53 der Reichshaushaltsordnung vom 31. 12. 22 (RGBl. 23 II S. 17 und RVBl. 23 Nr. 81).

d) Jeder Beamte hat die Verpflichtung, die ihm übertragenen Obliegenheiten der Verfassung und den Gesetzen entsprechend gewissenhaft wahrzunehmen; er ist für die Gesetzmäßigkeit seiner dienstlichen Handlungen verantwortlich. Über die Haftung der bei dem Zustandekommen von Bescheiden mitwirkenden Beamten vgl. Anm. 5 b zu § 86. Mit den Amtspflichten eines Beamten oder Angestellten bei den Vers.Behörden ist das Auftreten als Bevollmächtigter von Versorgungsberechtigten im Spruchverfahren (§ 48) nicht ohne weiteres vereinbar; näheres RVBl. 22 Nr. 512, 1055.

e) Wegen der Einsicht der Personalakten durch die Beamten vgl. Art. 129 der Reichsverfassung, ferner RVBl. 21 Nr. 574; 23 Nr. 311, 841; 24 Nr. 238.

f) Neben den Beamten werden bei den Verwaltungsbehörden die zur Bearbeitung der Sachen erforderlichen Angestellten als nichtbeamtete Hilfskräfte beschäftigt; ihre Haftung bestimmt sich nach den Vorschriften des Bürgerlichen Gesetzbuchs über den Dienstvertrag.

---

†) Delius, Die Beamtenhaftpflichtgesetze des Reichs und der Länder, Nr. 94 der Guttentag'schen Sammlung.

3. Der Sitz der Hpt.Vers.Ämter und Vers.Ämter geht aus dem Verzeichnis hervor, das unten als Anlage 4 abgedruckt ist. Dort sind auch die Bezirke angegeben.

4. Die weittragende sozialpolitische Bedeutung des Versorgungswesens macht eine besondere Vorbildung der Beamten für ihren Beruf erforderlich. Der Nachweis der fachlichen Befähigung ist deshalb durch Ablegung besonderer Prüfungen zu erbringen; Näheres RVBl. 21 Nr. 570; 22 Nr. 403, 417, 913, 998, 1019. Eine allgemeine Regelung der Beamtenlaufbahn für die Reichsbehörden ist in die Wege geleitet.

§ 5.

Dem Reichsarbeitsminister unmittelbar unterstellt sind die Hauptversorgungsämter[1]. Diesen unterstehen die Versorgungsämter[2]. An Orten, die nicht Sitz eines Versorgungsamts sind, können nach näherer Anordnung des Reichsarbeitsministers Versorgungssprechtage[3] abgehalten werden.

Die Hauptversorgungsämter[4] und Versorgungsämter[5] nehmen nach den Vorschriften dieses Gesetzes die Geschäfte der Reichsversorgung wahr. Die Hauptversorgungsämter leiten das Versorgungswesen für ihren Bezirk und überwachen die Gleichmäßigkeit der Gesetzesanwendung[6]. Die Versorgungsämter erteilen in Angelegenheiten der Reichsversorgung Auskunft[7].

Zu § 5.

Die über die Abhaltung von Versorgungssprechtagen erlassenen Bestimmungen[8] bleiben in Geltung.

1. An der Spitze der Hpt.Vers.Ämter steht als Leiter in der Regel ein Direktor, ausnahmsweise ein Oberregierungsrat. Die HptVersÄmter gliedern sich seit Mitte 1924 in Referate (Verwaltung, Kassen- und Rechnungswesen, Rechtsangelegenheiten, Versorgung und Ärztlicher Dienst), die dem Leiter unmittelbar unterstehen. Damit ist die bisherige Gliederung in Abteilungen, die Einrichtung des ständigen Stellvertreters des Leiters und die bisherige organisatorische Sonderstellung des Leitenden Arztes fortgefallen. Näheres s. Erlaß des RAM. vom 5. 6. 24 — I A 8555/24 Org.

Die bei Überleitung der Tätigkeit der Pensionsregelungsbehörden auf die HptVersÄmter und VersÄmter eingerichteten besonderen Regelungsabteilungen waren bereits zum 31. 3. 24 wieder aufgehoben worden; vgl. RVBl. 24 Nr. 48. Kassen bestehen bei den HptVersÄmtern ebenfalls nicht mehr; vgl. RVBl. 24 Nr. 369; 25 Nr. 78.

2. An der Spitze des VersAmts steht ein Oberregierungsrat oder Regierungsrat. Seit Anfang 1924 ist die Gliederung in Abteilungen beseitigt. Seitdem gliedern sich die VersÄmter in Arbeitsgebiete (Dezernate), die ihrerseits wieder in mehrere Renten- oder Pensionsabschnitte zerfallen, und das Referat „Ärztlicher Dienst". Die Versorgungsberechtigten sind den einzelnen Abschnitten nach Buchstaben zugeteilt. Näheres s. Erlasse des RAM. vom 28. 11. 23 — I 25870/23 Org. — und vom 5. 6. 24 — I A 8555/24 Org.

Über Vereinigung der Rechnungsstellen mit den Kassen zum 1. 4. 24 vgl. RVBl. 24 Nr. 131; über Deckung des Geldbedarfs der Kassen RVBl. 24 Nr. 80.

3. Die Abhaltung auswärtiger Sprechtage soll den Vers.-Berechtigten den persönlichen Verkehr mit den Vers.Ämtern möglichst erleichtern. Die Sprechtage werden im Benehmen mit den zuständigen Hpt.Fürsorgestellen von den Hpt.Vers.Ämtern eingerichtet. Die Sprechtage dienen vor allem der Auskunfterteilung sowie der Aufnahme von Anträgen. Zusammenfassung der Vorschriften über Versorgungssprechtage und Untersuchungstage s. RVBl. 22 Nr. 994, 1081.

4. a) Über die sachliche Zuständigkeit der Hpt.Vers.Ämter vgl. § 77 mit AB.

b) Die Hpt.Vers.Ämter sind auch zum selbständigen Abschluß sämtlicher in ihre Verwaltungszuständigkeit fallenden Verträge befugt, soweit nicht die Verträge von grundsätzlicher Bedeutung sind oder die vom Fiskus zu übernehmenden Leistungen oder Gegenleistungen einzeln je für sich oder in ihrer Gesamtheit den Betrag von 2000 RM. übersteigen. In diesen Fällen ist die Genehmigung des RAM. erforderlich, sofern es sich nicht um Verträge zur Befriedigung wirtschaftlicher Bedürfnisse handelt. Näheres vgl. Bek. über die Vertretung des Reichsfiskus im Versorgungswesen vom 22. 6. 20, A. N. des RAM. S. 176 und RVBl. 22 Nr. 261, Runderlaß des RAM. vom 19. 8. 25 und RABl. 26 Nr. 9.

c) Die Hpt.Vers.Ämter sind in Rechtsstreitigkeiten vor den Gerichten innerhalb ihrer Verwaltungszuständigkeit zur Vertretung des Fiskus berufen. Näheres vgl. Bek. des RAM. vom 22. 6. 20 und 17. 3. 22 A. N. des RAM. S. 176 und RVBl. 22 Nr. 261 und Runderlaß des RAM. vom 19. 8. 25.

d) Zur Vertretung des Fiskus als Drittschuldners bei der Pfändung†) von Vers.Gebührnissen, sowie zur

†) Übertragung, Pfändung und Verpfändung von Vers.-Gebührnissen: Breme in MfA. 21 Sp. 629—38; Strohmeyer im Zentralbl. f. Vormundsch. usw. 13. Jahrg. S. 138; Schmidt in Ortskrankenkasse 20 Sp. 652 und im Preuß. VerwBl. 22 S. 590.

Entgegennahme von Zustellungen, die die Benachrichtigung über eine bevorstehende Pfändung betreffen, ist dasjenige Vers.Amt berufen, dem die Festsetzung von Versorgungsgebührnissen obliegen würde, wenn im Zeitpunkt der Pfändung ein Neuantrag auf Versorgung gestellt würde (vgl. § 38 VerfG.). In der Regel wird hiernach das Vers.Amt zuständig sein, in dessen Bezirk der Vers.-Berechtigte zur Zeit der Pfändung wohnt. RVBl. 22 Nr. 261.

e) über die Vertretung des Fiskus vor den Spruchbehörden vgl. § 49.

5. Die Vers.Ämter, die Lokalbehörden des Versorgungswesens, entscheiden über die Anträge auf Versorgung, und zwar sowohl über Rechtsansprüche wie über Kannbezüge, soweit nicht der RAM. die Hpt.Vers.Ämter für zuständig erklärt (vgl. § 77). Ihre Aufgabe beschränkt sich aber nicht auf die Bewilligung der Vers.Gebührnisse, vielmehr haben sie darüber hinaus die Entwicklung eines Vertrauensverhältnisses zu den Vers.Berechtigten anzustreben, indem sie sich ihrer nach Möglichkeit annehmen und ihnen mit Rat und Tat zur Seite stehen (Begr.). Die in der Öffentlichkeit viel beachteten und als vorbildlich bezeichneten Richtlinien des RAM. über den „Verkehr zwischen Versorgungsdienststellen und Vers.Berechtigten" vom 16. 9. 25 f. RVBl. Nr. 138.

6. Die Überwachung der Gleichmäßigkeit der Anwendung der Versorgungsgesetze erfolgt z. B. durch Aufstellung allgemeiner Grundsätze für die Vers.Ämter und durch Besichtigungen dieser. Auch die Vertretung der Versorgungssachen vor den Versorgungsgerichten und dem RVGer. durch die Hpt.Vers.Ämter wird einer einheitlichen Gesetzesanwendung dienlich sein.

7. Die Auskunftspflicht erstreckt sich auf Fragen tatsächlicher wie rechtlicher Natur. Vor Schaden infolge unrichtiger Auskunftserteilung müssen die Vers.Berechtigten nach Möglichkeit bewahrt werden. Die Vers.Ämter werden daher mit großer Sorgfalt vorzugehen und in Zweifelsfällen die Ansicht des Hpt.Vers.-Amts einzuholen haben. Sind infolge einer falschen Auskunft Verfahrensfristen versäumt worden, so ist Wiedereinsetzung in den vorigen Stand zu erteilen (vgl. Anm. 4 zu § 54). Über die Verschwiegenheitspflicht bei Anfragen Dritter ohne Vollmacht Anm. 3 zu § 2, gegenüber den Steuerbehörden Anm. 2 zu § 2. Auskunftsgebühren RVBl. 24 Nr. 39; Schreibgebühren ReichsbesoldBl. 24 Nr. 861.

Dritter Abschnitt.

Spruchbehörden.

I. Versorgungsgerichte.

§ 6.

Die Versorgungsgerichte[1] sind bei den Oberversicherungsämtern (§ 62 der Reichsversicherungsordnung) errichtet. Für den Bezirk mehrerer benachbarter Oberversicherungsämter kann bei einem von ihnen ein gemeinsames Versorgungsgericht durch die oberste Landesverwaltungsbehörde[2] oder, wenn sein Bezirk über das Gebiet eines Landes hinaus sich erstrecken soll, durch die beteiligten Landesregierungen errichtet werden.

1. a) Über Einrichtung und Geschäftsbetrieb der Vers.Ger. haben die Länder Ausführungsbestimmungen erlassen; vgl. z. B. für Bayern die VO. vom 9. 6. 22 und die Bek. vom 17. 6. 22 (Bayer. Staatszeitung Nr. 139 S. 9); für Sachsen die AusfVO. vom 7. 3. 23 (Sächs. GesBl. S. 52); für Württemberg die Verfg. vom 29. 12. 22 (Regierungsbl. f. Württ. 23 S. 39). Preußen hat neue AB. aus Anlaß des VersG. nicht erlassen.

b) Da die Vers.Gerichte staatsrechtlich die Stellung der Oberversicherungsämter teilen, sind sie nicht Gerichte des Reichs sondern solche der Länder. Die Oberversicherungsämter sind je nach den besonderen Verhältnissen der einzelnen Länder entweder selbständige Behörden oder ihrerseits wieder nur anderen Behörden angegliedert. Die Bezirke der Vers.Gerichte decken sich mit denen der Oberversicherungsämter. Im übrigen vgl. das als Anlage 5 abgedruckte Verzeichnis der Vers.Gerichte.

2. Oberste Landesverwaltungsbehörde ist nach dem Sprachgebrauch des VersG. die Zentralbehörde des betreffenden Landes, der das OVA. untersteht (vgl. § 7). Sie kann die ihr durch das VersG. zugewiesenen Aufgaben auf andere Stellen übertragen (§ 153 Abs. 2).

§ 7.

Die Dienstaufsichtsbehörde[1] für das Oberversicherungsamt führt auch die Dienstaufsicht über das Versorgungsgericht. Soweit zur ordnungsmäßigen Durchführung des Versorgungswesens erforderlich, kann der Reichsarbeitsminister mit den Versorgungsgerichten unmittelbar in Verbindung treten[2].

1. Dienstaufsichtsbehörde für die Oberversicherungsämter ist in Preußen das Ministerium für Volkswohlfahrt. Dieses Ministerium führt also auch die Dienstaufsicht über die preußischen Versorgungsgerichte. In Bayern unterstehen die VersGer. dem Ministerium für soziale Fürsorge, in Sachsen dem Arbeits- und Wohlfahrtsministerium, in Württemberg dem Arbeitsministerium.

2. Hierdurch wird die Dienstaufsicht der obersten Landesverwaltungsbehörden nicht berührt; dem RAM. steht ein Aufsichtsrecht über die Versorgungsgerichte, insbesondere auch eine Anordnungsbefugnis, nicht zu.

§ 8.*)

Die Kosten der Versorgungsgerichte tragen die Länder. Die Einnahmen[1] der Versorgungsgerichte verbleiben den Ländern.

*) Fassung des Art. I des Ges. vom 4. 8. 24 (RGBl. I S. 677 und RVBl. Nr. 334), in Kraft seit dem 1. 4. 24. Die ursprüngliche Fassung hatte Kostenersatz durch Pauschbeträge seitens des Reiches vorgesehen. Ein Ausgleich für die Zeit vor dem 1. 4. 24 fand nach Art. II a. a. O. nicht statt.

1. Als Einnahmen der VersGer. kommen außer den Ordnungsstrafen vor allem die Gebühren (§ 142) in Betracht.

§ 9.

Der Vorsitzende des Oberversicherungsamts ist zugleich der Vorsitzende des Versorgungsgerichts[1].

Ist ein Direktor des Oberversicherungsamts als ständiger Stellvertreter des Vorsitzenden bestellt[2], so ist er auch sein ständiger Vertreter für Versorgungssachen. In den Angelegenheiten des Versorgungsgerichts führt er die Amtsbezeichnung „Direktor des Versorgungsgerichts". Seine Vertretung wird durch die oberste Landesverwaltungsbehörde[3] geregelt.

1. Der Vorsitzende des VGer. braucht nicht die Befähigung zum höheren Verwaltungsdienste oder zum Richteramte zu besitzen, da diese Voraussetzung von der RVO. für den Vorsitzenden des OVA. nicht aufgestellt ist. Anders liegt es bei den Kammervorsitzenden, soweit sie nicht Mitglieder des OVA. sind (vgl. § 11 Satz 3).

2. Ein Direktor als ständiger Vertreter ist bestellt, wo das OVA., wie z. B. in Preußen und Bayern, an eine höhere Staatsbehörde angegliedert ist (vgl. § 67 RVO.).

3. Vgl. Anm. 2 zu § 6.

§ 10.*)

Bei den Versorgungsgerichten werden nach Anordnung der obersten Landesverwaltungsbehörde[1] eine oder mehrere Kammern gebildet. Nach Bedarf können auch außerhalb des Sitzes der Versorgungsgerichte Kammern eingerichtet oder Sitzungen abgehalten werden[2].

Jede Kammer besteht aus einem Vorsitzenden sowie einer in der sozialen Fürsorge erfahrenen, mit dem Versorgungswesen vertrauten Person und einem aus der Wehrmacht ausgeschiedenen[3] Versorgungsberechtigten[4] als Beisitzer[5].

Zu den Verhandlungen über Hinterbliebenenangelegenheiten soll an die Stelle des aus der Wehrmacht ausgeschiedenen Versorgungsberechtigten eine versorgungsberechtigte Hinterbliebene[6] treten.

Richterliche Mitglieder eines ordentlichen Gerichts können an Stelle des in der sozialen Fürsorge erfahrenen Beisitzers verwendet werden.

*) Fassung des Abs. 4 durch Art. 21 Ziff. V 1 PAV. mit Wirkung vom 31. 10. 23. Vorher konnten Richter nur mitwirken, soweit sie vor Inkrafttreten des Gesetzes als Beisitzer bestellt waren.

AB. vgl. hinter § 13.

1. Nach § 153 Abs. 2 kann die Bildung der Kammern auch dem Vorsitzenden des VGer. übertragen werden.

2. Die Einrichtung von Kammern außerhalb des Sitzes des VGer. kann ohne Rücksicht darauf erfolgen, ob an dem Orte eine Spruchkammer des OVA. besteht oder nicht.

3. Das Erfordernis „aus der Wehrmacht ausgeschieden" ist bei jeder Militärperson erfüllt, sobald sie aus dem aktiven Militärdienst ausgeschieden ist. Ohne Bedeutung ist es, ob die ehemalige Militärperson ein Kapitulant war oder nicht, ob sie dem Mannschaftsstande angehört hat oder Offizier gewesen ist. Zur Bestellung als Beisitzer nicht geeignet ist, wer der Reichswehr angehört, während z. B. der Eintritt in eine Polizeiformation der Ausübung des Richteramts nicht im Wege stehen würde.

4. Versorgungsberechtigte im Sinne des § 10 sind nur solche ehemalige Militärpersonen, denen Ansprüche aus den Versorgungsgesetzen zustehen, insbesondere solche, die bereits Rentenempfänger sind. Darunter fallen Personen, die eine Erwerbsunfähigkeitsrente beziehen, als auch Empfänger von Dienstzeitrenten. Gleichgültig ist es, ob es sich um kriegsbeschädigte Rentenempfänger oder um solche handelt, die Versorgungsansprüche aus der Zeit vor dem Kriege haben. Zum Beisitzer geeignet sind auch solche Versorgungsberechtigte, deren Rente z. B. wegen Anstellung im Zivildienst oder wegen Erreichung einer bestimmten Einkommensgrenze ruht. Dagegen werden für die Zuziehung als Beisitzer alle Personen außer Betracht bleiben müssen, die nur Kannbezüge, d. h. solche Bezüge erhalten, deren Gewährung von dem Gesetz in das Ermessen der Verwaltungsbehörde gestellt ist. Väter mit Elternrente können nicht bestellt werden, für Mütter gilt Abs. 3.

5. Eine Altersgrenze ist für die Beisitzer aus den Versorgungsberechtigten im Gesetz nicht vorgesehen; es wird der mit der Auswahl betrauten Stelle obliegen, nur solche Personen heranzuziehen, die durch ihre Lebenserfahrung das nötige Maß richterlicher Urteilsfähigkeit gewährleisten.

6. Soweit Hinterbliebene nicht in der von der obersten Landesverwaltungsbehörde bestimmten Zahl bestellt werden können, werden an ihrer Stelle zunächst weitere aus der Wehrmacht ausgeschiedene Versorgungsberechtigte verwendet (vgl. die AB. hinter § 13).

§ 11.*)

Den Vorsitz der Kammer führt der Vorsitzende oder der Direktor des Versorgungsgerichts. Die oberste Landesverwaltungsbehörde[1] bestellt nach Bedarf weitere Vorsitzende aus den anderen Mitgliedern des Oberversicherungsamts für die Dauer ihrer Beschäftigung bei diesem. Sie kann auch andere Personen, welche die Befähigung zum höheren Justiz- oder Verwaltungsdienste[2] besitzen, im Einverständnis mit dem Reichsarbeitsminister[3] auf bestimmte Zeit[4] zu Vorsitzenden bestellen. Ihre Bestellung kann gegen ihren Willen nur widerrufen werden, wenn sie ihren Wohnort verlegen und ihre Heranziehung zu den Sitzungen dadurch wesentlich erschwert wird oder wenn die Zahl der Versorgungsgerichte oder der Kammern herabgesetzt wird.

*) Fassung: Durch Art. I Ziff. 1 der VO. vom 12. 2. 24 (RGBl. I S. 59 und RVBl. Nr. 85) ist der Schluß von „oder wenn" ab mit sofortiger Wirkung zugesetzt.

AB. vgl. hinter § 13.

1. Vgl. Anm. 2 zu § 6; Übertragungsbefugnis s. § 153 Abs. 2.

2. Die Befähigung zum höheren Justizdienst ist die Befähigung zum Richteramt, deren Voraussetzungen in den §§ 2—5 des Gerichtsverfassungsgesetzes geregelt sind; es genügt aber auch die Befähigung zum höheren Verwaltungsdienst nach Maßgabe der landesgesetzlichen Bestimmungen (für Preußen z. B. vgl. Gesetz vom 10. 8. 06 — Gesetzsamml. S. 378 — mit Änderungen vom 8. 7. 20 — Gesetzsamml. S. 388). Es werden insbesondere im Ruhestande befindliche Reichs- oder Landesbeamte, Rechtsanwälte usw. in Betracht kommen. Durch diese Regelung ist dem Ermessen der Landesregierung weitester Spielraum gelassen und die Berücksichtigung der örtlichen Verhältnisse ermöglicht.

3. Das Einverständnis des RAM. ist hingegen zum Widerruf der Bestellung dieser Vorsitzenden nicht erforderlich.

4. Die Bestellung „auf bestimmte Zeit" dient der Wahrung der Unabhängigkeit der Vorsitzenden. Nach Ablauf der „bestimmten Zeit" bedarf es eines Widerrufs nicht.

§ 12.

Die in der sozialen Fürsorge erfahrenen, mit dem Versorgungswesen vertrauten Personen[1] werden auf Vorschlag der Hauptfürsorgestelle der Kriegsbeschädigten- und Kriegshinterbliebenenfürsorge[2], in deren Bezirk das Versorgungsgericht seinen Sitz hat, von der obersten Landesverwaltungsbehörde im Einverständnis mit dem Reichsarbeitsminister bestellt[3].

Die Bestellung dieser Beisitzer erfolgt auf 4 Jahre. Sie bleiben nach Ablauf dieser Zeit im Amte, bis ihre Nachfolger eintreten. Wer ausscheidet, kann wiederbestellt werden. Die Vorschrift des § 11 Satz 4 findet Anwendung[4].

AB. vgl. hinter § 13.

1. a) Die Beisitzer aus der sozialen Fürsorge brauchen die Befähigung zum höheren Justiz- oder Verwaltungsdienst nicht zu besitzen (vgl. die AB. hinter § 13).

b) Eine Verpflichtung zur Annahme des Amtes als Beisitzer besteht auch dann nicht, wenn die Ablehnungsgründe des § 16 nicht vorliegen.

c) Wegen der Entschädigung dieser Beisitzer vgl. § 20 Abs. 2.

2. Nach § 5 der VO. über die soziale Kriegsbeschädigten- und Kriegshinterbliebenenfürsorge vom 8. 2. 19 (RGBl. S. 187) können die Länder für ihr Gebiet eine oder mehrere amtliche Hauptfürsorgestellen der Kriegsbeschädigten- und Kriegshinter-

bliebenenfürsorge errichten. In Preußen bestehen sechzehn solcher amtlichen Stellen (vgl. Preuß. VO. vom 20. 3. 19, GesS. S. 83). In Durchführung der VO. über die Fürsorgepflicht vom 13. 2. 24 (näheres s. Anm. 11 zu § 37) sind die Aufgaben der Hauptfürsorgestellen z. T. auf andere Stellen übergegangen †); vgl. die Zusammenstellung RVBl. 25 Nr. 6, 26, 173.

3. Die oberste Landesverwaltungsbehörde bestimmt auch die Zahl der für jedes VGer. zu bestellenden Beisitzer aus der sozialen Fürsorge (vgl. die AB. hinter § 13).

4. Die Bestellung der Beisitzer aus der sozialen Fürsorge kann hiernach gegen ihren Willen nur widerrufen werden, wenn sie ihren Wohnort verlegen und ihre Heranziehung zu den Sitzungen dadurch wesentlich erschwert wird oder wenn die Zahl der VersGer. oder der Kammern herabgesetzt wird.

§ 13.

Die als Beisitzer zuzuziehenden Versorgungsberechtigten werden auf Vorschlag der im Bezirke des Versorgungsgerichts vertretenen Verbände von Versorgungsberechtigten[1] von den Hauptfürsorgestellen der Kriegsbeschädigten- und Kriegshinterbliebenenfürsorge[2] bestellt, deren Bezirk sich auf den des Versorgungsgerichts erstreckt; sie sollen im Bezirke des Versorgungsgerichts und mindestens zur Hälfte am Sitzungsorte wohnen[3]. Sind mehrere Hauptfürsorgestellen beteiligt, so regeln sie die Verteilung unter sich. Kommt eine Einigung nicht zustande, so entscheidet der Reichsausschuß der Kriegsbeschädigten- und Kriegshinterbliebenenfürsorge[4]. Die oberste Landesverwaltungsbehörde kann über die Bestellung Näheres bestimmen[5].

Die Bestellung der Versorgungsberechtigten erfolgt für je vier Kalenderjahre[6]. Sie bleiben nach Ablauf dieser Zeit im Amte, bis ihre Nachfolger eintreten. Wer ausscheidet, kann wiederbestellt werden.

Solange und soweit eine Bestellung nicht erfolgt, beruft der Vorsitzende des Versorgungsgerichts die erforderlichen Beisitzer aus der Zahl der Personen, die als solche bestellt werden können[7].

---

†) Vgl. auch Schulte-Holthausen, Die Durchführung der FürsorgepflichtVO. in den einzelnen Ländern, RABl. 24, nichtamtl. Teil S. 740*—48*.

1. Folgende Verbände von Vers.Berechtigten †) sind im Reichsausschuß (Anm. 4) vertreten: Bund erblindeter Krieger E. V.; Deutscher Reichskriegerbund Kyffhäuser; Reichsverband deutscher Kriegsbeschädigter und Kriegerhinterbliebener E. V.; Internationaler Bund der Opfer des Krieges und der Arbeit (Deutsche Sektion); Reichsbund der Kriegsbeschädigten, Kriegsteilnehmer und Kriegerhinterbliebenen; Zentralverband deutscher Kriegsbeschädigter und Kriegshinterbliebener: Deutscher Offizierbund. Die Anschriften dieser Verbände s. RVBl. 25 Nr. 112. Außerdem seien erwähnt: Bund deutscher Militäranwärter und Reichsverband deutscher derzeitiger und ehemaliger Berufssoldaten.

Die Verbände können auch Nichtmitglieder vorschlagen. Scheidet ein Beisitzer nachträglich aus seinem Verbande aus, so ist das kein Grund, ihn seines Amtes zu entheben (§ 17). ††)

2. Vgl. Anm. 2 zu § 12.

3. Durch die Vorschrift, daß mindestens die Hälfte der Beisitzer am Sitzungsort wohnen soll, sollen Verzögerungen des Verfahrens durch Ausbleiben oder Verspätung von Beisitzern nach Möglichkeit vermieden werden.

4. Der Reichsausschuß, eine Körperschaft des öffentlichen Rechts, ist auf Grund der VO. vom 8. 2. 19 (RGBl. S. 187), geändert durch Art. 21 Ziff. VI der PAV. (Anm. 2a zu § 4) und § 34 der VO. über die Fürsorgepflicht (Anm. 11 zu § 37), zur Durchführung der sozialen Fürsorge für die Kriegsbeschädigten und die Kriegshinterbliebenen bei dem Reichsarbeitsministerium errichtet. Derzeitige Zusammensetzung des Reichsausschusses s. RVBl. 25 Nr. 69; 26 Nr. 29.

5. Vgl. Anm. 2 zu § 6.

6. Über Enthebung dieser Beisitzer vom Amte vor Ablauf der 4 Kalenderjahre vgl. § 17.

7. Berufung nichtversorgungsberechtigter Personen bildet einen wesentlichen Verfahrensmangel. E. I 242.

AB. zu §§ 10 bis 18.*)

Die oberste Landesverwaltungsbehörde bestimmt die Zahl der für jedes Versorgungsgericht zu bestellenden Beisitzer aus der sozialen Fürsorge und den Versorgungsberechtigten, letztere getrennt nach aus der Wehrmacht Ausgeschiedenen und Hinterbliebenen. Soweit zurzeit Hinterbliebene nicht in der bestimmten Zahl bestellt werden können, sind an ihrer Stelle zunächst weitere aus der Wehrmacht Ausgeschiedene zu bestellen.

---

†) Baumeister, Die Kriegsbeschädigten- und die Kriegsteilnehmerorganisationen in verschiedenen Ländern. Korrespondenzblatt des Reichsbundes, 3. Jahrg. Nr. 4.

††) Für das Gebiet der Reichsversicherung vgl. Arbeiterversorgung 23 S. 48.

Bei der Bestellung der Beisitzer muß in erster Linie darauf Bedacht genommen werden, daß die Leistungen der einzelnen Kammern keine Beeinträchtigung erfahren. Aus diesem Grunde sollen als Beisitzer aus der sozialen Fürsorge nur Personen bestellt werden, die befähigt sind, die Berichterstattung (§ 100) einschließlich der Abfassung der Urteile mindestens in gleichem Umfang wie bisher im allgemeinen die Beisitzer aus den richterlichen Mitgliedern der ordentlichen Gerichte zu übernehmen. Es ist nicht erforderlich, daß sie die Befähigung zum höheren Justiz- oder Verwaltungsdienst besitzen. Für Verhandlungen über Hinterbliebenenangelegenheiten können auch Frauen als Beisitzer aus der sozialen Fürsorge bestellt werden, jedoch dürfen in einer Sitzung nicht beide Beisitzer Frauen sein.

Die Vorschläge der Hauptfürsorgestellen (§ 12) sollen mehr Namen enthalten als Beisitzer zu bestellen sind. Sie müssen das Alter, den Stand und die bisherige Tätigkeit der Vorgeschlagenen angeben und, soweit daneben noch erforderlich, auch ersehen lassen, in welcher Weise die Vorgeschlagenen sich Erfahrung in der sozialen Fürsorge und Vertrautheit mit dem Versorgungswesen angeeignet haben.

Um Stockungen im Geschäftsgang der Versorgungsgerichte in der Übergangszeit zu vermeiden, bleiben die richterlichen Mitglieder ordentlicher Gerichte und die Versorgungsberechtigten, die vor dem Inkrafttreten des Gesetzes auf Grund der bisherigen Vorschriften zu Beisitzern eines Versorgungsgerichts bestellt sind, bis auf weiteres*) im Amte. Richterliche Mitglieder ordentlicher Gerichte (§ 10 Abs. 4) werden in gleicher Weise neubestellt wie die Beisitzer aus der sozialen Fürsorge. Die Neubestellung richterlicher Mitglieder kommt vor allem da in Betracht, wo Beisitzer aus der sozialen Fürsorge, die zur Berichterstattung und Urteilsfassung besonders geeignet sind, fehlen.

*) Fassung: Durch die WeiterenAB. vom 30. Oktober 1922 (RVBl. Nr. 931) ist der letzte Satz des Abs. 2 und durch die Durchf.-Anweisungen zu Art. 21 PAV. (RVBl. 23 Nr. 926; 24 Nr. 122) sind die beiden letzten Sätze des Abs. 4 eingefügt.

1. Eine Verlängerung der schon früher vorgesehenen vierjährigen Amtszeit war durch Abs. 4 Satz 1 der A.B. nicht beabsichtigt. Neubestellung konnte, aber mußte nicht sofort vorgenommen werden. Sie bewirkte Erlöschen der früheren Bestellung auch vor Ablauf der ursprünglichen Amtszeit.

§ 14.

Ein Beisitzer eines Versorgungsgerichts darf nicht zugleich Beisitzer beim Reichsversorgungsgerichte sein[1].

1. Ist z. B. ein Vers.Berechtigter oder eine in der sozialen Fürsorge erfahrene Person zugleich bei einem VGer. und beim

RVGer. als Beisitzer bestellt worden, so wird, gleichviel welche Bestellung zuerst ausgesprochen worden ist, die Bestellung zum Beisitzer beim höchsten Gericht vorgehen müssen. Dafür spricht auch, daß diese Vorschrift sich im Gesetz unter denen findet, die bestimmen, wer nicht Beisitzer beim VGer. sein darf.

§ 15.

Als Beisitzer aus den Versorgungsberechtigten kann nicht bestellt werden,

1. wer infolge strafgerichtlicher Verurteilung die Fähigkeit zur Bekleidung öffentlicher Ämter verloren hat[1], oder wer wegen eines Verbrechens oder Vergehens, das den Verlust dieser Fähigkeit zur Folge haben kann, verfolgt wird, falls gegen ihn das Hauptverfahren eröffnet ist[2],
2. wer entmündigt[3] ist oder unter vorläufiger Vormundschaft[4] steht,
3. wer infolge körperlicher oder geistiger Gebrechen zur Ausübung des Amtes nicht geeignet ist[5].

1. Der Verlust der Fähigkeit zur Bekleidung öffentlicher Ämter ist eine Folge der Aberkennung der bürgerlichen Ehrenrechte (vgl. §§ 31 Abs. 2, 34 Nr. 3 des Strafgesetzbuchs). Auch kann nach § 35 des Strafgesetzbuchs neben einer Gefängnisstrafe, mit der die Aberkennung der bürgerlichen Ehrenrechte überhaupt hätte verbunden werden können, auf die Unfähigkeit zur Bekleidung öffentlicher Ämter auf die Dauer von 1 bis 5 Jahren erkannt werden. Außerdem kommen die Sonderfälle der §§ 128, 129, 358 a. a. O. in Betracht.

2. Wegen der Eröffnung des Hauptverfahrens vgl. insbes. § 201 der Strafprozeßordnung.

3. Entmündigt wegen Geisteskrankheit, Geistesschwäche, Verschwendung oder Trunksucht (vgl. § 6 BGB.).

4. Wenn Entmündigung beantragt ist, kann zur Abwendung einer erheblichen Gefährdung Stellung unter vorläufige Vormundschaft erfolgen (vgl. § 1906 BGB.).

5. Geistige Gebrechen werden unter Umständen es unmöglich machen, langen Sitzungen mit der erforderlichen Aufmerksamkeit zu folgen. Blinde werden, vielleicht von ganz seltenen Ausnahmen abgesehen, zum Beisitzer nicht geeignet sein.

§ 16.

Ein Versorgungsberechtigter kann die Übernahme des Amtes als Beisitzer nur ablehnen[1], wenn er

1. das 60. Lebensjahr vollendet hat[2],
2. mehr als vier minderjährige[3] eheliche oder legitimierte Kinder[4] hat; Kinder, die ein anderer an Kindes Statt angenommen hat, werden dabei nicht gerechnet,
3. durch Krankheit oder Gebrechen verhindert ist, das Amt ordnungsmäßig zu führen,
4. mehr als eine Vormundschaft oder Pflegschaft führt; Vormundschaft oder Pflegschaft über mehrere Geschwister gilt nur als eine; zwei Gegenvormundschaften stehen einer Vormundschaft, ein Ehrenamt[5] der Reichsversicherung einer Gegenvormundschaft gleich.

1. Die Übernahme des Amtes als Beisitzer aus den Versorgungsberechtigten ist allgemeine Bürgerpflicht, der sich grundsätzlich niemand entziehen darf. Eine Ablehnung der Übernahme ist daher nur in den aufgeführten Fällen zulässig. Eine ausdrückliche Annahme des Amtes ist nicht erforderlich. Beisitzer, die sich der Erfüllung ihrer Obliegenheiten entziehen, werden nach § 148 Abs. 1 in Ordnungsstrafe genommen.

2. Die Vollendung des sechzigsten Lebensjahres nach erfolgter Bestellung erscheint nicht als ein wichtiger Grund zur Entbindung vom Amte des Beisitzers gemäß § 17 Abs. 1.

3. Die Minderjährigkeit endet mit der Vollendung des einundzwanzigsten Lebensjahres (vgl. § 3 BGB.).

4. Wegen der ehelichen Kinder vgl. § 1591 BGB. Den ehelichen Kindern stehen die durch nachfolgende Ehe oder Ehelichkeitserklärung legitimierten oder vom Vers.Berechtigten an Kindes Statt angenommenen Kinder gleich (vgl. §§ 1719, 1736, 1757 BGB.).

5. Ehrenämter der Reichsversicherung sind alle auf Grund der RVO., des Angestelltenversicherungsgesetzes und des Reichsknappschaftsgesetzes bekleideten Ehrenämter.

§ 17.

Der Vorsitzende des Versorgungsgerichts kann einen Beisitzer aus den Versorgungsberechtigten auf seinen Antrag vom Amte entbinden, wenn ein wichtiger Grund[1] vorliegt. Eines Antrags bedarf es nicht, wenn der Beisitzer seinen Wohnort verlegt und seine Heranziehung zu den Sitzungen dadurch wesentlich erschwert wird[2].

Die Beisitzer haben dem Vorsitzenden des Versorgungsgerichts Mitteilung zu machen, wenn infolge einer

Veränderung in ihren persönlichen Verhältnissen[3] die Voraussetzungen für ihre Bestellung wegfallen.

Werden von einem Beisitzer Tatsachen bekannt, die seine Bestellung ausschließen[4] oder eine grobe Verletzung seiner Amtspflicht[5] darstellen, so hat ihn der Vorsitzende des Versorgungsgerichts nach Anhören seines Amtes zu entheben[6].

Gegen die Verfügung nach Abs. 1 und 3 ist die Beschwerde[7] an die oberste Landesverwaltungsbehörde zulässig.

1. Ein wichtiger Grund wird z. B. vorliegen, wenn in den Lebensverhältnissen des Beisitzers Veränderungen eingetreten sind, welche die Wahrnehmung des Amtes derartig erschweren, daß sie ihm billigerweise nicht mehr zugemutet werden kann. Ein wichtiger Grund kann u. a. auch darin gefunden werden, daß nachträglich ein Ablehnungsgrund nach § 16 Nr. 2—4 eintritt.

2. Die Verminderung der Vers.Ger. oder der Kammern bildet hier im Gegensatz zu §§ 11, 12 keinen Grund für die Entbindung vom Amte.

3. Die wichtigste Veränderung in den persönlichen Verhältnissen, die hier in Betracht kommt, ist die Entziehung der Rente, da der Beisitzer dadurch die Eigenschaft eines Vers.Berechtigten verliert.

4. Wegen der Tatsachen, welche die Bestellung ausschließen, vgl. §§ 14, 15. Auch die Entziehung der Rente gehört hierher, aber nicht das Ruhen der Rente.

5. Hier kommt insbesondere die Verletzung der Schweigepflicht aus §§ 2 und 131 Abs. 2 Satz 2 in Frage.

6. In solchen Fällen wird der Vorsitzende den Beisitzer, den er seines Amtes zu entheben beabsichtigt, einstweilen zu den Sitzungen nicht heranziehen. Hierzu ist er befugt, da nach § 18 Satz 2 aus besonderen Gründen von der Reihenfolge abgewichen werden kann.

7. Die Beschwerde (vgl. §§ 61 ff.) ist gegeben, sowohl wenn der Vorsitzende des Gerichts den Antrag eines Beisitzers au Entbindung vom Amte ablehnt, wie auch wenn ein Beisitzer — z. B. wegen Verletzung der Amtspflicht — seines Amtes enthoben wird.

§ 18.

Der Vorsitzende des Versorgungsgerichts setzt im voraus für jedes Kalenderjahr die Reihenfolge fest, in der die Beisitzer aus den Versorgungsberechtigten zu den Verhandlungen der Kammern zuzuziehen sind[1]. Von der Reihenfolge darf nur aus besonderen Gründen[2] abgewichen werden. Die Gründe sind in den Akten zu vermerken.

1. Hierdurch soll die Möglichkeit ausgeschlossen werden, daß eine Versorgungssache aus irgendwelchen Gründen bestimmten Richtern zur Entscheidung zugeleitet wird. Die Verteilung der Sachen erfolgt wie bei den ordentlichen Gerichten nach einem feststehenden Plan und ist jeder persönlichen Einflußnahme entzogen.

2. Die besonderen Gründe werden in der Regel in den Lebensverhältnissen der Beisitzer liegen; meistens wird daher ein Antrag des Beisitzers zu der Abweichung von der Reihenfolge den Anlaß geben.

§ 19.

Der Vorsitzende der Kammer[1] verpflichtet[2] die Beisitzer[3] vor der ersten Verhandlung, an der sie teilnehmen, durch Handschlag auf die gewissenhafte Erfüllung ihrer Pflichten unter Hinweis auf die Vorschriften der §§ 2 und 131 Abs. 2 Satz 2. Die Verpflichtung, über die eine Niederschrift[4] aufzunehmen ist, gilt für die Dauer der Bestellung[5]. Bei Wiederbestellung[6] genügt die Verweisung auf die frühere Verpflichtung.

1. Nicht der Vorsitzende des VGer. (vgl. § 9).

2. Die Verpflichtung wird in öffentlicher Sitzung zu erfolgen haben.

3. Die Vers.Berechtigten wie auch die Beisitzer aus der sozialen Fürsorge sind zu verpflichten, hingegen bedarf es nicht der Verpflichtung der auf Grund der bisherigen Vorschriften bereits im Amt befindlichen Beisitzer.

4. Die Niederschrift ist durch den vereidigten Schriftführer (vgl. § 123) aufzunehmen.

5. Die Pflicht zur Verschwiegenheit und Geheimhaltung bleibt auch nach Ablauf der Amtszeit bestehen (§ 2 Satz 2).

6. Wiederbestellung infolge Ausscheidens nach vier Jahren (vgl. § 13 Abs. 2).

§ 20*).

Den Beisitzern aus den Versorgungsberechtigten wird der durch die Teilnahme an einer Sitzung bedingte Ausfall an Arbeitseinkommen in angemessenem Umfang[1] ersetzt. Sie erhalten außerdem Tagegelder wie Reichsbeamte der

Besoldungsgruppe X bei Dienstreisen[2]. Die Abfindung der am Sitzungsorte wohnenden Beisitzer mit Tagegeldern regelt sich nach den Bestimmungen über Dienstreisen, die an demselben Tage angetreten und beendet werden, wobei stets die Sätze für nicht teure Orte zugrunde zu legen sind. Auswärts wohnende Besitzer erhalten ferner Übernachtungsgelder[2] wie Reichsbeamte der Besoldungsgruppe X bei Dienstreisen und Ersatz der Fahrkosten für die Hin- und Rückreise.

Die Sitzungsgebühr für die übrigen Beisitzer[3] setzt der Reichsarbeitsminister fest; hierbei ist für die Tätigkeit als Berichterstatter[4] eine besondere Vergütung zu gewähren.

*) Fassung: Abs. 1 hat seine jetzige Gestalt mit Wirkung vom 31. 10. 23 durch Art. 21 Ziff. V 2 der PAV. erhalten.

Zu § 20 Abs. 1.*)

I. Beisitzer aus den Versorgungsberechtigten haben den Ausfall an Arbeitsverdienst durch eine Bescheinigung des Arbeitgebers oder in sonstiger Weise zu belegen. Ausfall an Erwerbslosenunterstützung wird einem Ausfall an Arbeitsverdienst gleichgeachtet. Bei Festbesoldeten kann auf Grund der Tatsache, daß sie die versäumten Arbeiten nachholen müssen, ein Verdienstausfall nicht angenommen werden. Bei Angehörigen freier Berufe liegt ein erstattungsfähiger Ausfall an Arbeitsverdienst in der Regel und insbesondere dann nicht vor, wenn ein Betrieb kaufmännischer, gewerblicher, landwirtschaftlicher oder sonstiger Art trotz Abwesenheit des Inhabers weitergeht, ohne daß die Annahme eines bezahlten Vertreters notwendig ist. Wird jedoch ein tatsächlicher Ausfall an Arbeitsverdienst, z. B. von Kleinhandwerkern, Heimarbeitern, überzeugend dargetan, so kann Ersatz beansprucht werden.

II. Für die Abfindung mit Tage- und Übernachtungsgeldern gelten die Reisekostenverordnung für die Reichsbeamten vom 14. Okt. 1921 (RGBl. S. 1345) und die zu ihrer Ergänzung und Erläuterung ergangenen Vorschriften, insbesondere die Ausführungsbestimmungen vom 6. Dezember 1921 (Zentralblatt für das Deutsche Reich S. 943).[2]) Danach bestimmt sich die Höhe des Tagegeldes nach der Dauer der Sitzung einschließlich der Reisezeit. Tage- und Übernachtungsgelder dienen zu Abgeltung aller durch die Sitzung verursachten Ausgaben, zu denen für einheimische Beisitzer auch die Kosten der Fahrt zur Sitzung und zurück gehören, unter Ausschluß des Nachweises höherer Auslagen.

III. An Fahrkosten wird bei Eisenbahnfahrten der Fahrpreis der 3. Wagenklasse ertattet. Die Mehrkosten für die Benutzung der 2. Wagenklasse werden an Oberschenkelamputierte und Krückenträger ohne weiteres, an andere Beisitzer nur gezahlt, wenn die Benutzung dieser Klasse vom Arzt als notwendig bescheinigt wird. Die Mehrkosten für Schnellzugbenutzung werden erstattet, wenn sie eine Verminderung der zu zahlenden Beträge zur Folge hat oder aus ganz besonderen Gründen erforderlich ist. Zum Nachweis der benutzten Wagenklasse und Zugart genügt die pflichtmäßige Versicherung des Ersatzberechtigten. Straßenbahnfahrkosten und sonstige Nebenausgaben werden auswärtigen Beisitzern in angemessenem Umfang ersetzt.

Die Erstattung der Kosten für die Benutzung anderer Verkehrsmittel ist nur zulässig, wenn die regelmäßigen Verkehrsmittel aus besonderen Gründen nicht benutzt werden können oder solche nicht vorhanden oder nicht benutzbar sind. Die Notwendigkeit der Inanspruchnahme ist in diesen Fällen besonders zu begründen.

Bei unentgeltlicher Benutzung von Verkehrsmitteln und bei Benutzung eigener Fuhrwerke oder Fahrräder usw. kann unabhängig davon, ob Eisenbahn oder Straßenbahn vorhanden oder benutzbar ist, der jeweilige Eisenbahnfahrpreis für die 4. Wagenklasse unter Zugrundelegung der kürzesten Landwegstrecke gezahlt werden, vorausgesetzt, daß dadurch unter Berücksichtigung der Ersparnisse an Zeit und Entschädigung für Verdienstausfall Mehrkosten gegenüber der Benutzung der Eisenbahn usw. nicht entstehen. Die Kosten für die Annahme eines Fuhrwerkslenkers und die Unterbringung des Fuhrwerks am Sitzungsort sind dadurch abgegolten.

*) Fassung: Die AB. zu § 20 Abs. 1 sind aus Anlaß der PAV. durch RVBl. 23 Nr. 926 zu V b; 24 Nr. 122 neugefaßt. Durch RVBl. 26 Nr. 2 ist dann am Schluß der Ziff. I neuer Fassung die Vorschrift über den Steuerabzug gestrichen.

1. Nach Erklärung der Regierung im Reichstagsausschusse ist durch die Worte, daß der Ausfall an Arbeitsverdienst „in angemessenem Umfange" ersetzt werden soll, bezweckt, in denjenigen, verhältnismäßig seltenen Fällen die Möglichkeit einer Begrenzung des Ersatzes zu geben, in denen der Verdienstausfall das übliche Maß bei weitem überschreitet.

Die Tatsache, daß der Arbeitsverdienst dem Steuerabzug unterliegen würde, hat eine Kürzung des zu ersetzenden Betrages nicht mehr zur Folge.

2. Über Tage- und Übernachtungsgelder vgl. die Reisekosten-VO. für die Reichsbeamten vom 14. 10. 21 (RGBl. S. 1345) in der Fassung der VO. vom 17. 1. 24 (ReichsbesoldBl. S. 3 Nr. 762) mit AB. vom 6. 12. 21 (Zentralbl. S. 943) und Anordnungen des Reichsministers der Finanzen vom 17. 1. 24 (ReichsbesoldBl. S. 3 Nr. 763).

3. Unter den übrigen Beisitzern sind die Beisitzer aus der sozialen Fürsorge und die richterlichen Mitglieder zu verstehen, die an Stelle der Beisitzer aus der sozialen Fürsorge verwendet

werden können (vgl. § 10). Die Vergütung des nach § 11 Satz 3 bestellten Kammervorsitzenden ist Sache der Länder.

4. Die Tätigkeit als Berichterstatter umfaßt auch die Absetzung der Urteile. Vgl. im übrigen Anm. 1 zu § 100.

§ 21.

Die für das Versorgungsgericht erforderlichen Hilfskräfte[1] werden aus den Beamten und Angestellten des Oberversicherungsamts vom Vorsitzenden des Amtes bestellt[2].

1. Möglichst sollen Kriegsbeschädigte aus den Beamten und Angestellten des OVA. überwiesen werden (Begr.).

2. Die Vers.Gerichte haben also keinen eigenen Beamtenkörper; lediglich die nach § 11 Satz 3 bestellten Vorsitzenden gehören nicht dem OVA. an.

§ 22.

Das Versorgungsgericht wählt für je vier Kalenderjahre, in der Regel nach Anhören der zuständigen Ärztevertretung, aus seinem Bezirke die Ärzte aus, die nach Bedarf zu den Verhandlungen des Versorgungsgerichts als Sachverständige zugezogen werden sollen (Gerichtsärzte)[1]. Sie sollen mindestens zur Hälfte am Sitzungsorte wohnen. Ärzte, die bei einem Hauptversorgungsamt oder Versorgungsamte dauernd tätig sind[2], können nicht ausgewählt werden[3].

Über die Auswahl beschließt nach Stimmenmehrheit die Kammer, welche der Vorsitzende bestimmt. Die Namen der Gewählten sind öffentlich bekanntzumachen.

Die oberste Landesverwaltungsbehörde regelt die Durchführung dieser Bestimmungen.

1. Der Ausdruck Gerichtsarzt †) (bisher Vertrauensarzt genannt) soll nach der Begr. die vollständige Unabhängigkeit und Unparteilichkeit dieser Ärzte hervorheben. Die Gerichtsärzte werden zu den Verhandlungen als Sachverständige, nicht etwa als Obergutachter zugezogen. Ihre Aufgabe ist in erster Linie, das Gericht mit ihrem sachverständigen Rate zu unterstützen, insbesondere den Krankheitszustand des Klägers dem Gericht darzu-

---

†) Döllner, Gerichtsärztl. Erfahrungen aus dem Mil.-Vers.Wesen, Ärztl. Sachverst. Zeitung 24 S. 92—94 und S. 104 bis 107.

legen und erforderlichenfalls die im Verwaltungsverfahren erstatteten Gutachten zu erläutern. Unter Umständen wird der Gerichtsarzt auf die Notwendigkeit fachärztlicher Untersuchung oder einer Beobachtung des Klägers in einem Krankenhause hinzuweisen haben. — Die beim Inkrafttreten des Gesetzes tätigen Vertrauensärzte blieben zunächst im Amte (§ 159 Abs. 3).

2. Hierunter fallen die beamteten Ärzte der Verwaltungsbehörden wie auch die in einem Angestelltenverhältnis zu einem Vers.Amt oder Hpt.VersAmt stehenden Ärzte, nicht aber Fachärzte, die nur in Einzelfällen einer Verwaltungsbehörde Gutachten über Fragen ihres Arbeitsgebiets erstatten (Begr.).

Ein im Reichstagsausschuß gestellter Antrag, ehemalige Militärärzte als Gerichtsärzte auszuschließen, wurde abgelehnt, nachdem die Regierung erklärt hatte, daß ein Militärarzt, der früher Vorgesetzter eines Vers.Berechtigten gewesen ist, von diesem wegen Befangenheit abgelehnt werden könne.

3. Diese Ärzte sind daher nicht nur ausgeschlossen, wenn im Einzelfall einer der Ausschließungsgründe des § 42 vorliegt, sondern sie sind allgemein von der Wahl zum Gerichtsarzt ausgeschlossen. Wirkt ein entgegen dieser Vorschrift gewählter Arzt mit, so liegt ein wesentlicher Mangel des Verfahrens vor. — Umgekehrt würden Unzuträglichkeiten entstehen, wenn die gewählten Gerichtsärzte von den Verwaltungsbehörden um Erstattung von Gutachten ersucht würden.

II. Das Reichsversorgungsgericht†).

§ 23.

Das Reichsversorgungsgericht ist die oberste Spruchbehörde in Versorgungssachen[1]. Seine Entscheidungen sind endgültig[2], soweit nicht dieses Gesetz ein anderes vorschreibt[3].

1. In seiner Eigenschaft als oberste Spruchbehörde ist das RVGer. nach § 3 unabhängig und an keinerlei Weisungen gebunden. Insbesondere erstreckt sich die Dienstaufsicht des RAM. (§ 1 Satz 2) nicht auf die Rechtsprechung.

2. Gegen die Entscheidungen der Senate des RVGer. ist weder ein Rechtsmittel noch Beschwerde gegeben. Hingegen ist die Beschwerde gegen Entscheidungen des Vorsitzenden des Senats in den im Gesetz besonders hervorgehobenen Fällen, z. B. Verweigerung der Akteneinsicht (§ 60 Abs. 2) und Festsetzung der Vergütung für persönliches Erscheinen (§ 144 Abs. 3) gegeben.

---

†) Ansprache des Präsidenten Dr. Kaufmann in der ersten Senatssitzung des RVGer. s. RABl. 19 S. 781.

3. Ein anderes ist z. B. in den §§ 66 ff. vorgeschrieben, indem auch ein durch rechtskräftige Entscheidung des RVGer. abgeschlossenes Verfahren unter bestimmten Voraussetzungen wieder aufgenommen werden kann. Endgültig ist auch nicht eine Verfügung des Vorsitzenden des Senats des RVGer., durch die dieser ohne mündliche Verhandlung einen verspäteten Rekurs zurückgewiesen hat, weil in solchen Fällen noch die Entscheidung des Senats beantragt werden kann (vgl. § 101).

§ 24.

Der Präsident des Reichsversicherungsamtes ist, solange sich das Reichsversorgungsgericht und das Reichsversicherungsamt an demselben Orte befinden, zugleich der Präsident des Reichsversorgungsgerichts. Der Vizepräsident ist sein ständiger Vertreter und leitet unter seiner Oberleitung die Geschäfte des Reichsversorgungsgerichts [1].

Der Vizepräsident, die Senatspräsidenten und die übrigen Mitglieder des Reichsversorgungsgerichts [2] (Oberregierungsräte und Regierungsräte) werden vom Reichspräsidenten auf Lebenszeit ernannt [3]. Sie müssen die Befähigung zum höheren Justiz- oder Verwaltungsdienste besitzen [4].

Die übrigen Beamten ernennt der Reichsarbeitsminister.

1. Die Leitung der Geschäfte umfaßt die Regelung des gesamten Geschäftsgangs, soweit sie nicht dem Präsidium vorbehalten ist (vgl. § 33). Der Vizepräsident ist deshalb für die ordnungsmäßige Erledigung der Geschäfte in den Grenzen des Möglichen verantwortlich.

Das RVGer. ist im Gebäude des RVA., Berlin W. 10, Königin-Augusta-Straße 26, untergebracht. Die im April 1923 eingerichtete Zweigstelle in Berlin-Schöneberg, General-Pape-Straße (RVBl. 23 Nr. 326) ist wieder aufgehoben.

2. Unter den „Mitgliedern" des RVGer. sind der Vizepräsident, die Senatspräsidenten sowie die Oberregierungsräte und Regierungsräte zu verstehen. Als Reichsbeamte werden sie nach Art. 46 der Reichsverfassung vom Reichspräsidenten ernannt. Die Gegenzeichnung der Ernennung gemäß Art. 50 der Reichsverfassung erfolgt durch den Reichsarbeitsminister. Einer Ernennung bedarf es jedoch nach § 159 nicht für die auf Grund der bisherigen Vorschriften zu Senatsvorsitzenden oder Beisitzern des Reichs-Militärversorgungsgerichts bestellten ständigen Mitglieder des RVA.

3. Die im Artikel 104 der Reichsverfassung für die Richter der ordentlichen Gerichtsbarkeit gewährleistete Ernennung auf Lebenszeit, eine der wichtigsten Bürgschaften für die Unabhängigkeit der Richter, bringt auch für die Mitglieder des RVGer. zum Ausdruck, daß ihre richterliche Tätigkeit niemals den Grund für die Versetzung in den Ruhestand bilden kann.

4. a) Die Befähigung zum höheren Justizdienst ist in den §§ 2—5 des Gerichtsverfassungsgesetzes geregelt. Über die Befähigung zum höheren Verwaltungsdienst bestehen reichsgesetzliche Bestimmungen nicht; man wird deshalb die Vorschriften des Heimatstaates anwenden müssen (vgl. Anm. 2 zu § 11).

b) Das Erfordernis der Befähigung zum höheren Justiz- oder Verwaltungsdienste gilt nicht für die auf Grund der bisherigen Vorschriften zu Senatsvorsitzenden oder Beisitzern des Reichs-Militärversorgungsgerichts bestellten ständigen Mitglieder des RVA., die nach § 159 vom 1. 2. 1922 ab Mitglieder des RVGer. sind (vgl. Begr. zu §§ 24, 25).

§ 25.

Im Falle des Bedarfs können ständige Mitglieder des Reichsversicherungsamts an das Reichsversorgungsgericht und Mitglieder des Reichsversorgungsgerichts an das Reichsversicherungsamt versetzt werden[1].

Zu §§ 24, 25.*)

Nach Anordnung des Präsidenten können gemeinsame Verwaltungseinrichtungen (insbesondere Kalkulatur, Kanzlei, Bücherei, Botendienst) für das Reichsversorgungsgericht und das Reichsversicherungsamt geschaffen werden.

Im Falle des Bedarfs kann der Präsident Büro- und Kanzleibeamte und Angestellte des Reichsversicherungsamt an das Reichsversorgungsgericht und solche des Reichsversorgungsgerichts an das Reichsversicherungsamt vorübergehend abordnen.

*) Fassung des Abs. 1 durch RVBl. 24 Nr. 377.

1. Wenngleich die Mitglieder des RVGer., ebenso wie die des RVA., auf Lebenszeit ernannt werden (§ 24 Abs. 2), so kann doch ihre Versetzung im dienstlichen Interesse, insbesondere bei Veränderungen des Geschäftsandranges notwendig werden (Begr.).

§ 26.

Beim Reichsversorgungsgerichte werden Senate[1] und ein Großer Senat[2] gebildet. Die Zahl der Senate bestimmt der Reichsarbeitsminister[3].

1. Über die Zusammensetzung der Senate vgl. § 27; wegen des Senats, der über Rekurse gegen Urteile des VGer. des Saargebiets entscheidet, vgl. VO. vom 23. 9. 22 (abgedruckt bei § 153).

2. Wegen Zusammensetzung des Großen Senats vgl. § 34, wegen seiner Zuständigkeit § 130.

3. Die Zahl der Senate bestimmt der RAM., weil ihm die Sorge für die Bewilligung der planmäßigen Stellen und die Verantwortung für die Einhaltung des Haushaltsplanes bei dem RVGer. obliegt. Insbesondere kommt auch die Festsetzung der Zahl der nach § 32 zu bildenden Hilfssenate in Frage. April 1926 bestanden 13 ordentliche und 7 Hilfssenate.

§ 27 *).

Jeder Senat besteht aus dem Vorsitzenden und vier Beisitzern[1].

Den Vorsitz führt der Präsident, der Vizepräsident oder ein Senatspräsident. Den Vorsitzenden vertritt im Behinderungsfalle der dem Senat angehörende Oberregierungsrat[2].

Als Beisitzer[1] wirken mit ein Mitglied[2] des Reichsversorgungsgerichts, ein richterliches Mitglied eines ordentlichen Gerichts, eine in der sozialen Fürsorge erfahrene, mit dem Versorgungswesen vertraute Person[3], sowie ein aus der Wehrmacht ausgeschiedener Versorgungsberechtigter oder eine aus dem Kreise der Hinterbliebenen[4] zu entnehmende Beisitzerin.

Nach Bedarf kann an die Stelle des richterlichen Mitglieds eines ordentlichen Gerichts ein weiteres Mitglied des Reichsversorgungsgerichts oder ein weiterer Beisitzer aus der sozialen Fürsorge oder an die Stelle des Beisitzers aus der sozialen Fürsorge ein weiteres Mitglied des Reichsversorgungsgerichts oder ein weiteres Mitglied eines ordentlichen Gerichts treten.

*) Fassung: Abs. 4 ist durch Art. 21 Ziff. V 3 der PAV. mit Wirkung vom 31. 10. 23 angefügt.

1. Wegen der richterlichen Mitglieder vgl. § 28, wegen der Beisitzer aus der sozialen Fürsorge § 29, wegen der aus den Vers.Berechtigten § 30.

2. Vgl. § 24. Über Hilfsrichter vgl. § 32.

3. Für die Beisitzer aus der sozialen Fürsorge konnten nach § 159 Abs. 2 bis zum 1. 1. 1924 die am 1. 2. 1922 bereits bestellten Beisitzer aus dem Versorgungswesen mitwirken.

4. An Stelle des aus der Wehrmacht ausgeschiedenen Vers.-Berechtigten kann auch eine Hinterbliebene treten. Wenngleich das Gesetz es nicht besonders hervorhebt, so muß die Hinterbliebene auch hier, wie im § 10, versorgungsberechtigt sein.

§ 28.

Die als Beisitzer zuzuziehenden richterlichen Mitglieder ordentlicher Gerichte[1] werden vom Reichsarbeitsminister für die Dauer des Hauptamts[2] berufen. Bei vorübergehendem Bedarfe kann die Berufung auch auf Zeit erfolgen. Sie sind tunlichst aus Richtern in höherer Stellung[3] zu entnehmen[4].

1. Die richterlichen Mitglieder, die vor dem Inkrafttreten des VerfG. auf Grund der bisherigen Vorschriften zu Beisitzern des RVGer. bestellt worden sind, bleiben bis auf weiteres im Amte (vgl. AB. zu §§ 27—31).

2. Es erlischt mithin die Berufung als Beisitzer im RVGer., wenn der z. B. für die Dauer seines Hauptamts als Landgerichtsrat Bestellte zum Landgerichtsdirektor befördert wird.

3. Die Bedeutung der dem RVGer. zugewiesenen Aufgaben macht es erforderlich, daß die richterlichen Beisitzer nach Möglichkeit Richtern in höherer Stellung entnommen werden.

4. Für die Vergütung der Richter gilt nach § 36 die Vorschrift des § 20 Abs. 2.

§ 29*).

Die Beisitzer aus der sozialen Fürsorge[1] werden vom Reichsarbeitsminister für je vier Kalenderjahre bestellt. Sie bleiben auch nach Ablauf dieser Zeit im Amte, bis ihre Nachfolger eintreten. Wer ausscheidet, kann wiederbestellt werden.

Sie können zunächst vorläufig bis zur Dauer eines Jahres bestellt werden. Werden sie endgültig bestellt, so bleibt die Zeit der vorläufigen Bestellung bei der Berechnung der vier Jahre außer Ansatz.

Die Bestellung dieser Beisitzer kann gegen ihren Willen nur widerrufen werden, wenn sie ihren Wohnort verlegen und ihre Heranziehung zu den Sitzungen dadurch wesentlich erschwert oder wenn die Zahl der Senate herabgesetzt wird[2].

*) Fassung: Der Schluß von „oder wenn“ ab ist durch Art. I 2 der VO. vom 12. 2. 24 (RGBl. I S. 59 und RVBl. Nr. 85) angefügt.

1. Für die Entschädigung der Beisitzer aus der sozialen Fürsorge gilt nach § 36 die Vorschrift des § 20 Abs. 2.

2. Die Vorschrift dient der Sicherung der Unabhängigkeit des Gerichts.

§ 30.

Die Beisitzer aus den Versorgungsberechtigten[1] werden nach Anhören von Verbänden Versorgungsberechtigter[2] vom Reichsausschusse der Kriegsbeschädigten- und Kriegshinterbliebenenfürsorge[3] bestellt. Der Reichsarbeitsminister kann Näheres bestimmen[4].

1. a) Die Beisitzer aus den Vers.Berechtigten sind aus der Wehrmacht ausgeschiedene Versorgungsberechtigte oder Hinterbliebene (vgl. § 27 Abs. 3).
b) Für die Entschädigung der Beisitzer aus den Vers.Berechtigten gilt nach § 36 die Vorschrift des § 20 Abs. 1.

2. Vgl. die Anm. 1 zu § 13 aufgeführten Verbände.

3. Wegen des Reichsausschusses der Kriegsbeschädigten- und Kriegshinterbliebenenfürsorge vgl. Anm. 4 zu § 13.

4. Er setzt insbesondere die Zahl der als Beisitzer zu bestellenden Vers.Berechtigten fest.

§ 31.

Für die in den §§ 28 bis 30 genannten Beisitzer gelten die Vorschriften des § 19[1], für die Beisitzer aus den Versorgungsberechtigten auch die Vorschriften des § 13 Abs. 2 und 3 sowie der §§ 15, 16, 17 Abs. 1 bis 3 entsprechend[2].

Zu §§ 27 bis 31.*)

Richterliche Mitglieder eines ordentlichen Gerichts, im Versorgungswesen erfahrene Personen und Versorgungsberechtigte, die vor dem Inkrafttreten des Gesetzes auf Grund der bisherigen Vorschriften zu Beisitzern des Reichsversorgungsgerichts bestellt sind, bleiben bis auf weiteres, die im Versorgungswesen erfahrenen Personen jedoch längstens bis zum 31. Dezember 1922 (§ 159 Abs. 2) im Amte.

Für Verhandlungen über Hinterbliebenenangelegenheiten können auch Frauen als Beisitzer aus der sozialen Fürsorge bestellt werden.

*) Fassung: Abs. 2 ist durch die WeiterenAB. vom 30. 10. 22. (Zentralbl. S. 1013 und RVBl. Nr. 931) angefügt.

1. Die richterlichen Beisitzer, die Beisitzer aus der sozialen Fürsorge wie auch die aus den Vers.Berechtigten sind vor der ersten Verhandlung auf die gewissenhafte Erfüllung ihrer Pflichten zu verpflichten. Näheres vgl. zu § 19.

2. Die Beisitzer aus den Vers.Berechtigten werden ebenso wie in der unteren Instanz auf vier Jahre bestellt. (§ 13 Abs. 2, 3). Es gelten auch die gleichen Ausschließungs- und Ablehnungsgründe (vgl. §§ 15, 16), wie auch die Vorschriften über Entbindung und Enthebung vom Amte (§ 17 Abs 1—3). Aus der Nichterwähnung des § 17 Abs. 4 folgt, daß gegen die Enthebung oder Entbindung vom Amte durch den Präsidenten Beschwerde nicht gegeben ist.

§ 32 *).

Bis zum 31. Dezember 1926[1] dürfen Oberregierungsräte (§ 24 Abs. 2) und als Hilfsrichter auf Wartegeld gesetzte oder im Ruhestand befindliche Reichs- oder Landesbeamte, welche die Befähigung zum höheren Justiz- oder Verwaltungsdienste[2] besitzen, mit dem Vorsitz in einem Senate (Hilfssenate) beauftragt und an Stelle von Mitgliedern des Reichsversorgungsgerichts andere Personen, welche die Befähigung zum höheren Justiz- oder Verwaltungsdienste[2] besitzen, als Beisitzer (Hilfsrichter) zugezogen werden. Die Zahl der Hilfssenate darf nicht größer sein als die der ordentlichen Senate[3].

Die Übertragung des Vorsitzes und die Ernennung der Hilfsrichter erfolgt auf Vorschlag des Präsidenten des Reichsversorgungsgerichts durch den Reichsarbeitsminister auf bestimmte Zeit.

*) Fassung: Abs. 1 Satz 1 hat seine Fassung durch Ziff. I des Ges. vom 22. 12. 22 (RGBl. I S. 982 und RVBl. 23 Nr. 2) mit Wirkung vom 1. 1. 23 ab erhalten.

1. Die Bildung von Hilfssenaten und die Zuziehung von Hilfsrichtern ist nur eine vorübergehende Maßnahme, um dem großen Andrange der Geschäfte beim RVGer. zu begegnen.

2. Über Befähigung zum höheren Justiz- oder Verwaltungsdienste vgl. Anm. 4 zu § 24.

3. Die Zahl der Hilfssenate bestimmt nach § 26 der RAM.

§ 33.

Über die Zuteilung der Vorsitzenden und die Verteilung der Sachen auf die Senate beschließt für je ein Kalenderjahr im voraus das Präsidium nach Stimmenmehrheit. Das Präsidium besteht aus dem Präsidenten, dem Vizepräsidenten, den beiden dienstältesten Senatspräsidenten sowie dem als Beisitzer mitwirkenden dienstältesten Mitglied[1]. Zur Beschlußfassung genügt die Anwesenheit von drei Mitgliedern[2]; bei Stimmengleichheit gibt die Stimme des Präsidenten, im Falle seiner Behinderung die des Vizepräsidenten den Ausschlag.

In gleicher Weise wird für bestimmte Zeiträume, in der Regel für die Dauer eines Vierteljahrs, im voraus festgesetzt, in welchem Senat und an welchen Tagen die Beisitzer an den Sitzungen teilnehmen[3]. Der Präsident regelt im Einzelfall, unbeschadet der Vorschrift des § 27 Abs. 2 Satz 2[4], die Vertretung verhinderter Vorsitzender und Beisitzer[5].

Zu § 33.

Die Beisitzer aus der sozialen Fürsorge und aus den Versorgungsberechtigten sollen mindestens 2 Wochen vor der Sitzung einberufen werden.

1. Das als Beisitzer mitwirkende Mitglied kann ein Oberregierungsrat oder ein Regierungsrat sein. Ein gemäß § 32 mit dem Vorsitz in einem Hilfssenat beauftragter Oberregierungsrat kann jedoch nicht dem Präsidium angehören.

2. Für behinderte Mitglieder des Präsidiums haben mithin Vertreter nicht einzutreten.

3. Diese Regelung entspricht der im § 18 für die Kammern der Vers.Gerichte getroffenen. Vgl. Anm. 1 zu § 18.

4. Nach § 27 Abs. 2 Satz 2 vertritt den Vorsitzenden der dem Senat angehörende Oberregierungsrat.

5. Es kommt vor allem die Regelung der Vertretung verhinderter Beisitzer aus den Vers.Berechtigten und der sozialen Fürsorge in Betracht.

§ 34.

Der Große Senat[1] besteht aus dem Vorsitzenden und acht Beisitzern.

Den Vorsitz führt der Präsident oder der Vizepräsident des Reichsversorgungsgerichts[2]). Als Beisitzer wirken mit zwei weitere Mitglieder des Reichsversorgungsgerichts, zwei richterliche Mitglieder eines ordentlichen Gerichts und je zwei Beisitzer aus der sozialen Fürsorge und aus den Versorgungsberechtigten[3].

Die Auswahl der Beisitzer erfolgt für je ein Kalenderjahr im voraus durch das Präsidium nach Maßgabe des § 33 Abs. 1. Für jeden Beisitzer sind mindestens zwei Stellvertreter zu bezeichnen, die bei Behinderung der zunächst benannten Beisitzer in der Reihenfolge ihrer Bezeichnung eintreten.

Der verweisende Senat (§ 130)[4] bestimmt eines seiner Mitglieder, das für die Entscheidung der Sache in den Großen Senat eintritt. Gehört dieses Mitglied nicht zu den nach Abs. 3 bestimmten Beisitzern, so scheidet von den Beisitzern der gleichen Gruppe der dem Dienstalter, bei gleichem Dienstalter der dem Lebensalter nach jüngere für die Entscheidung der Sache aus.

1. Der Einheitlichkeit der Rechtsprechung innerhalb des RVGer. dient die im § 26 vorgesehene Bildung eines Großen Senats. Der Große Senat entscheidet in öffentlicher mündlicher Verhandlung nicht nur die streitige Rechtsfrage, sondern den vorliegenden Rechtsstreit überhaupt.

2. Vgl. § 24.

3. Eine Verstärkung des Großen Senats tritt nach § 154 Abs. 1 Satz 3 ein, wenn ein Senat des bayer. LVGer. von einer amtlich veröffentlichten Entscheidung des RVGer. abweichen will.

4. Die Verweisung an den Großen Senat erfolgt, wenn ein Senat des RVGer. in einer grundsätzlichen Rechtsfrage von einer früheren Entscheidung eines anderen Senats oder von einer Entscheidung des Großen Senats abweichen will (vgl. § 130).

§ 35.

Wichtige Angelegenheiten, insbesondere zweifelhafte Rechtsfragen, können auf Anordnung des Präsidenten oder des Vizepräsidenten in Gesamtsitzungen[1] erörtert werden. Eine Abstimmung in der Gesamtsitzung bindet nicht für eine spätere Abstimmung in einem Senate[2].

Zur Teilnahme an einer Gesamtsitzung sind einzuladen

1. die Mitglieder[3] und Hilfsrichter des Reichsversorgungsgerichts[4],

2. die Beisitzer des Großen Senats[5], die am Sitze des Reichsversorgungsgerichts oder in der näheren Umgebung wohnen oder am Sitzungstage dort anwesend sein werden; ist ein Beisitzer verhindert, so ist tunlichst sein nach § 34 Abs. 3 zur Vertretung berufener Stellvertreter einzuladen.

Bei der Einladung ist die Tagesordnung mitzuteilen.

1. Die Vorschrift des § 35 über Gesamtsitzungen dient ebenso wie die im § 26 vorgesehene Bildung eines Großen Senats der Einheitlichkeit der Rechtsprechung des RVGer.

2. Daß die Abstimmung des einzelnen Beisitzers im Senat (vgl. §§ 131—133) unabhängig von einer in der Gesamtsitzung erfolgten Abstimmung ist, ergibt sich auch schon aus der Vorschrift des § 3.

3. Vgl. § 24 Abs. 2.

4. Vgl. § 32 Abs. 1.

5. Vgl. § 34 Abs. 2.

§ 36.

Für die Entschädigung der Beisitzer gilt § 20[1].

Zu § 36.

Die Ausführungsbestimmungen zu § 20[2] finden mit der Maßgabe Anwendung, daß die Mehrkosten für die Benutzung der 2. Wagenklasse ferner bei einer weiten und besonders anstrengenden Reise ersetzt werden. Diese Voraussetzung ist im allgemeinen nur dann als gegeben anzusehen, wenn die Entfernung mehr als 400 km beträgt, die Reise ohne Unterbrechung zurückgelegt wird und der Beisitzer unmittelbar nach der Ankunft an der Sitzung teilnehmen muß.

1. Die Höhe der Entschädigung für die Beisitzer aus den Vers.Berechtigten ist beim RVGer. ebenso wie beim Vers.Ger. im Gesetz selbst bestimmt, für die übrigen Beisitzer aber setzt auch hier der RAM. die Sitzungsgebühr fest.

2. Vgl. oben.

Zweiter Teil.

Versorgungsverfahren.[1])

Erster Abschnitt.

Allgemeine Vorschriften[2].

I. Gegenstand des Versorgungsverfahrens[3].

Vorbemerkung:

1. Unter dem Begriff Versorgungsverfahren ist nur das Verfahren vor den Verwaltungs- und Spruchbehörden der Reichsversorgung (vgl. § 1) zu verstehen. Das Gesetz beschäftigt sich hingegen nicht mit dem Verfahren vor den Fürsorgestellen der Kriegsbeschädigten- und Kriegshinterbliebenenfürsorge (vgl. §§ 21—23 RVG.) und mit dem Verfahren vor den Trägern und Behörden der Reichsversicherung bei Erledigung der diesen Stellen in den Versorgungsgesetzen zugewiesenen Aufgaben (vgl. § 8 Abs. 3 RVG. und § 3 AKG.).

2. Die allgemeinen Vorschriften gelten, soweit sich nicht aus der Fassung etwas Anderes ergibt, für das Verwaltungs- und das Spruchverfahren. Wegen der besonderen Vorschriften für das Verwaltungsverfahren vgl. §§ 77—89, für das Spruchverfahren §§ 90—147.

3. Der Gegenstand des Vers.Verfahrens ist im § 37 in der Weise umschrieben, daß diejenigen Angelegenheiten aufgezählt sind, die nicht zur Zuständigkeit der Vers.Behörden gehören und deshalb nicht unter die Verfahrensvorschriften des Gesetzes fallen. Wegen der sachlichen Zuständigkeit der Verwaltungsbehörden vgl. im übrigen § 77, während die örtliche Zuständigkeit in den §§ 38 bis 41 und den dazu gehörigen AB. geregelt ist.

§ 37.

Die Versorgungsbehörden[1] entscheiden über die nach den Versorgungsgesetzen (§ 1)[2] zu gewährenden Versorgungsgebührnisse[3].

Heilbehandlung und Krankengeld (§§ 4 bis 12 des Reichsversorgungsgesetzes) werden durch die Krankenkassen[4] gewährt[5]. Soweit die Gewährung der Heilbehandlung dem Reiche obliegt oder von ihm übernommen wird (§ 8 Abs. 1, 2 und 7 des Reichsversorgungsgesetzes) oder es sich um die Einleitung einer neuen Heilbehandlung im Sinne des § 18 des Reichsversorgungsgesetzes handelt, entscheiden die Versorgungsbehörden. Das Krankengeld wird auch in diesen Fällen durch die Krankenkasse gewährt. Hausgeld (§ 13 des Reichsversorgungsgesetzes) wird von der Stelle angewiesen, welche die Heilanstaltspflege[6] oder die Badekur anordnet.

Gegen die Berechnung[7] des Hausgeldes durch die Krankenkasse kann der Berechtigte innerhalb eines Monats nach der Bekanntgabe die Entscheidung der Verwaltungsbehörde (§ 4) anrufen. Im übrigen werden die Streitigkeiten über die von den Krankenkassen zu gewährenden Leistungen[8], soweit nicht ihre Gewährung von dem pflichtgemäßen Ermessen der entscheidenden Stelle abhängt[9], in dem in der Reichsversicherungsordnung für die Krankenversicherung vorgeschriebenen Spruchverfahren entschieden.

Für die Ersatzansprüche der Krankenkassen gilt § 17 des Reichsversorgungsgesetzes[10].

Für die soziale Fürsorge[11] gelten die Vorschriften der §§ 21 bis 23 des Reichsversorgungsgesetzes.

1. Das sind die Verwaltungs- und Spruchbehörden der Reichsversorgung (vgl. § 2).

2. Die Durchführung von nicht in den Vers.Gesetzen angeordneten Maßnahmen verbleibt den Verwaltungsbehörden wie bisher und kann ihnen auch neu übertragen werden.

3. Vers.Gebührnisse sind alle in den Vers.Gesetzen vorgesehenen Geldleistungen und sonstigen Leistungen, z. B. Rente, Beamtenschein, gleichviel, ob sie als Pflichtleistungen oder als Kannbezüge (vgl. Anm. 3 zu § 91) vorgesehen sind.

4. a) Es kommen in Frage Ortskrankenkassen, Landkrankenkassen, Betriebskrankenkassen und Innungskrankenkassen (§ 225 RVO.), ferner die Ersatzkassen (§§ 503 ff. RVO.) und der an die Stelle der knappschaftlichen Krankenkassen getretene Reichsknappschaftsverein mit den Bezirksknappschaftsvereinen (§§ 12 ff. des Reichsknappschaftsgesetzes vom 23. 6. 23 — RGBl. I S. 431 —

und Art. 31 Ziff. 12 ff. des EinfGes. vom gl. T. — RGBl. I S. 454). Welche Krankenkasse zuständig ist, ergibt sich aus § 8 Abs. 3 RVG. Über die Zuständigkeit der Ersatzkassen vgl. RVBl. 25 Nr. 183.

b) Ärztlicher Reichstarif für das Versorgungswesen RVBl. 26 Nr. 70. Zahnärztlicher Reichstarif für das Versorgungswesen RVBl. 26 Nr. 71.

c) Über die Mitwirkung der Fürsorgestellen bei der Heilbehandlung s. RVBl. 22 Nr. 253 Ziff. 26 ff.

5. a) Näheres enthalten die vom RAM. herausgegebenen Leitsätze für die Versorgungs-Heilbehandlung nach dem RVG.

b) Auch die Entschädigung für Reisekosten und Verdienstausfall nach § 20 RVG. ist Sache der Krankenkasse, außer wenn die Heilbehandlung dem Reiche obliegt oder von ihm übernommen ist. Der Anspruch ist gegen die Krankenkasse im Rechtszuge der Krankenversicherung (Abs. 3 Satz 2), gegen das Reich im Rechtszuge der Reichsversorgung geltend zu machen (E. III, 98); vgl. auch Anm. 11 zu § 82. — Über „kleinere Heilmittel" und Zahnbehandlung vgl. RVBl. 22 Nr. 650.

c) Über Kostenersatz für selbstgewählte Heilbehandlung†) vgl. RVBl. 22 Nr. 377, ferner E. III, 192 und Arbeiterversorgung 23 S. 408. Ersatz für selbstbeschaffte Hilfsmittel (§ 5 der VO. zu § 7 RVG.) ist kein „Kannbezug" (E. III, 271).

d) Das Krankengeld (§ 12 RVG.) ist nach Abs. 2 Satz 3 auch dann von der Krankenkasse zu gewähren, wenn der Vers.-Berechtigte keiner Krankenkasse angehört (E. III, 50). Über Krankengeld entscheiden die Spruchbehörden der Reichsversicherung. Es ist auch neben der vorläufigen Heilbehandlung nach § 4 Abs. 3 RVG. kein „Kannbezug" (AN. RVA. 23 S. 149 Nr. 2734 und Arbeiterversorgung 23 S. 431).

6. Heilanstaltspflege bewilligt die Krankenkasse oder das Hpt.Vers.Amt (vgl. § 8 Abs. 7 RVG. und Ziff. I 4 der AB. zu § 77). Vereinbarungen zwischen dem RAM. und den Landesversicherungsanstalten über Heilstättenkuren versicherter tuberkulöser Kriegsbeschädigter RVBl. 22 Nr. 522 Anl. 2; 23 Nr. 456.

7. Über Einwendungen des Berechtigten gegen die Höhe des von der Krankenkasse bewilligten Hausgeldes entscheidet das Vers.Amt (vgl. § 77), gegen dessen Bescheid nach § 90 die Berufung an das VGer. gegeben ist. Will die Krankenkasse überhaupt nicht oder nach anfänglicher Zahlung nicht weiter zahlen, so entscheidet auf Berufung das Oberversicherungsamt (vgl. Abs. 3 Satz 2).

8. Vgl. § 8 RVG. und § 37 Abs. 2 VerfG. — Aus der Fassung des § 4 RVG. folgt, daß die Heilbehandlung von den

---

†) Für die RVO. vgl. Hoffmann, Selbstbeschaffte Krankenpflege, Deutsche Landkrankenkasse 23 Sp. 55—61.

Krankenkassen erst zu gewähren ist, d. h. beansprucht werden kann, wenn DB. — mit oder ohne Rentengewährung — anerkannt ist. Über das Vorliegen von DB. haben also zunächst immer das Vers.Amt und die Spruchbehörden der Reichsversorgung zu entscheiden. Aus den §§ 37 und 90 ergibt sich also, daß gegen die Bescheide der Vers.Ämter und Hpt.Vers.Ämter ohne Rücksicht auf ihren Inhalt immer nur das Spruchverfahren der Reichsversorgung, und nicht der Krankenversicherung in Frage kommt.

Die Vers.Behörden haben nur zu entscheiden, ob das geltend gemachte Leiden Folge von DB. ist. Ob es im Sinne des § 4 RVG. für eine Heilbehandlung geeignet ist und worin diese zu bestehen hat, entscheiden die Spruchbehörden der Krankenversicherung (E. IV, 203).

9. Sog. Kannbezüge (vgl. Anm. 3 zu § 91).

10. Hiernach wird ein Streit über Ersatzansprüche zwischen Krankenkassen und dem Reich in dem für die Krankenversicherung vorgesehenen Spruchverfahren entschieden. Die Revision ist ausgeschlossen. Ist streitig, ob die Krankheit mit einer Gesundheitsstörung zusammenhängt, die als Folge einer DB. anerkannt ist, so wird hierüber in dem Spruchverfahren vor den Versorgungsgerichten entschieden. Die Entscheidung der DB.-Frage gegenüber dem Beschädigten ist auch für den Ersatzanspruch der Krankenkasse bindend (E. V, 159 = RVBl. 25 Nr. 186 B [3]). — Vgl. im übrigen Anm. 1 zu § 152.

11. Die soziale Fürsorge †) tritt der Rentenversorgung ergänzend zur Seite; dem Verwaltungsermessen der Fürsorgeeinrichtungen ist zur Anpassung an die individuellen Bedürfnisse des Einzelfalles ein freierer Spielraum gelassen, als den Vers.Behörden. Über Vorschußzahlung durch die Fürsorgestellen vgl. RVBl. 24 Nr. 419; 26 Nr. 68. Krüppelfürsorge für Kriegerwaisen und Kinder Kriegsbeschädigter s. RVBl. 22 Nr. 8. Soziale Fürsorge für nicht unter das RVG. fallende Vers.Berechtigte s. RVBl. 22 Nr. 863; nach dem KPG. RVBl. 22 Nr. 899. Auch die Zusatzrenten (§§ 88—95 RVG.) werden durch die Fürsorgestellen gezahlt; Zusammenstellung der maßgebenden Vorschriften RVBl. 25 Nr. 116. — Über Zusammenarbeiten der Fürsorgeeinrichtungen mit den Vers.Behörden vgl. RVBl. 22 Nr. 253, 511; der Hauptfürsorgestellen mit den Berufsgenossenschaften bei Unterbringung Schwerbeschädigter RVBl. 22 Nr. 257.

Für die Soziale Fürsorge sind jetzt unter Fortfall der Zuständigkeitsgrundsätze (Amtl. Nachr. des RAM. 19 Nr. 225) maßgebend: die VO. über die Fürsorgepflicht vom 13. 2. 24 (RGBl. I S. 100 und RVBl. Nr. 102), geändert durch Gesetz vom

†) Simon, Über Versorgung und Fürsorge, Ein Beitrag zur Begriffsbildung, Soz. Prax. 22 Sp. 857—60, Sp. 894—86, Sp. 939—40.

8. 6. 26 (RGBl. I S. 255 = RVBl. Nr. 76), die Reichsgrundsätze über Voraussetzungen, Art und Umfang der öffentlichen Fürsorge vom 4. 12. 24 (RVBl. 24 Nr. 414) und die Erläuterungen dazu vom 13. 12. 24 (RVBl. Nr. 423, insbesondere zu §§ 18—32). Verzeichnis der Dienststellen, denen die Aufgaben der Hpt.Fürsorgestellen übertragen sind, s. RVBl. 25 Nr. 6; 26, 173.

II. Örtliche Zuständigkeit†).

Vorbemerkung: Die Vorschriften über die örtliche Zuständigkeit regeln die Verteilung der Geschäfte unter mehrere sachlich gleichgeordnete Behörden; sie beantworten also z. B. die Frage, ob das Vers.Amt X oder das Vers.Amt Y zuständig ist. Demgegenüber betrifft die sachliche Zuständigkeit (vgl. §§ 77, 90) die Verteilung der Geschäfte unter den Behörden verschiedener Ordnung, also z. B. die Frage, ob das Vers.Amt oder das übergeordnete HauptVers.Amt zuständig ist.

§ 38.

Örtlich zuständig ist diejenige Versorgungsbehörde, in deren Bezirk[1] der Versorgungsberechtigte[2] zur Zeit[3] der Stellung des Antrags oder der Einlegung der Berufung[4] wohnt[5].

Bei Geltendmachung von Ansprüchen[6] Hinterbliebener[7] ist der Wohnort[8] der Witwe[9] und, wenn eine Witwe in dem nach Abs. 1 maßgebenden Zeitpunkt nicht vorhanden[10] ist, der letzte Wohnort[11] des Verstorbenen oder Verschollenen maßgebend. Sind für den Berechtigten[12] Versorgungsgebührnisse[13] bereits früher bewilligt[14], so ist sein Wohnort maßgebend[15].

In Fällen, in denen es eines Antrags[16] nicht bedarf, finden die Vorschriften der Abs. 1, 2 mit der Maßgabe Anwendung, daß an Stelle des Zeitpunktes der Stellung des Antrags der Zeitpunkt der Einleitung des neuen Verfahrens[17] entscheidet.

Für die Fälle, in denen nach Abs. 1 bis 3 eine Zuständigkeit nicht begründet ist, bestimmt[18] der Reichsarbeitsminister die zuständige Versorgungsbehörde.

Die AB. sind S. 49ff. abgedruckt.

1. Über die Bezirke der Verwaltungsbehörden vgl. Anl. 4 unten S. 222, über die der Vers.Gerichte Anm. 1b zu § 6.

†) Piske, Örtliche Zuständigkeit usw. MfA. 22 Sp. 481—83.

2. Unter dem Ausdruck „Vers.Berechtigter" sind in den das Verwaltungs- und das Spruchverfahren umfassenden Vorschriften auch solche Personen zu verstehen, die zwar Versorgung beanspruchen, über deren Anspruch aber noch nicht oder noch nicht endgültig entschieden ist, während das Gesetz im Verwaltungsverfahren auch von dem „Antragsteller" und im Spruchverfahren von dem „Kläger" spricht.

3. Maßgebend ist die Zeit, zu der der Antrag oder die Berufung bei der zuständigen Behörde oder einer anderen amtlichen Stelle (vgl. §§ 78, 93) eingehen. Ohne Bedeutung ist der Tag der Abfassung oder der Absendung des Schriftstücks.

4. Für das Rekursverfahren ist die Abgrenzung der Zuständigkeit zwischen dem RVGer. und dem bayer. LVGer. durch § 154 Abs. 1 Satz 1 besonders geregelt.

5. a) Das Gesetz hat den Wohnort entscheidend sein lassen, weil die Behörde, in deren Bezirk der Vers.Berechtigte wohnt, für diesen am leichtesten zu erreichen und zugleich am besten in der Lage ist, die notwendigen Feststellungen zu treffen und die maßgebenden Verhältnisse zu beurteilen.

b) Unter dem „wohnen" ist das rein tatsächliche, länger dauernde, nicht bloß zufällige Verweilen an einem Orte zu verstehen. Darauf, ob dieser Wohnort auch zugleich der Wohnsitz im Sinne des BGB. ist, kommt es nicht an (vgl. E. I, 243). Der Wohnsitz ist aber entscheidend für die Höhe der Ortszulage (§ 51 RVG.).

c) Ob der Aufenthalt freiwillig gewählt ist, hat keine Bedeutung. Der Geisteskranke hat seinen Wohnort in der Irrenanstalt, der Wohnort des gerichtlich bestellten Pflegers ist nicht maßgebend. E. I, 153.

d) Die Unterbringung in einer Strafanstalt gilt im allgemeinen als Wohnort. Auszunehmen sind Fälle, in denen es sich um einen Aufenthalt von unerheblicher Dauer handelt. Als ein solcher wird ein Zeitraum bis zu sechs Monaten anzusehen sein. RVBl. 21 Nr. 1274.

e) Militärpersonen des Friedensstandes, also aktive Offiziere, Kapitulanten, zur Erfüllung der gesetzlichen Dienstpflicht Dienende wie auch Reichswehrangehörige, wohnen am Standort ihres Truppenteils. RVBl. 21 Nr. 670, 846.

6. a) Bei Beantragung von „Kannbezügen" gilt dasselbe. Auch die Zuständigkeit des VGer. richtet sich bei diesen, wenn unzulässigerweise (vgl. § 91) Berufung eingelegt wird, nach § 38.

b) Sterbegeld und die Gebührnisse für das Sterbevierteljahr (§§ 34, 35 RVG.) sind keine Hinterbliebenenansprüche im Sinne des § 38 Abs. 2, wie sie auch im RVG. nicht in dem Abschnitt „Hinterbliebenenrente" geregelt sind. Sie sind von dem Vers.Amt zu bewilligen, das für den Beschädigten zuständig war.

7. a) Hinterbliebene sind die Witwen, Waisen, Eltern, Großeltern, uneheliche Kinder und die geschiedene Ehefrau (vgl. §§ 36 bis 50 RVG.).

b) Betreiben Erben des Beschädigten das von diesem selbst anhängig gemachte Verfahren weiter, so bleibt die einmal begründete Zuständigkeit nach § 38 Abs. 1 unberührt. Ziff. I Satz 1 der AB. zu § 38 regelt nur den Fall, daß die Erben selbst ein Verfahren einleiten, also einen Antrag auf Versorgung stellen oder nach Abschluß des von ihnen oder von dem verstorbenen Beschädigten eingeleiteten Verwaltungsverfahrens Berufung einlegen. So auch E. I, 49.

c) Für die Versorgung aller bei ein und demselben Todesfall als Hinterbliebene in Betracht kommenden Personen ist zunächst dieselbe Stelle zuständig, damit die einmal beschafften Unterlagen für sämtliche Angelegenheiten verwertet werden können und widersprechende Entscheidungen, z. B. hinsichtlich der DB. oder der Ausgleichszulage (vgl. §§ 37, 46 in Vbdg. mit § 28 RVG.) vermieden werden. Der Wohnort eines anderen Hinterbliebenen als der Witwe, z. B. eines Vaters, ist erst maßgebend, wenn durch Bewilligung von Gebührnissen auch für ihn die einheitlich zu entscheidenden Fragen geklärt sind; vgl. Anm. 12.

8. D. h. der Wohnort (Anm. 5) zur Zeit der Stellung des Antrages oder der Einlegung der Berufung. Die Zuständigkeit bleibt unverändert, wenn die Witwe während eines schwebenden Verfahrens (z. B. des Berufungsverfahrens) stirbt (vgl. E. I, 10). Über den Einfluß des Wohnortswechsels auf die einmal begründete Zuständigkeit einer Verwaltungsbehörde vgl. § 39. Die Zuständigkeit des Vers.Gerichts bestimmt sich, wenn die Witwe während des Verwaltungsverfahrens gestorben ist, nach dem letzten Wohnort des Verstorbenen.

9. Nur die Witwe des Verstorbenen, von dem die Versorgungsberechtigung sich herleitet, ist gemeint, nicht etwa auch dessen verwitwete Mutter. Eine Frau, die eine neue Ehe eingeht, bleibt trotzdem die Witwe des verstorbenen ersten Mannes. Es ist in solchem Falle demnach eine Witwe im Sinne des § 38 Abs. 2 vorhanden (vgl. auch E. II, 194).

Über Ansprüche der geschiedenen Frau (§ 38 RVG.) entscheidet die Behörde, in deren Bezirk die Witwe, d. h. die überlebende Frau der neuen Ehe, wohnt oder der Verstorbene zuletzt gewohnt hat; ihr eigener Wohnort kommt erst in Frage, wenn für sie Gebührnisse bewilligt sind (§ 38 Abs. 2 Satz 2). Auch für Kinder aus einer früheren Ehe des Verstorbenen bestimmt sich die Zuständigkeit nach dem Wohnort der Witwe (vgl. E. II, 50).

10. Eine Witwe ist nicht vorhanden, wenn der Verstorbene ledig, verwitwet oder rechtskräftig geschieden und nicht wieder verheiratet war, oder wenn die Witwe vor Antragstellung oder Einlegung der Berufung gestorben ist. Es ist also für diejenigen

Anträge und Berufungen der Waisen, Eltern und auch der Erben der Witwe, die nach dem Tode der Witwe eingehen, der letzte Wohnort des Verstorbenen maßgebend.

11. Hat der Verstorbene zuletzt im Ausland gewohnt, so gilt ohne Rücksicht darauf, ob er früher einmal im Inland gewohnt hat, in Anwendung von Ziff. IIa der AB. zu § 38 die Stadt Berlin als maßgebender Wohnort.

12. „Berechtigter" ist nicht etwa der verstorbene Rentenempfänger, sondern im Verwaltungsverfahren der Antragsteller, im Spruchverfahren der Kläger; vgl. Anm. 2. Es müssen gerade für denjenigen, bei dessen Angelegenheit die Zuständigkeit fraglich wird, Gebührnisse bereits bewilligt sein. Für den Antrag auf Elternrente ist z. B. der Wohnort der Witwe auch dann maßgebend, wenn die Witwenrente bereits bewilligt ist; erst wenn für die Eltern selbst Gebührnisse bewilligt oder nach dem RVG. umanerkannt (vgl. Ziff. III Abs. 3 AB. zu § 38) sind, ist für spätere Anträge der Eltern ihr eigener Wohnort maßgebend. — Über Zuständigkeit für die Zahlbarmachung, Aktenaufbewahrung und Berufung s. auch RVBl. 22 Nr. 423, 1072.

13. Sterbegeld und Gebührnisse für das Sterbevierteljahr sind keine Vers.Gebührnisse im Sinne dieser Vorschrift.

14. a) Für die Berufung gegen die erste Bewilligung (oder die Umanerkennung, vgl. Ziff. III Abs. 3 AB. zu § 38) bleibt der Wohnort des Verstorbenen maßgebend, weil in solchen Fällen für den Kläger Gebührnisse nicht „bereits früher", sondern erst durch den angefochtenen Bescheid bewilligt (oder umanerkannt) sind. Auch die Absicht des Gesetzes, in Hinterbliebenenangelegenheiten widersprechende Entscheidungen über die grundlegenden Voraussetzungen zu vermeiden (vgl. Anm. 7c), nötigt dazu, auch für die Berufungsinstanz eine einheitliche Zuständigkeit für alle Hinterbliebenen anzunehmen. So auch E. III, 202.

b) Im Falle der Ablehnung von Gebührnissen würde für künftige weitere Anträge der Wohnort der Witwe maßgebend bleiben; die Akten sind deshalb nicht an den Wohnort des Antragstellers abzugeben.

15. Die AB. zu § 38 machen in Ziff. III Abs. 3 von § 38 Abs. 2 Satz 2 eine Ausnahme für den Fall, daß die Hinterbliebenengebührnisse noch nicht nach dem RVG. oder dem ARG. umanerkannt sind, weil bei der Umanerkennung über wichtige Fragen, wie z. B., ob der Beruf des Verstorbenen die Ausgleichszulage aus § 28 RVG. rechtfertigt, erst eine einheitliche Entscheidung zu treffen ist.

16. Die erste Bewilligung von Vers.Gebührnissen setzt stets einen Antrag voraus (vgl. § 1 RVG.). Ohne Antrag erfolgen z. B. die Umanerkennung, die Neufestsetzung oder Entziehung der Gebührnisse wegen Änderung der Verhältnisse (§ 57 RVG.), die

Neufestsetzung der ruhenden Rententeile (§§ 61 ff. RVG.), der Ortszulage (§ 51 RVG.) und der Teuerungszulage (§ 87 RVG.). Auch die Einstellung der Zahlung beim Tode des Berechtigten, bei Wiederverheiratung oder Erreichung der Altersgrenze sowie beim Erlöschen oder vollständigen Ruhen der Gebührnisse (§§ 60 ff. RVG.) geschieht von Amts wegen; da es sich in diesen Fällen jedoch nicht um die „Einleitung eines neuen Verfahrens" handelt, ist die Einstellung von der bisher zuständigen Behörde zu erledigen.

17. Ein neues Verfahren wird schon dadurch eingeleitet, daß die Behörde z. B. Ermittelungen anstellt oder vorbereitende Anordnungen erläßt.

18. Die zuständige Vers.Behörde kann sowohl im Einzelfalle als auch allgemein für besondere Arten von Fällen bestimmt werden. Letzteres ist im weitesten Umfange durch die AB. zu § 38 geschehen.

AB. zu §§ 38, 41 Abs. 1.

I. (Zu § 38 Abs. 1.) Hat der Versorgungsberechtigte keinen Wohnort oder ist er verstorben oder verschollen, so richtet sich die Zuständigkeit nach seinem letzten Wohnort. Liegt der nach § 38, Abs. 1 maßgebende Wohnort oder der nach vorstehendem maßgebende letzte Wohnort nicht im Bezirk einer Versorgungsbehörde[1], so gilt als Wohnort des Versorgungsberechtigten der Sitz des Versorgungsamts, das von dem maßgebenden Wohnort auf dem kürzesten Wege erreichbar ist. Liegt der maßgebende Wohnort in einem nicht an das Deutsche Reich angrenzenden Lande, so gilt als Wohnort die Stadt Berlin.

II. (Zu § 38 Abs. 2 Satz 1.)

a) Liegt der Wohnort der Witwe oder, wenn eine Witwe nicht vorhanden ist, der letzte Wohnort des Verstorbenen oder Verschollenen nicht im Bezirk einer Versorgungsbehörde[1], so gilt in Hinterbliebenensachen als maßgebender Wohnort, solange Versorgungsgebührnisse für den Berechtigten noch nicht bewilligt sind, die Stadt Berlin. Dasselbe gilt, wenn der Wohnort der Witwe oder der letzte Wohnort des Verstorbenen oder Verschollenen in der Schweiz, in Elsaß-Lothringen, im Gebiet der Freien Stadt Danzig oder im Saargebiet, der Wohnort des Antragstellers jedoch nicht in diesen Gebieten liegt[2].

b) Sind mehrere Söhne[3] verstorben, so richtet sich die Zuständigkeit für die Versorgungsangelegenheiten von Eltern[4], für die Versorgungsgebührnisse noch nicht bewilligt sind, nach dem Wohnort der Witwe des verheirateten Sohnes, falls mehrere Witwen verstorbener Söhne vorhanden sind, nach dem Wohnort der Witwe des zuerst verstorbenen verheirateten Sohnes, falls nach keinem der Söhne eine Witwe vorhanden ist, nach dem letzten Wohnort des zuerst verstorbenen Sohnes[5]. Ziffer II a findet nur Anwendung, wenn nach keinem der verstorbenen Söhne eine Zuständigkeit begründet ist[6]. Verstorbene Söhne, die nicht als frühere oder künftige Ernährer[7] bezeichnet werden, bleiben außer Betracht.

III. (Zu § 38 Abs. 2 Satz 2.) Nach Bewilligung[8] von Versorgungsgebührnissen ist für Waisen der Wohnort der Mutter[9], in deren Ermangelung der Wohnort der jüngsten Waise[10], für ein Elternpaar der Wohnort des Vaters maßgebend.

Liegt der nach der Bewilligung maßgebende Wohnort nicht im Bezirk einer Versorgungsbehörde[1], so gilt als Wohnort die Stadt Berlin[11].

Entgegen der Vorschrift des § 38 Abs. 2 Satz 2 ist der Wohnort anderer Hinterbliebener als der Witwe nicht maßgebend, solange nach den früheren Militärversorgungsgesetzen bewilligte Gebührnisse noch nach dem Reichsversorgungsgesetz oder dem Altrentnergesetz umanerkannt[8] werden müssen.

IV. Auf die Vorschrift des § 156 Abs. 1 Satz 3 wird hingewiesen.

V. Ausnahmen.

a) Die Entscheidung in allen zur Zuständigkeit der in Bayern belegenen Hauptversorgungsämter gehörenden Angelegenheiten der Kapitalabfindung verbleibt bis auf weiteres dem Hauptversorgungsamt München.

b) und c) sind überholt und ersetzt durch folgenden Erlaß des RAM. vom 8. 3./2. 9. 24 (RVBl. Nr. 136/351):

Auf Grund der §§ 38 Abs. 4, 41 Abs. 1 und 77 des Gesetzes über das Verfahren in Versorgungssachen ...... bestimme ich, abweichend von den AB. zu den §§ 38, 41 Abs. 1 a. a. O. unter Aufhebung des Erlasses vom 28. Juli 1923 (RVBl. Nr. 610), mit Wirkung vom 1. April 1924 an folgendes:

1. Für die Versorgungsangelegenheiten[12] aller im Auslande (auch in den abgetretenen Gebieten) und im Saargebiet wohnenden reichsdeutschen Versorgungsberechtigten[13] (ehemalige Militärpersonen, Ruhegehalts- usw. Empfänger und Hinterbliebene) sind zuständig:
   a) das Versorgungsamt Radolfzell für die Schweiz[14],
   b) das Versorgungsamt München-Land für Deutsch-Österreich[15], Ungarn und die Balkanstaaten,
   c) das Versorgungsamt Dresden für die Tschechoslowakei[14],
   d) das Versorgungsamt Ratibor für das Hultschiner Gebiet[16],
   e) das Versorgungsamt Schneidemühl für Polen[17] — einschließlich der abgetretenen Gebiete, aber ausschließlich Polnisch-Oberschlesien —,
   f) das Versorgungsamt Gleiwitz für Polnisch-Oberschlesien[18],
   g) —[19],
   h) das Versorgungsamt Insterburg, Zweigstelle Tilsit, für das Memelgebiet, Rußland und die Randstaaten,

i) das Versorgungsamt Marienburg für das Gebiet der Freien Stadt Danzig[20],
k) das Versorgungsamt Flensburg für Dänemark und das abgetretene Gebiet Nord-Schleswigs[21],
l) das Versorgungsamt Wesel für die Niederlande,
m) das Versorgungsamt Aachen für Belgien — einschließlich Eupen-Malmedy —[22],
n) das Versorgungsamt Trier für die in Luxemburg und für die im Saargebiet[23] wohnenden Ruhegehalts-, Wartegeld-Empfänger und ihre Hinterbliebenen sowie für die nach dem Altrentnergesetz § 8 Abs. 3 — neue Fassung — versorgten Kapitulanten,
o) das Versorgungsamt Karlsruhe für Frankreich und Elsaß-Lothringen[24],
p) das Versorgungsamt Hamburg für England,
q) das Versorgungsamt Stettin für Schweden und Norwegen,
r) das Versorgungsamt München-Stadt für Italien,
s) das Versorgungsamt Stuttgart für Spanien und Portugal,
t) das Versorgungsamt IV Berlin für das übrige Ausland.

Ferner ist zuständig:

2. das Versorgungsamt Karlsruhe für die Versorgungsangelegenheiten aller Versorgungsberechtigten mit französischer Staatsangehörigkeit[25].

Die Zahlung und Verrechnung der Versorgungsgebührnisse ist — mit nachstehenden Ausnahmen — von den zuständigen Versorgungsämtern selbständig vorzunehmen[26].

Für die Zahlung und Verrechnung der vom Versorgungsamt IV Berlin (vgl. Buchstabe t) angewiesenen Versorgungsgebührnisse ist die Reichsversorgungskasse zuständig; vgl. hierzu auch RVBl. 23 Nr. 855 Abschnitt I Ziff. 3 Abs. 5 Buchstabe n[26].

Hinsichtlich der Zahlung und Verrechnung der Versorgungsgebührnisse für Empfänger mit französischer Staatsangehörigkeit tritt eine Änderung nicht ein[25].

Soweit Anordnungen erlassen sind, die der vorstehenden Zuständigkeitsregelung entgegenstehen, sind sie hierdurch überholt[26].

3. Über die Berufung der unter Ziffer 1 bezeichneten Versorgungsberechtigten entscheidet das Versorgungsgericht, in dessen Bezirk das Versorgungsamt seinen Sitz hat.

1. Also im Auslande; vgl. jedoch vorstehende an Ziff. V der AB. angeschlossenen Ausnahmen unter 1a—s.

2. In Ziff. IIa Satz 2 sind die in Ziff. Vb und c der ursprünglichen AB. berücksichtigten Gebiete genannt. Für die an deren Stelle jetzt vorstehend unter 1a—s genannten Gebiete muß dasselbe gelten. In solchen Fällen würde sich zufolge des Wohnorts der Witwe nach § 38 Abs. 2 die Zuständigkeit der für diese Gebiete bestehenden besonderen Vers.Behörden ergeben; diese können jedoch mit Angelegenheiten von nicht in diesen Gebieten wohnhaften Vers.Berechtigten nicht befaßt werden.

3. Den Söhnen stehen nach § 44 RVG. die Adoptiv-, Stief- und Pflegesöhne gleich.

4. Die leiblichen Großeltern (vgl. § 43 RVG.) stehen den Eltern gleich.

5. Darauf, welcher Sohn den Eltern die größere Unterstützung gegeben hat, kommt es nicht an.

6. Die Stadt Berlin gilt also erst dann als maßgebender Wohnort, wenn keiner der verstorbenen Söhne (in der in Ziff. II b bezeichneten Reihenfolge) eine in Deutschland wohnende Witwe hinterlassen oder selbst zuletzt in Deutschland gewohnt hat.

7. Ernährer im Sinne des § 45 RVG.

8. Die Zuständigkeit für die Berufung gegen die erste Bewilligung und gegen die Umanerkennung richtet sich noch nach § 38 Abs. 2 Satz 1; vgl. Anm. 14a zu § 38.

9. „Mutter" ist hier die leibliche Mutter, ferner die Stief-, Pflege- und Adoptivmutter zum mindesten dann, wenn sie die Kinder bei sich hat oder für sie sorgt, insbesondere auch, wenn sie zum Vormund bestellt ist. Ziff. III Abs. 1 soll verhindern, daß die Angelegenheiten der als Familie zusammengehörigen Vers.Berechtigten, auch wenn sie nicht zusammen wohnen, auf Grund des § 38 Abs. 2 Satz 2 auseinandergerissen werden. Daß die Mutter versorgungsberechtigt ist, ist nicht erforderlich.

10. Stirbt die Witwe nach Bewilligung der Witwen- und Waisenversorgung, so ist für die weitere Versorgung der Waisen der Wohnort der jüngsten Waise maßgebend.

11. Wohnen z. B. die Eltern im Auslande oder verziehen sie dorthin, so gilt nach der Bewilligung Berlin als Wohnort, sowohl wenn die Witwe ebenfalls im Ausland wohnt (dann erfolgte auch die erste Bewilligung für die Eltern durch die Berliner Behörden; Ziff. II a AB.), als auch wenn die Witwe im Bezirk einer anderen Vers.Behörde wohnt. Vgl. aber die oben im Anschluß an Ziff. V der AB. aufgeführten Ausnahmen zu 1a—s.

12. Die hier getroffene Zuständigkeitsregelung gilt mit einigen Besonderheiten auch für die orthopädische Versorgung; vgl. RVBl. 25 Nr. 165. Über die ärztliche Untersuchung Vers.Berechtigter im Ausland vgl. RVBl. 24 Nr. 425; über Ortszulagen im Ausland RVBl. 23 Nr. 281 und die nachfolgenden Anmerkungen.

Über die Zulässigkeit eines unmittelbaren Schriftverkehrs mit Behörden und Privatpersonen im Ausland vgl. RVBl. 23 Nr. 914.

13. Verlegung des Wohnortes aus oder nach einem der genannten Länder bedingt sofortige Abgabe der Akten gemäß § 39. Die Zuständigkeit des Versorgungsgerichts (Nr. 3 des Erlasses) wird dagegen durch einen Wohnortswechsel nach Einlegung der Berufung nicht berührt; vgl. RVBl. 22 Nr. 335.

Die unter a—t genannten Vers.Ämter sind abweichend von § 38 Abs. 2 auch dann, wenn die Witwe anderswo wohnt, für die Versorgung aller in den genannten Ländern wohnhaften Hinterbliebenen zuständig, und zwar auch vor der ersten Bewilligung. Wohnt die Witwe in einem dieser Länder, so gilt Ziff. IIa der AB.; vgl. oben Anm. 2.

Die Zuständigkeit umfaßt auch in den abgetretenen Gebieten nur die reichsdeutschen Vers.Berechtigten, also nicht diejenigen, die auf Grund des Vertrages von Versailles die deutsche Reichsangehörigkeit verloren haben. Die Versorgung dieser Personen ist Sache des Erwerberstaates und wird durch Staatsverträge geregelt. Für die Vers.Berechtigten mit französischer Staatsangehörigkeit vgl. jedoch Nr. 2 des Erlasses. — Das RVGer. ist nur zuständig für Ansprüche gegen das Reich, soweit sich nicht aus Staatsverträgen Besonderheiten ergeben (vgl. Anm. 20 und 23).

Reichsdeutsche oder im Ausland lebende Deutschstämmige ohne Reichsangehörigkeit, die in einer verbündeten Wehrmacht Kriegsdienst geleistet haben, können u. U. im Wege des Härteausgleichs (§ 113 RVG.) Versorgung erhalten; RVBl. 23 Nr. 88 Ziff. 10, Nr. 227.

14. Ortsklasseneinteilung (§ 51 RVG.) in der Schweiz und der Tschechoslowakei s. RVBl. 23 Nr. 87. Über die Versorgung unehelicher Kinder deutscher Mütter, deren Erzeuger im österreichischen Heere gefallen sind und in der Tschechoslowakei heimatberechtigt waren, vgl. RVBl. 24 Nr. 45, 323. — Hultschiner Gebiet s. Anm. 16.

15. Der Vertrag zwischen dem Deutschen Reiche und der Republik Österreich vom 8. 3. 22 (RGBl. I S. 233) mit Erläuterungen vom 10. 10. 25 (RVBl. Nr. 160) regelt die Versorgung österreichischer Staatsangehöriger, die in der deutschen Wehrmacht, und deutscher Reichsangehöriger, die in der österreichisch-ungarischen Wehrmacht Kriegsdienst geleistet haben. Ortsklasseneinteilung (§ 51 RVG.) in Deutsch-Österreich s. RVBl. 23 Nr. 87. Über den Geschäftsverkehr der deutschen Vers.Behörden und Fürsorgestellen mit den österreichischen Invalidenentschädigungskommissionen vgl. RVBl. 25 Nr. 63.

16. Überleitungsabkommen über Versorgung im Hultschiner Gebiet s. RGBl. 23 II S. 355.

17. Rückwanderer aus Polen (ausschließlich Poln.-Oberschlesien) s. RVBl. 23 Nr. 173, 363; nach Polen RVBl. 23 Nr. 65, 363 letzter Absatz.

18. Rückwanderer aus Poln.-Oberschlesien s. RVBl. 23 Nr. 59; 24 Nr. 341 letzter Absatz. — Die neue Grenze ist am 15. 6. 22 in Kraft getreten. Verzeichnis der an Polen gefallenen Ortschaften Oberschlesiens s. RVBl. 22 Nr. 769. Deutsch-Polnisches Abkommen über Oberschlesien vom 15. 5. 22 s. RGBl. II S. 237,

765. Folgerungen daraus für das Versorgungswesen s. RVBl. 24 Nr. 341. — Im besetzten Oberschlesien ist das RVG. am 29. 6. 20, das VerfG. am 13. 6. 22 eingeführt (E. III, 169).

19. Buchstabe g betraf Litauen, das jetzt unter Buchstabe h fällt.

20. Das Vers.Amt Marienburg ist, wie oben Anm. 13 gesagt, nur für die Versorgung der Reichsdeutschen in Danzig zuständig; über die Berufung entscheidet das VerfGer. Marienwerder. Ortsklassenverzeichnis (§ 51 RVG.) für Danzig s. RVBl. 23 Nr. 553.

Die Versorgung der Danziger Staatsangehörigen ist Sache des VersAmts Danzig, das zugleich HptVersAmt ist, und des Pensionsamts in Danzig. Für sie ist durch Gesetz vom 26. 1. 23 (Danziger Gesetzbl. S. 185) das RVG. zum 1. 4. 20 und das AKG. zum 1. 1. 21 eingeführt; das VerfG. ist durch Gesetz vom 31. 1. 23 (a. a. O. S. 210) zum 1. 3. 23 eingeführt, Art. 21 Ziff. I—V PAV. zum 1. 1. 23 mit der Maßgabe, daß Nachzahlungen für die Zeit vor dem 1. 12 (statt 1. 1.) 23 nicht stattfinden und die Gebühr nach § 142 VerfG. im Höchstfalle 2 Gulden beträgt und im Verfahren über einen Rekurs des Fiskus nicht erhoben wird. Über Rekurse gegen Urteile des VerfGer. Danzig entscheidet das RVG. nach der VO. vom 5. 7. 22 (RGBl. S. 562 und RVBl. Nr. 632), deren Wortlaut in Anm. 2b zu § 153 abgedruckt ist.

21. Vgl. dagegen über die Versorgung der Rentenempfänger und Hinterbliebenen, die gemäß Art. 112, 113 des Vertrages von Versailles dänische Staatsangehörige geworden sind, RVBl. 22 Nr. 739.

22. Auch hier handelt es sich nur um Versorgungsberechtigte, die nicht durch den Vertrag von Versailles belgische Staatsangehörige geworden sind.

23. Auch die Durchführung des WVG. im Saargebiet obliegt dem Vers.Amt Trier (RVBl. 25 Nr. 57). Im übrigen aber entscheiden über die Versorgung der im Saargebiet wohnenden Vers.Berechtigten, und zwar auch nach dem KPG. (RVBl. 26 Nr. 10), das Hpt.Vers.Amt Saarbrücken, die Vers.Ämter Neunkirchen, Saarbrücken und Saarlouis, auf Berufung das VerfG. Saarbrücken und auf Rekurs das RVGer. Näheres s. in der in Anm. 2c zu § 153 abgedruckten VO. über das Verfahren in Vers.-Sachen bezüglich des Saargebietes vom 23. 9. 22 (RGBl. I S. 754 und RVBl. Nr. 858). „Vers.Sachen bezüglich des Saargebiets“ sind die Vers.Sachen der im Saargebiet wohnhaften und wohnhaft gewesenen Personen (E. III, 244). Überweisungsverkehr mit dem Postscheckamt Saarbrücken s. RVBl. 23 Nr. 142.

Die Regierungskommission des Saargebiets hat auf Grund der Anl. 6 zum Abkommen vom 3. 6. 21 (RVBl. Nr. 1235) die Verwaltung des Vers.Wesens zum 1. 10. 21, die Behörden am

5.—7. 10. 21 übernommen. Sie hat durch Erlaß vom 15. 6. 21 (Amtsbl. Nr. 9) das RVG. zum 1. 4. 20 eingeführt. Vorher galt das RVG. im Saargebiet aus dem Grunde, weil die Vers.Ansprüche gegen das Reich vom Wohnort des Berechtigten unabhängig sind (E. III, 244). Deshalb gelten die Novellen zum RVG. für die Bewohner des Saargebiets auch ohne besondere Einführung daselbst (E. IV, 29). Im Saargebiet nicht besonders eingeführte Verfahrensvorschriften sind im Verfahren vor dem RVG. anzuwenden, aber nicht im Verfahren vor den Vers.Behörden des Saargebiets, weil dieses der Reichsgesetzgebung entzogen ist (E. III, 169; IV, 33). Die Regierungskommission hat das VerfG. durch VO. vom 25. 5. 22 (Amtsblatt Nr. 10) eingeführt und unter dem gleichen Tage AB. dazu erlassen (a. a. O. Nr. 11).

24. Für Vers.Berechtigte mit französischer Staatsangehörigkeit vgl. Nr. 2 Abs. 1 und 4 des Erlasses.

25. Dem VersAmt Karlsruhe fällt für Vers.Berechtigte mit französischer Staatsangehörigkeit lediglich eine Verwaltungshilfe (z. B. auch die Beschaffung von Kriegsstammrollenauszügen, Krankenpapieren usw.) für die französischen Behörden zu. Die Zahlung erfolgt durch das französische Pensionsbüro in Straßburg.

26. In Nr. 2 beziehen sich die Abs. 2 und 3 auf Nr. 1, Abs. 4 auf Nr. 2 und Abs. 5 auf Nr. 1 und 2.

§ 39[1].

Bei einem Wechsel des Wohnorts ist die Verwaltungsbehörde[2], in deren Bezirk der neue Wohnort liegt, zuständig, sobald[3] die Versorgungsakten[4] an sie abgegeben sind[5].

Zu § 39.

Steht fest, daß der neue Wohnort nicht für längere Zeit beibehalten werden soll, oder ist ein vor dem Wohnortswechsel gestellter Antrag noch nicht erledigt, so sind die Akten nur beim Vorliegen besonderer Gründe[6] an die für den neuen Wohnort zuständige Verwaltungsbehörde abzugeben.[7] Die bisher zuständige Behörde hat eine etwa erforderliche Einstellung von Zahlungen oder Entziehung sonstiger Leistungen stets noch zu veranlassen.

1. Die Vorschrift greift Platz, gleichviel ob auf einen schwebenden Antrag die Entscheidung noch aussteht oder nicht. Naturgemäß kann es sich nur um den Wechsel des nach § 38 und den AB. maßgebenden Wohnorts handeln; unerheblich ist es daher z. B. wenn Eltern verziehen, solange nach § 38 Abs. 2 der Wohnort der Witwe maßgebend ist.

Beim Tode des Vers.Berechtigten bleibt die bisherige Zuständigkeit bestehen, da kein Wechsel des Wohnorts eintritt. Das gleiche gilt für Fälle, in denen ein neuer Wohnort nicht begründet wird.

2. Für das Spruchverfahren gilt § 39 überhaupt nicht, vielmehr nur § 38. Es entscheidet lediglich der Wohnort zur Zeit der Einlegung der Berufung; das einmal mit der Sache befaßte Gericht hat das Verfahren daher bis zur Erledigung durchzuführen (E. I, 10). Legt der verzogene Kläger gegen einen weiteren Bescheid Berufung ein, so ist für diese der neue Wohnort maßgebend.

3. Bis zur Abgabe der Vers.Akten bleibt mithin die einmal begründete Zuständigkeit bestehen, auch wenn vor der Stellung eines weiteren Antrags der für die Zuständigkeit maßgebende Wohnort verlegt worden ist; die Verwaltungsbehörde des alten Wohnorts ist für alle notwendig werdenden Anordnungen noch zuständig. Wann die Versorgungsakten abzugeben sind, ist in den AB. zu § 39 gesagt.

4. Die Zuständigkeit für die Aufbewahrung der Akten ist nicht besonders geregelt, sie richtet sich wie die Zuständigkeit für die zu treffenden Entscheidungen nach den Vorschriften der §§ 38, 39 und den AB. dazu. Die Akten sind stets dort aufzubewahren, wo sie gegebenenfalls wieder gebraucht werden, also bei derjenigen Behörde, die für einen etwa eingehenden Antrag zuständig sein würde. Mit Ausnahme der Akten über Kapitalabfindung, die bei den Hpt.Vers.Ämtern aufbewahrt werden, werden die Akten bei den Vers.Ämtern aufbewahrt, da nach § 77 alle Versorgungsangelegenheiten außer den ausdrücklich den Hpt.Vers.Ämtern vorbehaltenen zur Zuständigkeit der Vers.Ämter gehören.

5. Für die Entschließung der Verwaltungsbehörde, ob die Akten aus Anlaß des Wohnortswechsels abzugeben sind, dürfen lediglich Zweckmäßigkeitsgründe und die Interessen der Vers.Berechtigten maßgebend sein.

6. Als solche besonderen Gründe sind Umstände anzusehen, welche die Abgabe zweckmäßig erscheinen lassen, obschon bei der in Aussicht stehenden baldigen Wiederaufgabe des neuen Wohnorts die Akten zurückgegeben oder an ein anderes Vers.Amt weitergegeben werden müssen, wenn z. B. das Vers.Amt des neuen Wohnorts ohnehin um Mitwirkung gemäß §§ 75, 83 Abs. 2 ersucht werden müßte, wie etwa beim Verpassen von Körperersatzstücken.

7. Die Behörde des neuen Wohnorts kann die Übernahme der Akten bei einem nur vorübergehenden Wohnortswechsel oder beim Vorliegen eines unerledigten Antrags nicht verweigern, auch wenn sie die Abgabe mangels „besonderer Gründe" nicht für gerechtfertigt hält (so auch RVBl. 22 Nr. 584); sie kann jedoch die Dienstaufsichtsbehörde anrufen, damit die abgebende Behörde angewiesen wird, künftig unzweckmäßige Abgaben zu unterlassen.

§ 40.

Hält eine Versorgungsbehörde eine andere für zuständig[1], so gibt sie die Sache an diese weiter[2]. Hält sich auch diese nicht für zuständig, so entscheidet[3] über die Zuständigkeit

1. des Versorgungsamts das beiden Ämtern übergeordnete Hauptversorgungsamt oder, wenn ein solches nicht vorhanden ist, der Reichsarbeitsminister,
2. des Hauptversorgungsamts der Reichsarbeitsminister,
3. des Versorgungsgerichts das Reichsversorgungsgericht durch Beschluß ohne mündliche Verhandlung.

Die Entscheidung ist für die Instanzen bindend[4].

1. Der § 40 gilt nur für die örtliche Zuständigkeit. Wegen der sachlichen Zuständigkeit vgl. § 77.

2. Die Weitergabe hat nur zu erfolgen, wenn unzweifelhaft stichhaltige Gründe gegen die örtliche Zuständigkeit der zunächst angegangenen Behörde vorliegen (vgl. auch § 41 Abs. 2). Das gleiche gilt entsprechend für die Einholung einer Entscheidung gemäß § 40 Abs. 1 Satz 2. Die Ablehnung eines Antrages oder der Berufung mit der Begründung, daß die angegangene Behörde örtlich unzuständig sei, ist infolge des § 40 nicht angängig. Wegen der sachlichen Zuständigkeit vgl. entsprechend § 78 Satz 3 und § 93 Satz 3.

3. Eine Anfechtung der Entscheidung ist nicht möglich, auch nicht durch Beschwerde (vgl. § 61).

4. Eine Zurückverweisung gemäß § 126 aus Gründen der örtlichen Zuständigkeit ist unzulässig, wie sich auch aus § 41 Abs. 2 ergibt.

§ 41.

Von den Vorschriften der §§ 38, 39 kann der Reichsarbeitsminister Ausnahmen[1] zulassen.

Bescheide und Urteile sind nicht deshalb unwirksam oder anfechtbar, weil sie von einer örtlich[2] unzuständigen Versorgungsbehörde erlassen sind.

1. Ausnahmen bilden z. B. AB. Ziff. III zu § 38 (oben S. 50), daß der Wohnort anderer Hinterbliebener als der Witwe nicht maßgebend ist, solange nach den früheren Militärversorgungsgesetzen bewilligte Gebührnisse noch nach dem RVG. oder dem AKG. umanerkannt werden müssen. Vgl. auch Ziff. V AB. zu § 38 und den dort wiedergegebenen Erlaß vom 8. 3./2. 9. 24.

Ausnahmen können auch im Einzelfall angeordnet werden (RVBl. 26 Nr. 26). Das mangelnde Zutrauen eines Vers.Berechtigten zur zuständigen Vers.Behörde bildet keinen Grund, eine Ausnahme anzuordnen, da gegen die Entscheidungen Beschwerde oder Berufung gegeben ist und bei schuldhaften Verstößen eines Beamten die Dienstaufsichtsbehörde einschreiten kann.

2. Die Entscheidung einer sachlich unzuständigen Behörde, z. B. des Vers.Amts in Kapitalabfindungsangelegenheiten (vgl. Ziff. I AB. zu § 77, unten S. 112) ist unwirksam. Die örtliche Zuständigkeit dagegen ist im Spruchverfahren weder von Amts wegen noch auf Rüge einer Partei nachzuprüfen (a. M. Kaufmann-Fuisting Anm. 4 zu § 41).

III. Ausschließung und Ablehnung der bei den Versorgungsbehörden mitwirkenden Personen.

Vorbemerkung: Unter „Mitwirkung in Versorgungssachen" ist hier nur die Tätigkeit bei der Entscheidung und deren Vorbereitung zu verstehen. Wer also z. B. den Bescheid unterzeichnet hat, ist durch § 42 Nr. 7 nicht gehindert, den Fiskus im Spruchverfahren zu vertreten.

§ 42.

Von der Mitwirkung[1] in Versorgungssachen[2] ist ausgeschlossen[3],

1. wer in der Sache selbst Partei[4] ist,
2. wer einer Partei ersatzpflichtig[5] ist,
3. wer mit einer Partei verheiratet ist oder gewesen ist,
4. wer mit einer Partei in gerader Linie verwandt[6] oder verschwägert[7] oder in der Seitenlinie im zweiten oder dritten Grade verwandt[8] oder im zweiten Grade verschwägert[9] ist,
5. wer in der Sache als Bevollmächtigter[10] oder Beistand[10] einer Partei zugezogen oder als ihr gesetzlicher Vertreter[11] aufzutreten berechtigt ist oder gewesen ist,
6. wer in der Sache als Zeuge oder Sachverständiger vernommen ist,
7. wer beim Erlasse[12] des angefochtenen Bescheids oder Urteils[13] mitgewirkt hat.

Ist der Versorgungsberechtigte bei einer Versorgungsbehörde beschäftigt, so ist diese von der Entscheidung ausgeschlossen[14].

Zu § 42 Abs. 2.

An Stelle der Versorgungsbehörde, bei welcher der Versorgungsberechtigte beschäftigt ist, entscheidet diejenige Behörde gleicher Ordnung, die vom Sitz der ausgeschlossenen Behörde auf dem kürzesten Wege erreichbar ist und, wenn ein Versorgungsamt ausgeschlossen ist, demselben Hauptversorgungsamt untersteht.

1. Wer eine der Voraussetzungen des § 42 Abs. 1 erfüllt, ist nicht nur von der Entscheidung, sondern auch von der vorbereitenden Mitwirkung, z. B. der ärztlichen Begutachtung ausgeschlossen. Anders liegt es im Falle des Abs. 2. Außer dem Vorsitzenden und den Beisitzern der Kammer eines VGer. kann z. B. auch der Gerichtsarzt ausgeschlossen sein (vgl. Anm. 3 zu § 22).

2. § 42 gilt für das Verwaltungs- und das Spruchverfahren, während § 43 (Ablehnung wegen Befangenheit) nur für die Spruchbehörden anwendbar ist.

3. Die Mitwirkung einer ausgeschlossenen Person ist ein wesentlicher Mangel des Verfahrens (§ 126) und bildet einen Wiederaufnahmegrund (§ 66 Nr. 2). Entsteht Streit darüber, ob jemand von der Mitwirkung ausgeschlossen ist, so muß sich die entscheidende Verwaltungs- oder Spruchbehörde selbst darüber schlüssig werden. Die Entscheidung hierüber kann nur zusammen mit dem in der Hauptsache einzulegenden Rechtsmittel oder gegebenenfalls (vgl. § 66 Abs. 2) im Wege des Wiederaufnahmeverfahrens angefochten werden. Bei „Kannbezügen" kann eine Entscheidung im Dienstaufsichtswege herbeigeführt werden und zwar auch schon vor Erlaß der Entscheidung zur Hauptsache.

4. Es kann also ein Beschädigter, der Angestellter eines Verf.Amtes ist, nicht bei der Bearbeitung seiner eigenen Versorgungssache mitwirken.

5. Ersatzpflichtig ist dem Berechtigten z. B., wer die Beschädigung vorsätzlich oder fahrlässig verursacht hat (vgl. § 823 BGB.).

6. In gerader Linie verwandt sind Personen, die von einander abstammen. Ein uneheliches Kind und dessen Vater gelten im Rechtssinne nicht als verwandt (vgl. § 1589 BGB.).

7. Verschwägert sind die Verwandten eines Ehegatten mit dem anderen Ehegatten. Die Auflösung der Ehe läßt die durch sie begründete Schwägerschaft bestehen (§ 1590 BGB.). Die Linie und der Grad der Schwägerschaft bestimmen sich nach der Linie und dem Grade der sie vermittelnden Verwandtschaft. In gerader Linie verschwägert sind z. B. Stiefvater und Stiefkind, Schwiegervater und Schwiegersohn.

8. In der Seitenlinie verwandt sind Personen, die nicht in gerader Linie verwandt sind, aber von derselben dritten Person abstammen. Der Grad der Verwandtschaft bestimmt sich nach der Zahl der sie vermittlenden Geburten. Es sind daher in der

Seitenlinie im zweiten Grade verwandt Brüder und im dritten Grade Onkel und Neffe.

9. In der Seitenlinie im zweiten Grade verschwägert sind Schwäger.

10. Vgl. § 48.

11. Gesetzlicher Vertreter — im Gegensatz zum Bevollmächtigten — ist der, dessen Vertretungsmacht auf dem Gesetz, entweder unmittelbar (z. B. Vater eines Minderjährigen, § 1630 BGB.) oder kraft behördlicher Anordnung (z. B. Vormund, § 1793 BGB.) beruht. Wegen des besonderen Vertreters vgl. § 46 Abs. 2 Satz 2.

12. Wer bei der Vorbereitung der Entscheidung mitgewirkt, also z. B. ein ärztliches Gutachten erstattet hat, ist im weiteren Verfahren weder von der Entscheidung noch von der Vorbereitung ausgeschlossen, kann aber abgelehnt werden. Wer ein Gutachten erstattet hat, kann um ein ergänzendes Gutachten ersucht werden. Ein „Obergutachten" eines Arztes, der schon ein Gutachten abgegeben hat, würde allerdings der für ein Obergutachten zu fordernden besonderen Überzeugungskraft ermangeln.

13. Da nur die Mitwirkung beim Erlasse von Bescheiden und Urteilen, nicht von sonstigen Entscheidungen, einen Ausschließungsgrund bildet, kann z. B. der Vorsitzende der Kammer bei der Beschlußfassung über eine Beschwerde gegen eine von ihm erlassene Verfügung mitwirken (Begr.).

14. a) Die ganze Behörde ist ausgeschlossen, aber nur von der Entscheidung, nicht von der ärztlichen Untersuchung oder sonstigen Vorbereitung (RVBl. 22 Nr. 474). Die Vorschrift will verhüten, daß die Entscheidung etwa durch persönliches, auf den dienstlichen Beziehungen beruhendes Wohl- oder Übelwollen gegenüber dem bei der Behörde selbst beschäftigten Antragsteller oder Kläger beeinflußt wird. Es steht deshalb der Behörde frei, den bei ihr beschäftigten Antragsteller bei einem anderen Vers.Amt untersuchen und begutachten zu lassen (RVBl. 22 Nr. 633). Welche Behörde an Stelle derjenigen zu entscheiden hat, bei welcher der Vers.Berechtigte beschäftigt ist, ist durch die AB. zu § 42 Abs. 2 bestimmt. Diese erläßt den Bescheid, dessen Zustellung und Durchführung dann Sache der nach §§ 38, 39 zuständigen Behörde ist (RVBl. 26 Nr. 72). Die Beisitzer aus der sozialen Fürsorge und aus den Vers.Berechtigten sind nicht bei den Spruchbehörden „beschäftigt", auch nicht die Beamten des Oberversicherungsamtes und des Reichsversicherungsamts.

b) Nicht nur von der erstmaligen Entscheidung, sondern auch von allen späteren Bescheiden und Urteilen ist die Behörde ausgeschlossen, solange der Berechtigte bei ihr beschäftigt ist. Wenn nur eine „Benachrichtigung" zu ergehen hat (RVBl. 22 Nr. 1073), so kommt es darauf an, ob die Behörde mit Rücksicht auf Art und Inhalt der zu treffenden Anordnung nach dem Zweck des § 42 Abs. 2 (vgl. Anm. 14a) Veranlassung hat, sich der Erledigung zu enthalten. Die Entschließung hierüber ist für die benachbarte Behörde bindend. Je eindeutiger im Gesetz die maßgebenden Voraussetzungen umschrieben sind, um so unbedenklicher kann die Behörde die Angelegenheit selbst erledigen.

c) Das Hpt.Vers.Amt, bei dem der Kläger beschäftigt ist, ist von der Vertretung des Reichsfiskus im Spruchverfahren (§ 49) nicht ausgeschlossen. Es empfiehlt sich jedoch, in solchen Fällen von Anerkenntnissen abzusehen. In allen Fällen Rekurs gegen ein dem Kläger günstiges Urteil einzulegen, besteht kein Anlaß.

d) Das RVGer. hat, wenn der Kläger bei ihm beschäftigt ist, den Rekurs nicht an das LVGer. abzugeben, sondern trotz § 42 Abs. 2 selbst zu entscheiden. (E. III, 201).

§ 43.

Die Mitglieder der Kammern und Senate der Spruchbehörden[1] können sowohl aus Gründen, die sie von der Mitwirkung ausschließen, als auch wegen Befangenheit abgelehnt werden[2]. Die Ablehnung wegen Befangenheit ist begründet, wenn Tatsachen vorliegen, die Mißtrauen gegen die Unparteilichkeit[3] des Abgelehnten rechtfertigen können.

Der Ablehnungsgrund muß glaubhaft[4] gemacht werden. Lehnt die Partei eine Person als befangen ab, nachdem sie sich in eine Verhandlung eingelassen hat[5], so muß sie glaubhaft machen, daß der Ablehnungsgrund erst später entstanden oder ihr bekannt geworden ist.

1. Im Verwaltungsverfahren ist eine Ablehnung nicht zulässig. Hat jedoch z. B. beim Erlaß des Bescheides ein Beamter oder Angestellter mitgewirkt, von dem der Antragsteller Befangenheit behauptet, so werden diese Behauptungen in dem etwaigen Berufungsverfahren zu besonders sorgfältiger Nachprüfung des Bescheides Anlaß geben.

2. Hat eine abgelehnte Person mitgewirkt, obgleich die Ablehnung für begründet erklärt worden war, so bildet das nach § 66 Nr. 3 einen Grund zur Wiederaufnahme des Verfahrens.

3. Nur die einzelnen Mitglieder, nicht die ganze Kammer als solche, können abgelehnt werden (Anm. 3 zu § 44). Ein Grund zu Mißtrauen in die Unparteilichkeit des Richters liegt vor, wenn z. B. Äußerungen oder Handlungen auf Vorurteile für oder gegen eine Partei schließen lassen. Stets muß es sich aber um Tatsachen handeln, die die Besorgnis der Befangenheit des Richters aus seinen persönlichen Beziehungen zur Partei selbst oder der zur Verhandlung stehenden Sache rechtfertigen. Auf persönliche Beziehungen des Richters zu dem Bevollmächtigten oder Beistand einer Partei kann die Ablehnung nicht gegründet werden. (E. I,

162.) Aus der Mitwirkung des Richters an einer dem Kläger ungünstigen grundsätzlichen Entscheidung oder einem Verweisungsbeschluß (§ 130), überhaupt aus der Einstellung zu einer Rechtsfrage, wie auch aus dem Maß von Sachkunde in rechtlicher oder tatsächlicher Beziehung kann ein Ablehnungsgrund nicht hergeleitet werden.

4. Glaubhaftmachen ist weniger als nachweisen; es genügt daher, wenn gewisse Unterlagen beigebracht werden.

5. Der Ablehnungsantrag muß vom Kläger gestellt werden, bevor er sich in eine Verhandlung eingelassen hat; der Antrag ist also vor dem Vortrag des Sachverhalts durch den Berichterstatter oder Vorsitzenden zu stellen (vgl. § 120 Abs. 1). Eine erst nach Eintritt der Rechtskraft bekannt gewordene Befangenheit eines Richters kann auch im Wege der Wiederaufnahme nicht mehr geltend gemacht werden.

§ 44.

Über die Ablehnung entscheidet[1] die Kammer oder der Senat durch Beschluß ohne mündliche Verhandlung endgültig[2]. Von einer Entscheidung kann abgesehen werden, wenn der Abgelehnte die Ablehnung für begründet hält.

Bei der Entscheidung über die Ablehnung darf der Abgelehnte nicht mitwirken. Bei Stimmengleichheit gilt die Ablehnung als zurückgewiesen. Dürfen bei der Entscheidung nicht mindestens zwei Mitglieder mitwirken, so überträgt der Vorsitzende des Gerichts einer anderen Kammer oder einem anderen Senate die Entscheidung über die Ablehnung[3].

Diese Vorschriften gelten auch, wenn ein Mitglied selbst eine Tatsache anzeigt, welche die Ablehnung rechtfertigen könnte.

1. Das für die Sonderfälle des § 43 vorgesehene Ablehnungsverfahren greift nur Platz, wenn einer der im § 42 aufgeführten Ausschließungsgründe oder Befangenheit geltend gemacht wird. Werden sonstige Einwendungen gegen die Person eines Richters erhoben, er habe z. B. nach § 15 nicht zum Beisitzer bestellt werden können, so finden §§ 43, 44 keine Anwendung. Die Begründetheit solcher Einwendungen ist Gegenstand der Nachprüfung in dem gegen die Entscheidung zur Hauptsache etwa zulässigen Rekursverfahren. (E. I, 165.)

2. Im Rekursverfahren kann das Urteil nur aus sonstigen Gründen, nicht aber etwa deshalb aufgehoben werden, weil die vom VGer. zurückgewiesene Ablehnung begründet gewesen sei.

3. Durch Abs. 2 Satz 3 ist der Fall geregelt, daß außer einem Mitglied alle oder überhaupt alle Mitglieder einer Kammer oder eines Senats abgelehnt werden. Wenn auch ein Richterkollegium als solches nicht abgelehnt werden kann, so ist es doch möglich, die einzelnen Mitglieder unter namentlicher Benennung und Anführung von Ablehnungsgründen abzulehnen. (E. I, 162.)

§ 45.

Kann die Entscheidung der Sache infolge der Vorschriften der §§ 42 bis 44 nicht durch die örtlich zuständige Versorgungsbehörde erfolgen[1], so bestimmt der Reichsarbeitsminister[2], welche andere Behörde gleicher Ordnung zu entscheiden hat.

1. Ist bei einem VGer. nur eine Kammer eingerichtet und wird diese durch Ablehnung beschlußunfähig, so muß der RAM. einem anderen VGer. die Entscheidung übertragen.

2. Für den Fall des § 42 Abs. 2 ist die Bestimmung bereits durch die AB. zu § 42 allgemein erfolgt.

IV. Die Parteien und ihre Vertreter.

Vorbemerkung: Die §§ 46—50 gelten wie alle Vorschriften in dem ersten Abschnitt sowohl für das Verwaltungs- wie für das Spruchverfahren, soweit nicht der Wortlaut des Gesetzes etwas anderes ergibt. Unter dem Ausdruck „Parteien" sind im Verwaltungsverfahren der Antragsteller, im Spruchverfahren der Kläger und der Fiskus zu verstehen. Nicht zu den Parteien gehören z. B. die Zeugen und Sachverständigen. Über Dritte, die am Verfahren beteiligt sind, vgl. § 50. Über Parteien in Sonderfällen vgl. Anm. 1b zu § 50.

§ 46.

Die Geschäftsfähigkeit[1] des Versorgungsberechtigten und die Vertretungsbefugnis eines gesetzlichen Vertreters[2] sind von Amts wegen[3] zu prüfen.

Für Geschäftsunfähige[4] oder beschränkt Geschäftsfähige[5] ist die Bestellung eines Vormundes oder Pflegers zu veranlassen[6]. Bis zur Bestellung eines gesetzlichen Vertreters durch die Vormundschaftsbehörde und bis zu dessen Eintritt in das Verfahren kann von der Verwaltungsbehörde, im Spruchverfahren vom Vorsitzenden der Kammer oder des Senats, ein besonderer Vertreter[7] bestellt werden.

Dem besonderen Vertreter stehen alle Rechte des Vertretenen außer der Empfangnahme von Zahlungen zu.

Minderjährige, die das 16. Lebensjahr vollendet haben, können selbständig[8] Anträge stellen und Rechtsmittel einlegen. Macht ein Minderjähriger von dieser Befugnis Gebrauch, so ist zur Zurücknahme des Antrags oder Rechtsmittels das Einverständnis des Minderjährigen und seines gesetzlichen oder besonderen Vertreters erforderlich[9].

1. Für die Entscheidung der Frage, ob ein Vers.Berechtigter geschäftsfähig ist, sind die Grundsätze des bürgerlichen Rechts maßgebend (vgl. §§ 104 ff. BGB.). Wer wirksam Rechtsgeschäfte vornehmen kann, ist als geschäftsfähig anzusehen.

2. Wegen des Begriffs „gesetzlicher Vertreter" vgl. Anm. 11 zu § 42.

3. Mängel der Geschäftsfähigkeit, z. B. das Vorliegen von Geschäftsunfähigkeit (vgl. Abs. 2), sind auch dann zu berücksichtigen, wenn sie von keiner Seite geltend gemacht werden.

4. Geschäftsunfähig sind Kinder unter sieben Jahren, entmündigte Geisteskranke sowie Geistesgestörte, deren freie Willensbestimmung nicht nur vorübergehend ausgeschlossen ist.

5. Beschränkt geschäftsfähig sind Minderjährige vom vollendeten 7. bis zum vollendeten 21. Lebensjahre sowie Personen, die wegen Geistesschwäche, Verschwendung oder Trunksucht entmündigt oder nach § 1906 BGB. unter vorläufige Vormundschaft gestellt worden sind (vgl. §§ 106, 114 BGB.). Hingegen wird die Geschäftsfähigkeit durch eine sog. Gebrechlichkeitspflegschaft, die z. B. für Blinde, Taube und Stumme mit deren Einwilligung nach § 1910 BGB. angeordnet werden kann, nicht berührt.

6. Aus der Notwendigkeit der Bestellung eines Vormundes oder Pflegers folgt, daß Geschäftsunfähige und beschränkt Geschäftsfähige im Versorgungsverfahren nicht „prozeßfähig", d. h. nicht in der Lage sind, selbständig Anträge zu stellen und Rechtsmittel einzulegen (Ausnahme Abs. 3). Die Prozeßfähigkeit des Versorgungsverfahrens deckt sich nicht mit der Prozeßfähigkeit der Zivilprozeßordnung. Nach dieser sind beschränkt Geschäftsfähige prozeßfähig, soweit sie sich durch Verträge verpflichten können (§ 52 ZPO.), d. h. für Verträge, die dem beschränkt Geschäftsfähigen lediglich einen rechtlichen Vorteil bringen, und für Erwerbsgeschäfte oder Dienstverhältnisse nach Ermächtigung seitens des gesetzlichen Vertreters (§§ 107, 112, 113 BGB.). Diese Gesichtspunkte scheiden hier aus (vgl. auch RVA. 21. 9. 18, A. N. des RVA. 1918 S. 491). — Die Anhörung des geschäftsunfähigen oder beschränkt geschäftsfähigen Berechtigten ist zulässig und zuweilen zweckmäßig.

Die Bestellung eines Vormundes oder Pflegers ist bei der

zuständigen Vormundschaftsbehörde anzuregen. Vormundschaftsbehörde ist in der Regel das Amtsgericht (anders in Württemberg, Hamburg, Mecklenburg). Welches Amtsgericht zuständig ist, bestimmt sich nach dem Wohnsitz, gegebenenfalls dem inländischen Aufenthaltsort oder dem letzten inländischen Wohnsitz des Schutzbedürftigen, bei mehreren Geschwistern nach dem Wohnsitz oder Aufenthaltsort des jüngsten Mündels.

7. Die Kosten (Auslagen usw.) des besonderen Vertreters fallen dem Vertretenen zur Last; sie werden nach Maßgabe des § 143 erstattet. Sein persönliches Erscheinen kann ebensowenig angeordnet werden, wie das eines anderen Vertreters (vgl. §§ 81, 103, 121, 144).

8. Selbständig, d. h. ohne Mitwirkung des gesetzlichen Vertreters (vgl. §§ 106 ff. BGB.). Der 16jährige Minderjährige kann z. B. auch Vollmacht erteilen, er ist aber nicht prozeßfähig, was insbesondere für den Lauf der Fristen Bedeutung hat (E. V, 215); vgl. im übrigen Anm. 4 zu § 57. Ein besonderer Vertreter gemäß Abs. 2 muß in Ermangelung eines gesetzlichen Vertreters bestellt werden, auch wenn der minderjährige Berechtigte 16 Jahre alt ist und das Verfahren selbständig betreibt.

9. Die Vertretungsmacht des gesetzlichen Vertreters wird durch § 46 Abs. 3 nicht berührt. Der gesetzliche Vertreter kann jederzeit einem von dem Minderjährigen eingeleiteten Verfahren beitreten; die gleiche Befugnis hat umgekehrt der Minderjährige, wenn das Verfahren von dem gesetzlichen Vertreter eingeleitet worden ist. Zum Schutze des Minderjährigen erfolgen alle Zustellungen an den Vertreter, auch wenn dieser sich an dem Verfahren nicht beteiligt, während der Minderjährige selbst eine Abschrift des zuzustellenden Schriftstücks erhält (vgl. § 57 Abs. 1 Satz 2). Der 16 Jahre alte Minderjährige soll die Möglichkeit haben, seine Rechte selbst wahrzunehmen, auch gegen den Willen seines gesetzlichen Vertreters. Für die Zurücknahme des Antrags oder des Rechtsmittels ist das Einverständnis des Minderjährigen vorgeschrieben, damit der gesetzliche Vertreter das Recht des Minderjährigen auf selbständige Wahrnehmung seiner Rechte nicht durch einseitige Zurücknahme hintertreiben kann; die übereinstimmende Erklärung ist andererseits auch deshalb erforderlich, weil der gesetzliche oder besondere Vertreter für das Ergehen des Minderjährigen verantwortlich ist. Auch der prozeßfähige Minderjährige ist also nicht unbedingt Herr des Verfahrens. Praktisch ist hiernach für die Zurücknahme des Antrags oder Rechtsmittels das Einverständnis des gesetzlichen oder besonderen Vertreters stets erforderlich, während das des Minderjährigen nur dann in Frage kommt, wenn dieser den Antrag gestellt oder das Rechtsmittel eingelegt hatte oder dem Verfahren vor Zurücknahme durch irgendeine Verfahrenshandlung beigetreten war.

§ 47.

Die Bestellung eines besonderen Vertreters ist auch zulässig, wenn der Aufenthaltsort des Berechtigten oder seines gesetzlichen Vertreters nicht zu ermitteln ist[1].

1. Die Bestellung eines besonderen Vertreters wird z. B. in Frage kommen, um ein von dem Berechtigten eingeleitetes Verfahren durch Zustellung der Entscheidung zum Abschluß zu bringen oder wenn es sich um eine von der Verwaltungsbehörde in die Wege geleitete Minderung oder Entziehung der Rente handelt (vgl. § 55 Abs. 3 RVG.). Ist der Aufenthalt des **Vaters** des minderjährigen Berechtigten unbekannt und lebt die Mutter noch, so kommt die Bestellung eines besonderen Vertreters nicht in Frage, weil in solchen Fällen die Mutter die elterliche Gewalt an Stelle des Vaters ausübt (§ 1685 BGB.). Ist der Vater für tot erklärt, so ist die Mutter selbst gesetzliche Vertreterin (§ 1684 a. a. O.).

§ 48.

Der Berechtigte, sowie die gesetzlichen und besonderen Vertreter können sich durch Bevollmächtigte[1] vertreten lassen. Bei Verhandlungen[2] können sie mit einer geschäftsfähigen[3] Person als Beistand erscheinen.

Die Vollmacht muß schriftlich[4] erteilt werden und auf den Namen einer bestimmten Person[5] lauten. Sie ist von Amts wegen[6] zu prüfen.

Ehegatten und geschäftsfähige Verwandte oder Verschwägerte der geraden Linie[7] können auch ohne Nachweis[8] der Vollmacht zur Vertretung zugelassen[9] werden. Das gleiche gilt für die im § 109 Abs. 1 Satz 2 bezeichneten Personen, doch ist ihnen die Nachbringung einer schriftlichen Vollmacht aufzugeben[10].

Der Berechtigte muß das Verfahren gegen sich gelten lassen, wenn er zu der betreffenden Handlung auch nur mündlich Vollmacht erteilt[11] oder sie ausdrücklich oder stillschweigend genehmigt hat[12].

1. Zum Bevollmächtigten kann jede geschäftsfähige Person — also auch eine Frau — bestellt werden, ohne Rücksicht auf Beruf oder Vorbildung (wegen der Rechtsanwälte vgl. § 145). Auch wer zum Beisitzer bei einer Spruchbehörde bestellt ist, kann in Sachen, in denen er nicht mitwirkt, für eine Partei (auch für den Fiskus nach § 49 Satz 3) als Bevollmächtigter auftreten. Über

Beamte der Verwaltungsbehörden als Bevollmächtigte von Vers.-Berechtigten im Spruchverfahren vgl. Anm. 2d zu § 4.

Ein Bevollmächtigter kann schriftlich Untervollmacht für einzelne Prozeßhandlungen erteilen. Übertragung der Vollmacht im Ganzen (Substitution) ist jedoch nicht ohne weiteres möglich. Zustellung an einen Unterbevollmächtigten wirkt deshalb gegen den Berechtigten nur mit dessen Einverständnis (RVGer. 27. 2. 26 M 429/25).

2. Unter den „Verhandlungen" sind die Beweisverhandlungen der §§ 108—111, 121 Abs. 2, die mündliche Verhandlung (§§ 117 ff.) wie auch die mündliche Erörterung der Anträge im Verwaltungsverfahren (§ 81) zu verstehen. In allen diesen Fällen ist der Vers.Berechtigte daher befugt, einen Beistand mitzubringen. Hingegen hängt es von dem Ermessen der Verwaltungsbehörde ab, ob sie zu den von ihr veranlaßten Ermittelungen gemäß § 83 den Berechtigten überhaupt, allein oder mit einem Beistande, zulassen will.

3. Wegen des Begriffs der Geschäftsfähigkeit vgl. Anm. 1 zu § 46.

4. Unterschrift des Vollmachtgebers ist erforderlich. Beglaubigung soll nur verlangt werden, wenn begründete Zweifel an der Echtheit der Unterschrift oder der Geschäftsfähigkeit des Antragstellers bestehen (RVBl. 22 Nr. 1056). Die Schriftform kann jedoch dadurch ersetzt werden, daß die Erklärung der Bevollmächtigung einer Behörde oder einem Notar gegenüber abgegeben und hierüber eine Niederschrift aufgenommen wird. — Die Vollmacht ist nach § 76 stempelfrei.

5. Vollmacht kann nur einer physischen Person erteilt werden. Namentliche Bezeichnung ist nicht erforderlich, wenn nur die gemeinte Person ohne weiteres mit Sicherheit festgestellt werden kann (RVA. vom 30. 6. 22, AN. RVA. 22 S. 433 Nr. 3119). Eine Fürsorgestelle oder ein Kriegsbeschädigtenverband können als solche nicht bevollmächtigt werden; der Name des Bevollmächtigten kann jedoch zunächst offen gelassen und erst bei Einreichung der Vollmacht eingesetzt werden. Die Vollmacht darf auch auf mehrere namentlich zu bezeichnende Personen lauten.

6. a) Ergibt die Prüfung der Vollmacht, die auch von einem der Beteiligten angeregt werden kann, daß sie z. B. wegen Formmangels nichtig ist, so gilt die Partei als unvertreten (vgl. jedoch Abs. 3 und 4). Wenn jedoch die Nachbringung der Vollmacht zu erwarten ist, so wird dem Verfahren zweckmäßig schon vor ihrem Eingang Fortgang zu geben sein.

b) Eine Vollmacht ist nur erforderlich für eigentliche Verfahrenshandlungen, z. B. Antragstellung (§ 78), Einlegung von Rechtsmitteln (§ 93), Akteneinsicht (§ 59 Abs. 1). Dagegen bedarf es einer Vollmacht nicht bei einfachen Anfragen von Fürsorgestellen, Verbänden oder Einzelpersonen nach dem Stande der

Angelegenheit oder den Gründen einer getroffenen Maßnahme. Näheres, auch wegen der Verschwiegenheitspflicht, RVBl. 22 Nr. 1056.

7. Außer dem Ehegatten des Berechtigten kommen als Verwandte oder Verschwägerte der geraden Linie z. B. Eltern, Groß-, Stief- und Schwiegereltern sowie Kinder in Frage. Im übrigen vgl. Anm. 7 zu § 42.

8. Auch die im Abs. 3 Satz 1 genannten Angehörigen müssen von dem, den sie vertreten wollen, bevollmächtigt sein (vgl. Abs. 4), nur der Nachweis, d. h. die Beibringung einer schriftlichen Vollmacht (Abs. 2), kann ihnen erlassen werden.

9. In Elternrentenangelegenheiten kann z. B. der Vater ohne schriftliche Vollmacht das Verfahren für die Mutter mitbetreiben, was für Zustellungen und die Rechtskraftwirkung von erheblicher praktischer Bedeutung ist.

10. Rechtsanwälten und Personen, denen das Verhandeln vor Gerichten oder Versicherungsbehörden gestattet ist, sowie Vertretern gemeinnütziger Rechtsauskunftsstellen und gemeinnütziger oder wirtschaftlicher Organisationen (z. B. Fürsorgestellen, Verbänden von Kriegsbeschädigten, Arbeitersekretariaten) kann — anders als den nahen Verwandten des Satz 1 — der Nachweis der Vollmacht nicht ganz erlassen, sondern nur gestattet werden, daß sie diesen Nachweis nachträglich erbringen. Vgl. auch Anm. 3 zu § 109.

11. Eine nachträglich erteilte Vollmacht und die Genehmigung machen die ohne Vollmacht abgegebene Erklärung mit rückwirkender Kraft wirksam. Dies ist besonders von Bedeutung für die Einlegung von Rechtsmitteln (vgl. Anm. 5b zu § 93).

12. Die Vorschrift des Abs. 4 trifft die Fälle, daß die vorgeschriebene Prüfung der Vollmacht unterblieben oder zu Unrecht die Ordnungsmäßigkeit angenommen worden ist (Abs. 2) und daß die im Abs. 3 aufgeführten Personen in Wirklichkeit nicht bevollmächtigt waren (Abs. 3 Satz 1 und 2); sie trifft aber auch den Fall, daß eine nach Abs. 3 zur Nachbringung einer Vollmacht verpflichtete Person die Vollmacht nicht beigebracht hat. In diesem Falle kann die Behörde gegen den Berechtigten die Vollmacht als vorliegend und ordnungsmäßig ansehen. Hingegen kann die Wiederaufnahme des Verfahrens beantragt werden, wenn die Voraussetzungen des Abs. 4 nicht vorgelegen haben (§ 66 Nr. 4).

§ 49.

Der Reichsfiskus wird im Spruchverfahren durch die zuständige oberste Reichsbehörde[1] vertreten. Diese kann unbeschadet ihrer eigenen Vertretungsmacht die Vertretung einer nachgeordneten Stelle übertragen[2]. Die Vorschriften des § 46 Abs. 1[3] sowie des § 48 Abs. 1 und 4[4] finden entsprechende Anwendung.

Zu § 49.*)

Die Vertretung des Reichsfiskus im Spruchverfahren wird hiermit für den Geschäftsbereich des Reichsarbeitsministeriums den Hauptversorgungsämtern übertragen[5].

Zuständig für die Vertretung ist das Hauptversorgungsamt, das den angefochtenen Bescheid erteilt hat oder zu dessen Bereich das Versorgungsamt gehört, gegen dessen Bescheid die Berufung sich richtet. Soweit ein Hauptversorgungsamt beim Inkrafttreten des Gesetzes in einer Sache die Vertretung bereits führt, hat es dabei sein Bewenden.

*) **Fassung:** Im Abs. 2 sind Ausnahmen durch RVBl. 23 Nr. 926 zu Vc gestrichen. Ein 3. Absatz, der die Vorlage der Rekursbegründungen durch das RAM. anordnete, ist durch die Weiteren AB. vom 30. 10. 22 (RVBl. Nr. 931) gestrichen.

1. a) Für die Versorgungsgesetze (vgl. Anm. 1 zu § 1) ist die zuständige oberste Reichsbehörde seit der VO. vom 29. 12. 20 (RGBl. 21 S. 29) der RAM. und zwar jetzt auch für die in § 160 genannten Angelegenheiten. Die Durchführung des RVG. ist unter allen Umständen Sache der Vers.Ämter, der Hpt.Vers.-Ämter und des RAM. Dieser ist also „zuständige oberste Reichsbehörde" auch in Fällen, in denen das RVG. nicht unmittelbar, sondern infolge Verweisung in anderen Gesetzen (z. B. im Wehrmachtversorgungsgesetz) Anwendung findet (a. M. E. V S. 83). Der RAM. ist aber nicht beteiligt, wenn die Ansprüche nach dem RVG. sich gegen einen Landesfiskus richten, z. B. in Tumultschädensachen nach § 18 KPG. (vgl. auch Anm. 1b zu § 50).

b) Bei Versorgungsansprüchen von Angehörigen der Reichswehr auf Grund des Wehrmachtsversorgungsgesetzes vom 4. 8. 21 (RGBl. S. 993) ist das Reichswehrministerium zur Vertretung des Fiskus berufen.

c) Über die Vertretung des Reichsfiskus und der Regierungskommission des Saargebiets in Versorgungssachen vgl. Anm. 2c zu § 153.

d) Über die Vertretung des Fiskus in bürgerlichen Rechtsstreitigkeiten und des Fiskus als Drittschuldners bei Pfändung von Vers.Gebührnissen vgl. Anm. 4c und d zu § 5.

2. Für den Geschäftsbereich des RAM. ist die Übertragung durch die AB. zu § 49 erfolgt. In den im § 160 genannten Angelegenheiten wird seit Auflösung des Reichspensionsamts der Reichsfiskus im Rekursverfahren vor dem RVGer. vom Hpt.Vers.-Amt Berlin und vor dem Bayer. LVGer. vom Hpt.Vers.Amt München vertreten. RVBl. 24 Nr. 115 Ziff. A III. Trotz der

übertragung kann die oberste Reichsbehörde die Vertretung selbst führen.

3. Das VGer. darf also nicht erkennen, wenn z. B. die Gegenschrift vom Vers.Amt eingereicht ist.

4. Da Abs. 2 des § 48 nicht genannt ist, bedarf ein Beamter oder Angestellter der zur Vertretung berufenen Behörde nicht einer schriftlichen Vollmacht.

5. Die Hpt.Vers.Ämter sind nicht nur befugt, Rekurse einzulegen und zurückzunehmen, sondern auch Anerkenntnisse und sonstige Erklärungen abzugeben, die dann für das zuständige Vers.Amt bindend sind. Über Entsendung von Beamten als Vertretern des Hpt.Vers.Amts zur mündlichen Verhandlung vor den Vers.Ger. vgl. RVBl. 26 Nr. 3, über die Stellung des Reichsfiskus im Spruchverfahren E. II S. 156 = RVBl. 22 Nr. 361 [3].

§ 50.

Dritte, die am Ausgang des Verfahrens ein berechtigtes[1] Interesse haben, können auf Antrag oder von Amts wegen zum Verfahren zugezogen werden oder dem Verfahren beitreten †). Sie sind alsdann berechtigt[2], Ausführungen zu machen und Anträge zu stellen, und müssen vom Fortgang und Ausgang des Verfahrens in Kenntnis gesetzt werden. Die Vorschriften des § 46 Abs. 1, 2[3] sowie der §§ 47, 48[4] gelten entsprechend.

1. a) Es genügt also auch ein wirtschaftliches Interesse, ein „rechtliches" Interesse ist nicht erforderlich. — In Betracht kommen insbesondere Personen, die dem Versorgungsberechtigten nach bürgerlichem Recht zum Ersatz des durch die DB. verursachten Schadens verpflichtet sind (vgl. auch § 86 Abs. 2 RVG.). Hingegen können Kriegsbeschädigtenvereinigungen und Fürsorgestellen lediglich wegen ihres auf allgemeine rechtspolitische und wirtschaftliche Gesichtspunkte gegründeten Interesses als „Dritte" nicht in Betracht kommen. — Für die Beteiligung von Trägern der Reichsversicherung gelten außerdem die §§ 146, 147.

b) In Tumultschädensachen nach § 18 KPG. (vgl. Anm. 3e zu § 1 und den Auszug unten in Anlage 2) ist bezüglich aller Ansprüche für die Zeit seit dem 1. 4. 24 der beteiligte Landesfiskus Partei (vertretende Landesbehörden s. RVBl. 24 Nr. 378; 25 Nr. 85, 151; im übrigen vgl. RVBl. 24 Nr. 180 und E. V, 71 = RVBl. 25 Nr. 186 A [4]). Die beteiligte Gemeinde

---

†) Vgl. Breme, Beteiligung Dritter an dem Verfahren vor den Militärversorgungsgerichten, Arbeiter-Versorgung. 1920. S. 221—26.

ist wegen der Kostentragung am Ausgang interessiert, so daß sie nach § 50 zugezogen werden oder beitreten kann. Sie ist selbst Partei, soweit sie nach Landesgesetz an Stelle des Landes leistungspflichtig ist. Das Reich ist für die Zeit seit dem 1. 4. 24 weder Partei noch Dritter im Sinne des § 50, obschon nach § 18 Abs. 2 seine Versorgungsbehörden die Gebührnisse festsetzen. — In Schutzpolizeisachen (vgl. Anm. 3f zu § 1 und den Auszug unten in Anlage 3) ist für die Versorgung nach dem RVG. das Reich Partei und das beteiligte Land Dritter im Sinne des § 50, im übrigen, d. h. für die dem WVG. entsprechende Versorgung, ist das Reich weder als Partei noch als Dritter beteiligt und das beteiligte Land Partei; vgl. RVBl. 23 Nr. 568 Ziff. VI.

c) In Versorgungssachen des Saargebiets ist Beklagter nur der Reichsfiskus. Die Regierungskommission des Saargebiets ist weder Partei noch Dritter, sie nimmt lediglich gewisse Befugnisse an Stelle der Reichsregierung und des RAM. wahr; vgl. die in Anm. 2c zu § 153 abgedruckte VO. vom 23.9.23 (RVBl. Nr. 858). In Danziger Sachen ist der Reichsfiskus nicht Partei, er kann aber wegen seines Anteils an der Kostentragung als Dritter in Frage kommen.

2. Dritte können nicht durch Stellung des Versorgungsantrages (Anmeldung) das Verfahren einleiten. Sie können — außer mit Vollmacht einer Partei — auch nicht Rechtsmittel einlegen (vgl. § 90). Hierfür besteht auch kein Bedürfnis, weil die Teilnahme des Dritten für diesen selbst keinerlei materiellrechtliche oder prozessuale Wirkungen hat (anders §§ 67, 68 ZPO.); er kann auch nicht zum Schadensersatz verurteilt werden.

3. Minderjährige, die das 16. Lebensjahr vollendet haben, können als Dritte nicht selbständig am Verfahren teilnehmen.

4. Auch für den Dritten kann ein „besonderer Vertreter" bestellt werden, wie auch der Dritte sich durch einen Bevollmächtigten vertreten lassen kann.

V. Fristen.

Vorbemerkung. Die §§ 51—55 gelten für das Verwaltungs- und Spruchverfahren, soweit nicht der Wortlaut etwas anderes ergibt; sie haben aber nur für die verfahrensrechtlichen Fristen Geltung, z. B. für Berufung, Rekurs, Beschwerde. Die materiellrechtlichen Fristen (z. B. §§ 52, 54 RVG.) berechnen sich — im Ergebnis übereinstimmend — nach dem BGB. (Näheres vgl. Anm. 4 zu § 54).

§ 51.

Richtet sich der Anfang einer Frist nach einem Ereignis[1] oder Zeitpunkt[2], so beginnt die Frist mit dem Tage, der auf das Ereignis oder den Zeitpunkt folgt.

Wird eine Frist verlängert, so beginnt die neue mit Ablauf der alten Frist.

1. Z. B. Zustellung (z. B. § 90 Abs. 2); Erlangung der Kenntnis einer Tatsache (z. B. § 55 Abs. 2).

2. Z. B. Ablauf einer anderen Frist (vgl. § 55 Abs. 3).

§ 52.

Eine nach Tagen[1] bestimmte Frist endigt mit dem Ablauf ihres letzten Tages, eine nach Wochen oder Monaten bestimmte Frist mit dem Ablauf desjenigen Tages der letzten Woche oder des letzten Monats, welcher nach Benennung oder Zahl dem Tage entspricht, in den das Ereignis oder der Zeitpunkt fällt[2].

Fehlt dem letzten Monat der entsprechende Tag, so endigt die Frist mit dem Monat.

1. Nach Tagen bemessene Frist können als von einer Versorgungsbehörde für die Vornahme einer Verfahrenshandlung gesetzte Fristen vorkommen.

2. Erfolgt die Zustellung des Bescheides z. B. am 28. Januar, so ist der 29. Januar der erste (§ 51), der 28. Februar der letzte Tag der Berufungsfrist. Bei Zustellung am 30. Januar endet die Frist nach Abs. 2 am 28., in Schaltjahren am 29. Februar. Ist der letzte Tag ein Sonntag oder ein gesetzlicher Feiertag, so gilt § 53.

§ 53.

Fällt der für eine Erklärung oder für den Ablauf[1] einer Frist gesetzte Tag auf einen Sonntag oder allgemeinen Feiertag, der am Erklärungsorte — bei Rechtsmittelfristen[2] am Sitze der über das Rechtsmittel entscheidenden Behörde — staatlich anerkannt ist, so gilt dafür der nächstfolgende Werktag.

1. Fristen können an einem Sonntag zwar beginnen (z. B. bei Zustellung am Sonnabend; § 51), aber nicht endigen.

2. Vgl. § 90 Abs. 2.

§ 54*).

Ist ein Beteiligter[1] durch Naturereignisse oder andere unabwendbare Zufälle[2] verhindert[3] worden, eine Verfahrensfrist[4] einzuhalten, so wird ihm auf Antrag[5] die Wiedereinsetzung in den vorigen Stand[6] erteilt.

Die Wiedereinsetzung wird auf Antrag auch dann erteilt, wenn das verspätet eingelaufene Schriftstück der Post spätestens am drittletzten Tage der Frist zur Bestellung übergeben worden ist[7].

Eines Antrages bedarf es nicht, wenn das Vorliegen der Voraussetzungen ersichtlich ist[8].

Auf Antrag der Gegenpartei muß die Wiedereinsetzung erteilt werden, auch wenn die Voraussetzungen der Abs. 1 und 2 nicht gegeben sind[9].

*) Fassung: Abs. 4 ist durch Art. 21 Ziff. V 4 PAV. zum 31. 10. 23 zugesetzt.

1. Wegen des Begriffs „Beteiligter" vgl. Anm. 1 zu § 59.

2. a) Unabwendbarer Zufall ist ein Ereignis, das unter den gegebenen, nach den Besonderheiten des Falles zu berücksichtigenden Umständen auch durch die äußerste diesen Umständen angemessene und vernünftigerweise zu erwartende Sorgfalt weder abzuwehren noch in seinen schädlichen Folgen zu vermeiden ist (vgl. RG., Entsch. in Zivilsachen Bd. 48 S. 409; 77 S. 161; AN. des RVA. 1914 S. 666). Als unabwendbarer Zufall ist daher z. B. eine Postsperre infolge von Streik oder Staatsumwälzung und nachgewiesener Verlust des Schreibens bei der Post anzusehen (wegen der durch das Kapp-Unternehmen herbeigeführten Stockungen im Post- und Telegraphenbetriebe vgl. E. I, 167, 170). Keinen Wiedereinsetzungsgrund bildet z. B. die Unkenntnis der gesetzlichen Vorschriften. Hingegen ist es ein unabwendbarer Zufall, wenn amtlich mit der Auskunftserteilung an Versorgungsberechtigte betraute Stellen, z. B. Vers.Amt, Fürsorgestelle, irrtümlich eine unzutreffende Rechtsbelehrung geben und diese die Versäumung der Frist verschuldet. Man wird die Wiedereinsetzung überhaupt stets dann gewähren müssen, wenn der Berechtigte durch die geschäftliche Behandlung der Sache seitens der Behörden — mag sie ordnungsmäßig oder nicht ordnungsmäßig gewesen sein — in einen Irrtum über die Verfahrenslage versetzt worden ist, den er als Gesetzesunkundiger nicht erkennen konnte, und infolge dieses Irrtums eine Notfrist versäumt hat (E. II, 56).

b) Unverschuldete Unkenntnis von der ordnungsmäßigen Zustellung der Entscheidung bildet nur dann einen Wiedereinsetzungsgrund, wenn sie auf einem unabwendbaren Zufall beruht. E. I, 201. Daß noch Beweismittel beschafft werden müssen, hindert nicht die rechtzeitige Einlegung des Rechtsmittels. Über Wiedereinsetzung bei nachträglicher Berichtigung der Entscheidung vgl. Anm. 5 zu § 89.

c) **Krankheit** kann als Wiedereinsetzungsgrund nur dann in Frage kommen, wenn der Erkrankte willens- oder handlungsunfähig und daher nicht nur außerstande war, die zur Wahrung der Frist erforderliche Handlung selbst vorzunehmen, sondern auch einen anderen damit zu beauftragen.

Versäumung der Frist durch den Vertreter oder unrichtige Belehrung durch diesen kann die Wiedereinsetzung nicht rechtfertigen, da die Partei die Verantwortung für ihren Vertreter tragen muß. Anders, wenn die amtliche Fürsorgestelle rechtzeitig bevollmächtigt ist und die Rechtsmittelfrist versäumt hat. E. II, 199. Versehen eines Büroangestellten des bevollmächtigten Rechtsanwalts ist kein Wiedereinsetzungsgrund. E. II, 249.

d) Organisationsänderung bei dem mit der Sache befaßten Vers.Amt bildet für den Fiskus keinen Wiedereinsetzungsgrund gegen die Versäumung der Rekursfrist (E. I, 143), ebensowenig Unregelmäßigkeiten im Geschäftsbetriebe (E. I, 189).

3. Eine Verhinderung durch Naturereignisse oder andere unabwendbare Zufälle ist nicht gegeben, wenn sie nur zu Beginn der Frist vorlag und ihre Wirkungen eine gewisse Zeit vor Ablauf der Frist beseitigt waren.

4. Die Wiedereinsetzung bezieht sich nur auf Fristen, die zur Geltendmachung von Rechten vor Behörden im geordneten Verfahren einzuhalten sind (Verfahrensfristen), insbesondere also auf Fristen für Rechtsmittel und Rechtsbehelfe. Auf die Fristen, von deren Wahrung das RVG. den Erwerb von Versorgungsansprüchen abhängig macht (vgl. z. B. §§ 52, 54 RVG.) findet die Vorschrift des § 54 des Gesetzes keine Anwendung. Das RVG. sagt vielmehr im § 53 selbst, wann der Anspruch auch nach Ablauf der Frist noch geltend gemacht werden kann.

5. Vgl. jedoch Abs. 3 und 4. — Ist die Berufung durch Urteil als verspätet verworfen, so kann der Antrag nur noch im Wege des Rekurses gestellt werden, vorausgesetzt, daß die Fristen des § 55 Abs. 1, 2 gewahrt werden. Bei Verwerfung des Rechtsmittels durch Verfügung des Vorsitzenden (§ 101) bietet die Anrufung der Kammer (des Senates) Gelegenheit zur Stellung des Antrages.

6. Die Folge der Erteilung der Wiedereinsetzung ist, daß die Frist als nicht versäumt, die verspätete Handlung, z. B. die Einlegung der Berufung, als innerhalb der Frist vorgenommen gilt.

7. Ist die Nichteinhaltung einer Verfahrensfrist auf ein Versehen der Partei, z. B. bei der Abressierung einer Sendung oder ähnliche von ihr zu vertretende Umstände zurückzuführen, so kann die Wiedereinsetzung auch dann nicht erteilt werden, wenn das verspätet eingelaufene Schriftstück der Post spätestens am drittletzten Tage der Frist zur Beförderung übergeben worden ist (vgl. auch Großer Senat des RVA., 30. 4. 21, Amtl. Nachr. des RVA.

S. 330). Daß ein vorbereitendes Schreiben, z. B. der Auftrag an einen Rechtsanwalt, sich so verspätet hat, daß Rekurseinlegung nicht mehr möglich war, aber spätestens am drittletzten Tag abgesandt worden ist, genügt nicht. E. I, 221. Für solche Fälle kann aber Abs. 1 zutreffen.

8. Die Wiedereinsetzung kann auch von Amts wegen nicht mehr erteilt werden, wenn die Antragstellung wegen Ablaufs der Fristen des § 55 Abs. 1, 2 und 3 nicht mehr möglich ist. Die Erteilung der Wiedereinsetzung ist daher ausgeschlossen, wenn z. B. die Berufung erst nach Ablauf eines Monats nach Behebung des Hindernisses eingelegt (§ 55 Abs. 1) oder der Antrag erst nach Ablauf eines Monats nach Erlangung der Kenntnis gestellt (§ 55 Abs. 2) oder wenn nach Verwerfung des Rechtsmittels erst nach Ablauf einer Woche die Entscheidung der Kammer oder des Senats angerufen worden ist (§ 101 Abs. 2).

9. Der neue Abs. 4 setzt das Hpt.Vers.Amt in den Stand, auf die Innehaltung der Rechtsmittelfristen zu verzichten und so auch bei Versäumung der Frist eine Entscheidung der Spruchbehörde ohne Erteilung eines neuen Bescheides nach § 71 herbeizuführen (RVBl. 23 Nr. 908). Vorher war das nach der Rechtsprechung des RVGer. nicht möglich (E. III, 235). Der Antrag der Gegenpartei ist an die Fristen des § 55 nicht gebunden.

§ 55.

Die Wiedereinsetzung ist im Falle des § 54 Abs. 1 innerhalb einer Frist zu beantragen, die der versäumten Frist entspricht[1] und mit dem Ablauf des Tages beginnt, an dem das Hindernis behoben ist.

Im Falle des § 54 Abs. 2 ist die Wiedereinsetzung innerhalb eines Monats nach dem Tage zu beantragen, an welchem dem Beteiligten bekannt wird, daß er die Frist versäumt hat.

Nach Ablauf von zwei Jahren nach dem Ende der versäumten Frist kann die Wiedereinsetzung nicht mehr beantragt werden[2].

Zu § 55.

Die Voraussetzungen der Wiedereinsetzung in den vorigen Stand sind glaubhaft[3] zu machen. Für den Antrag sowie für die Entscheidung über die Erteilung der Wiedereinsetzung und die Anfechtung dieser Entscheidung gelten dieselben Vorschriften wie für die verspätete Handlung[4].

1. Die Antragsfrist beträgt also bei Versäumung der Berufungsfrist 1 Monat.

2. Die Wiedereinsetzung kann nach Ablauf von zwei Jahren auch nicht mehr von Amts wegen erteilt werden (vgl. Anm. 8 zu § 54), wohl aber auf Antrag der Gegenpartei nach § 54 Abs. 4.

3. Die Glaubhaftmachung ist Vorbedingung für den Eintritt in die Prüfung der Voraussetzungen. Um dann die Wiedereinsetzung zu erteilen, muß die Behörde vom Vorliegen der Voraussetzungen überzeugt sein.

4. Ist z. B. die Berufungsfrist versäumt, so gilt folgendes: Der Antrag ist mit einer Abschrift für die Gegenpartei einzureichen (§ 95), er kann bei irgend einer deutschen amtlichen Stelle eingereicht werden (§ 93); die Entscheidung ergeht nach mündlicher Verhandlung durch Urteil (§ 117) oder auch durch Verfügung des Vorsitzenden gemäß § 101 Abs. 1; die Entscheidung ist in gleicher Weise anfechtbar wie die etwaige Entscheidung zur Hauptsache (§§ 90, 92 bzw. § 101 Abs. 2).

VI. Zustellungen.

Vorbemerkung: Die §§ 56—58 gelten sowohl für das Verwaltungs- wie für das Spruchverfahren, soweit nicht der Wortlaut etwas anderes ergibt.

§ 56.

Zustellungen können in jeder Form[1] geschehen, die den Nachweis der erfolgten Zustellung und ihres Zeitpunktes ermöglicht. Es genügt die Behändigung des zuzustellenden Schriftstück gegen schriftliches Empfangsbekenntnis oder Übersendung durch eingeschriebenen Brief[2].

Der Posteinlieferungsschein begründet die Vermutung dafür, daß die Zustellung in der ordnungsmäßigen Frist nach der Einlieferung erfolgt ist[3].

1. Bei Zustellungen durch die Post mittels eingeschriebenen Briefs oder gegen Postzustellungsurkunde beantwortet sich die Frage, an welche Personen die Aushändigung des zuzustellenden Schriftstücks an Stelle des nicht angetroffenen Zustellungsempfängers mit Wirkung ordnungsmäßiger Zustellung erfolgen kann, nach den postalischen Bestimmungen. E. I, 201. Gemäß § 38 Abs. VII der Postordnung vom 22. 12. 21 (RGBl. S. 1609) können Einschreibesendungen, wenn der Empfänger in der Wohnung nicht angetroffen wird, an ein erwachsenes Familienmitglied des Empfängers ausgehändigt werden. In erster Linie rechnet hierher der Ehegatte des Empfängers. Die Zustellung durch eingeschriebenen Brief gilt auch als bewirkt, wenn der Brief zurückkommt, weil der Empfänger keine Vorsorge getroffen hatte, daß

ihm der Brief behändigt werden konnte. E. III, 154. — Über Gebührenablösung bei Dienstsendungen seit dem 1. 10. 23 RGBl. 23 Nr. 780, 804.

2. Die Übersendung durch eingeschriebenen Brief ist nur eine der zulässigen Arten der Zustellung. Neben der Zustellung durch eingeschriebenen Brief sind daher auch alle gesetzlich geregelten Zustellungsarten, insbesondere auch die der Zivilprozeßordnung, z. B. mit Postzustellungsurkunde, als rechtsgültige Zustellungen anzusehen.

3. Die durch den Posteinlieferungsschein begründete Vermutung für den Zeitpunkt der Zustellung kann widerlegt werden.

§ 57.

Für Personen, die einen gesetzlichen[1] oder besonderen Vertreter[2] haben, erfolgt die Zustellung nur an den Vertreter[3]. Betreibt ein Minderjähriger, der das 16. Lebensjahr vollendet hat, das Verfahren selbständig, so erhält er gleichzeitig mit der Zustellung an seinen gesetzlichen Vertreter eine Abschrift des zuzustellenden Schriftstücks[4].

Für Personen, die durch einen Bevollmächtigten[5] vertreten werden[6], erfolgt die Zustellung nur an diesen[7].

Sind mehrere Vertreter[8] derselben Person vorhanden, so genügt die Zustellung an einen von ihnen[9].

1. Wegen des Begriffs „gesetzlicher Vertreter" vgl. Anm. 11 zu § 42.

2. Wegen des besonderen Vertreters vgl. § 46 Abs. 2 Satz 2 und § 47.

3. Hat der Vertreter jedoch einen Bevollmächtigten, so ist nach Abs. 2 diesem zuzustellen (vgl. Anm. 6).

Ist entgegen der Vorschrift des § 57 Abs. 1, 2 eine Entscheidung nicht dem gesetzlichen oder besonderen Vertreter oder dem Bevollmächtigten, sondern dem Vers.Berechtigten selbst zugestellt worden, so wird die Rechtsmittelfrist hierdurch nicht in Lauf gesetzt (vgl. RVA. 19. 12. 18, AN. des RVA. 1919 S. 259). Die an sich ungültige Zustellung wird mit der tatsächlichen Empfangnahme des zuzustellenden Schriftstücks oder, wenn der Empfänger geschäftsunfähig oder beschränkt geschäftsfähig ist, mit dem Eintritt der Geschäftsfähigkeit rechtswirksam, vorausgesetzt, daß er noch über das Schriftstück verfügt und seinen Inhalt kennt. E. I, 165.

4. Der Lauf der Frist beginnt für ihn aber nicht mit der Empfangnahme der Abschrift, sondern mit der Zustellung an den gesetzlichen oder besonderen Vertreter (bzw. an deren Bevollmächtigten; vgl. Anm. 6). Ist jedoch die Aushändigung der Ab-

schrift bis zum Ablauf der Rechtsmittelfrist unterblieben, so ist das eine so schwerwiegende Verletzung der zwingenden Gesetzesvorschrift, die dem Minderjährigen die Wahrnehmung seiner Rechte ermöglichen soll, daß man das alsbald eingelegte Rechtsmittel als rechtzeitig wird ansehen müssen; zum mindesten ist die Wiedereinsetzung wegen „unabwendbaren Zufalls“ (§ 54) zu erteilen.

5. Wegen des Bevollmächtigten vgl. Anm. 1 zu § 48.

6. Auch wenn der gesetzliche oder der besondere Vertreter einen Bevollmächtigten bestellt haben, erfolgt die Zustellung an den letztgenannten. Hat der 16jährige Minderjährige für sich einen Bevollmächtigten bestellt, so erhält dieser an seiner Stelle die Abschrift.

7. Vgl. Anm. 3. Über Zustellung an einen Unterbevollmächtigten vgl. Anm. 1 zu § 48.

8. D. h. mehrere Vertreter **gleicher Art**, z. B. mehrere gesetzliche Vertreter (Mitvormünder) oder mehrere Bevollmächtigte. Abs. 3 gestattet also nicht die Zustellung an den gesetzlichen Vertreter, wenn dieser einen Bevollmächtigten bestellt hat.

9. Wenn mehrere Personen, z. B. Vater und Mutter oder Witwe und volljährige Waise (vgl. § 41 Abs. 3 RVG.) jede für sich das Verfahren betreiben, so muß an jede von ihnen und, soweit sie für sich einen besonderen Bevollmächtigten bestellt haben, an diesen besonders zugestellt werden.

§ 58.

Wer nicht im Inlande wohnt, hat auf Verlangen[1] einen Zustellungsbevollmächtigten zu benennen.

Ist der Aufenthalt unbekannt oder wird der Zustellungsbevollmächtigte nicht innerhalb einer angemessenen Frist benannt, so kann die Zustellung durch einwöchigen Aushang[2] in den Geschäftsräumen der Behörde ersetzt werden[3].

1. Das Verlangen kann schon zu Beginn des Verfahrens gestellt werden.

2. Wegen Berechnung der Frist vgl. §§ 52, 53. Ist der Aushang z. B. an einem Mittwoch erfolgt, so endet die Frist mit Ablauf des folgenden Mittwoch, bei Aushang an einem Sonntag erst mit Ablauf des zweitnächsten Montag. Als Tag der Zustellung gilt der letzte Tag der Aushangsfrist.

3. Die Zustellung durch einwöchigen Aushang in den Geschäftsräumen der Behörde darf erst vorgenommen werden, wenn

die Mittel, die nach Lage des Falles zur Feststellung des Aufenthalts des Vers.Berechtigten führen können, erschöpft sind (vgl. AN. des RVA. 1903 S. 594 Nr. 2028).

VII. Akteneinsicht.

Vorbemerkung: Die Vorschriften über die Akteneinsicht gelten für das Verwaltungs- wie für das Spruchverfahren; sie regeln lediglich das Recht der Beteiligten und sonstigen Privatpersonen zur Einsichtnahme in die Versorgungsakten und gelten selbstverständlich nicht für die Benutzung der Akten durch Sachverständige, die um Erstattung eines Gutachtens ersucht sind. Die Verpflichtung der Versorgungsbehörden, anderen Zivilbehörden auf Ansuchen die Akten zugängig zu machen, wenn sie dieselben für dienstliche Zwecke benötigen, beruht auf der im Verwaltungsrecht allgemein anerkannten, der Rechtshilfepflicht nahe verwandten Beistandspflicht der öffentlichen Behörden und amtlichen Stellen gegeneinander. Infolgedessen bedarf es für die Überlassung der Akten an andere Zivilbehörden, z. B. die Vormundschaftsbehörde, der Einwilligung des Berechtigten nicht (vgl. hierzu auch Ziff. III Abs. 2 der AB. zu §§ 59, 60). Hinsichtlich der Verschwiegenheitspflicht vgl. § 2. Auch die Benützung der Akten für wissenschaftliche, z. B. statistische Zwecke wird durch die §§ 59, 60 nicht eingeschränkt.

§ 59.

Die Beteiligten[1] und ihre Vertreter können Einsicht in die Akten[2] nehmen und sich daraus Auszüge und Abschriften selbst fertigen oder gegen Erstattung der Kosten erteilen lassen.

Anderen Personen kann ohne Einwilligung[3] des Berechtigten oder seines gesetzlichen Vertreters die Einsicht in die Akten nur dann gestattet werden, wenn ein rechtliches[4] Interesse glaubhaft gemacht wird.

Aus besonderen Gründen[5] kann die Einsicht in die Akten oder Teile derselben[6] sowie die Fertigung oder Erteilung von Auszügen und Abschriften versagt oder beschränkt werden.

Entwürfe[7] zu Entscheidungen, Gutachten der Berichterstatter[8] sowie Schriftstücke, welche Abstimmungen betreffen[9], werden weder vorgelegt noch abschriftlich mitgeteilt.

Die AB. sind S. 81 abgedruckt.

1. Hierunter sind der Antragsteller, der Kläger, der zuge-

zogene oder beteiligte Dritte (vgl. § 50) sowie im Spruchverfahren auch die Organe des Fiskus zu verstehen.

Als Vertreter kommen der gesetzliche, der besondere (§ 47) und der bevollmächtigte Vertreter in Betracht.

2. Im Spruchverfahren besteht kein Anspruch auf Einsicht in die Handakten der Behörde, die den Fiskus vertritt. Dagegen kann Einsicht verlangt werden in die Akten anderer Behörden, die im Versorgungsverfahren beigezogen worden sind, soweit sich nicht aus den für sie geltenden Vorschriften etwas anderes ergibt. Einsicht in die Akten der Fürsorgestelle z. B. kann nicht beansprucht werden (Näheres RVBl. 22 Nr. 701 Ziff. 5). Krankenurkunden, und zwar auch beim Krankenbuchlager, unterliegen den Vorschriften der §§ 59, 60 (RVBl. 22 Nr. 514).

3. Mit Einwilligung des Berechtigten kann auch diesen Personen in gleichem Umfange wie den Beteiligten und ihren Vertretern Einsicht in die Akten gewährt werden. Ein Anspruch auf Akteneinsicht steht dritten Personen auch bei Darlegung eines rechtlichen Interesses nicht zu.

4. Im Gegensatz zu § 50 genügt hier hier nicht ein wirtschaftliches Interesse, vielmehr wird ein „rechtliches", d. h. das Vorliegen eines bereits bestehenden, durch die Akteneinsicht zu sichernden Rechts verlangt. Diese Voraussetzung dürfte auch bei Personen gegeben sein, die dem Verfahren als Dritte (vgl. § 50) beizutreten beabsichtigen.

5. Besondere Gründe, aus denen ausnahmsweise die Einsicht verweigert oder beschränkt werden kann, sind insbesondere in der Art der Krankheit des Beschädigten oder Verstorbenen zu erblicken. Näheres vgl. AB. Ziff. II zu §§ 59, 60, insbesondere auch wegen ausdrücklich als „vertraulich" bezeichneter Auskünfte.

6. Die Einsicht darf nur insoweit beschränkt werden, als die besonderen Gründe reichen.

7. Bescheide und Urteile sind solange Entwürfe, als sie noch nicht vollzogen sind.

8. Es ist unzulässig, Gutachten der Berichterstatter (vgl. § 100) den Akten des VGer. beizuheften und sie so dem RVGer. und der Einsicht der Parteien offen zu legen.

9. In Frage kommt z. B. eine Aufzeichnung über die Reihenfolge der Abstimmung über die einzelnen Fragen und das Ergebnis der Abstimmung (vgl. § 132 Abs. 2). Die Abstimmung der einzelnen Mitglieder selbst darf nach § 133 keinen schriftlichen Ausdruck finden.

§ 60.

Über den Antrag auf Gewährung der Akteneinsicht oder Erteilung von Auszügen und Abschriften entscheidet die Versorgungsbehörde[1], bei der die Akten sich befinden[2], und zwar bei einer Verwaltungsbehörde deren Leiter[3], bei einer Spruchbehörde der Vorsitzende[3] der Kammer oder des Senats.

Im Falle gänzlicher oder teilweiser Ablehnung sind die Gründe und der Zeitpunkt der Bekanntgabe in den Akten zu vermerken. Gegen die Entscheidung ist innerhalb eines Monats nach der Bekanntgabe die Beschwerde[4] zulässig.

1. Versorgungsbehörden sind nach § 1 die Vers.Ämter, die Hpt.Vers.Ämter, die Vers.Gerichte, das RVGer. und das bayerische LandesVers.Gericht (§ 154). Die Fürsorgestellen und Hpt.Fürsorgestellen der Kriegsbeschädigten- und Hinterbliebenenfürsorge sind daher nur nach Einvernehmen mit der nach § 60 zuständigen Versorgungsbehörde befugt, die Einsicht zu gewähren. Vgl. auch AB. Ziff. III Abs. 2 zu §§ 59, 60.

2. Im Regelfalle wird jede Vers.Behörde selbst darüber zu entscheiden haben, ob und in welchem Umfange die Einsicht in die Akten zu gewähren ist. Sind jedoch Akten einer Vers.Behörde an eine andere versandt, so steht die Entscheidung derjenigen zu, welche zur Zeit der Stellung des Antrags die Akten in ihrem Besitz hat. In Zweifelsfällen empfiehlt sich Anfrage bei derjenigen Vers.Behörde, der die Akten gehören.

3. Leiter und Vorsitzender sind jedoch befugt, ihnen unterstellten Beamten die Einsichtgewährung zu überlassen. Vgl. AB. Ziff. IV zu §§ 59, 60.

4. Gegen die auf Beschwerde ergehende Entscheidung kann weitere Beschwerde nicht erhoben werden. Im übrigen vgl. §§ 61—64.

AB. zu §§ 59, 60.

I. Wer als Beteiligter oder als Vertreter eines Beteiligten zur Einsichtnahme in die Versorgungsakten befugt ist, bestimmt sich nach den Vorschriften der §§ 46 bis 48, jedoch kann Bevollmächtigten die Einsichtnahme ohne vorherige Beibringung der Vollmacht nur gestattet werden, soweit es sich um die im § 48 Abs. 3 Satz 1 bezeichneten Verwandten und Verschwägerten handelt. Bevollmächtigten, die das Verhandeln vor Behörden geschäftsmäßig betreiben, und Personen, die nicht die Gewähr sachlicher Behandlung bieten, kann die Einsichtnahme versagt werden, soweit es sich nicht um die im § 109 Abs. 1 Satz 2 genannten Personen handelt[1]. Die Benutzung der Versorgungsakten außerhalb eines Verfahrens zu wissenschaftlichen Zwecken wird durch die Vorschriften der §§ 59, 60 nicht beschränkt und kann gestattet werden, soweit eine dem § 2 entsprechende Verschwiegenheit gesichert erscheint.

II. Grundsätzlich ist den Beteiligten und ihren Vertretern die Akteneinsicht in dem gewünschten Umfange zu gewähren. Sie wird in der Regel nur zu versagen sein,

a) soweit es mit Rücksicht auf die Art der Krankheit des Beschädigten oder des Verstorbenen (Unheilbarkeit, drohende Geisteskrankheit, Geschlechtskrankheit) oder sonstige Umstände angezeigt erscheint,

b) soweit es sich um nicht von Beamten oder Angestellten einer Versorgungsbehörde stammende Gutachten, Auskünfte usw. handelt, die ausdrücklich als vertraulich[2] erstattet sind oder nach ihrem Inhalt vertrauliche Behandlung angezeigt erscheinen lassen.

Von der Einsichtnahme auszuschließende Schriftstücke sind, soweit angängig und für die ordnungsmäßige Rechtsverfolgung notwendig, auf Verlangen ihrem wesentlichen Inhalte nach mündlich oder schriftlich mitzuteilen, ausgenommen Entwürfe zu Entscheidungen, Gutachten der Berichterstatter und Abstimmungen betreffende Schriftstücke (§ 59 Abs. 4). Diese Schriftstücke dürfen zwar bei den Akten aufbewahrt, aber nicht eingeheftet werden.

Anderen Personen als den Beteiligten und ihren Vertretern ist die Einsicht nur in diejenigen Aktenteile zu gewähren, auf die sich das glaubhaft gemachte rechtliche Interesse (§ 59 Abs. 2) bezieht. Die Einsicht in die Einkommensmitteilungen der Steuerbehörden[3] darf außer den Beteiligten und ihren Vertretern niemandem gestattet werden.

III. Die Akteneinsicht wird in den Diensträumen der Versorgungsbehörde gewährt, bei der die Akten sich befinden. Sie kann[4] auf Antrag auch bei einer günstiger gelegenen Versorgungsbehörde oder einer sonstigen Behörde, insbesondere einer amtlichen Fürsorgestelle, gewährt werden. Sie erfolgt unter Aufsicht eines Beamten oder Angestellten. Die Aushändigung von Akten an Privatpersonen[5] ist unzulässig.

Soweit die Akten an Behörden, insbesondere amtliche Fürsorgestellen, sowie an Vorstände der Träger der Reichsversicherung[6] und der Invalidenstiftungen übersandt werden, die zur Durchführung ihrer Aufgaben selbst Einsicht nehmen wollen[7], sind die Einkommensmitteilungen der Steuerbehörden nicht mitzusenden oder zu versiegeln; der anfordernden Stelle ist bei der Übersendung ausdrücklich die Verpflichtung aufzuerlegen, Vorsorge zu treffen, daß von dem Inhalt der Akten außer ihr und den ihr vorgesetzten Stellen niemand Kenntnis erhält. Die genannten Stellen sind ohne Einvernehmen mit der Versorgungsbehörde nicht befugt, den Beteiligten, ihren Vertretern oder dritten Personen die Akteneinsicht zu gestatten.

IV. Die Leiter der Verwaltungsbehörden sowie die Vorsitzenden der Kammern und Senate der Spruchbehörden können — vorbehaltlich ihrer Entscheidung im Streitfall — ihnen unterstellte Beamte allgemein ermächtigen, die Akteneinsicht in unbedenklich erscheinendem Umfang zu gestatten.

1. Die Einsichtnahme kann also insbesondere bevollmächtigten Rechtsanwälten und Vertretern der Verbände der Kriegsbeschädigten und Fürsorgestellen nicht versagt werden.

2. Amtliche Fürsorgestellen, sonstige Behörden und Privatpersonen können ihre Gutachten und Auskünfte als „vertraulich“ bezeichnen und dadurch der Einsicht entziehen; hingegen ist diese Möglichkeit z. B. den Ärzten des Vers.Amts verschlossen.

3. Auch wenn ein rechtliches Interesse dargetan wird, kann die Einsicht in die Steuermitteilungen von der Vers.Behörde nicht gestattet werden. Ersuchen um Einsichtnahme werden gegebenenfalls an die Steuerbehörde zu richten sein.

4. Versendung der Akten verzögert die Erledigung der schwebenden Angelegenheiten. Aus diesem Grunde ist den zur Einsichtnahme Befugten kein Anspruch dahingehend eingeräumt, daß die Akten zur Einsichtnahme an das Gericht oder das Vers.Amt ihres Wohnorts übersandt und dort vorgelegt werden. Sie können sich durch Bestellung eines Bevollmächtigten die gewünschte Kenntnis verschaffen. Die Versorgungsbehörden werden jedoch in dieser Beziehung nicht engherzig sein dürfen.

5. Auch Rechtsanwälten und Angestellten von Verbänden Vers.Berechtigter können die Akten nicht in die Wohnung oder die Geschäftsräume überlassen werden; dem praktischen Bedürfnis wird dadurch genügt, daß die Akten einer am Wohnort des Antragstellers befindlichen Behörde übersandt werden.

6. Über Träger der Reichsversicherung vgl. Anm. 8 zu § 93.

7. Amtsärztliche Zeugnisse aus den Versorgungsakten dürfen nach § 25 Abs. 2 der Anstellungsgrundsätze (RVBl. 22 Nr. 727, 857; 23 Nr. 682; 25 Nr. 72; 26 Nr. 40) den Anstellungsbehörden nur mitgeteilt werden, wenn seit ihrer Ausstellung noch nicht 3 Jahre verflossen sind. Über Mitteilung der Versorgungsakten an die Organe der sozialen Fürsorge vgl. RVBl. 22 Nr. 253 Ziff. 19.

VIII. Beschwerde.

Vorbemerkung: Die §§ 61—64 über die Beschwerde gelten für das Verwaltungs- wie auch das Spruchverfahren und betreffen die Beschwerde sowohl des Vers.Berechtigten und des Fiskus wie auch z. B. die eines Zeugen oder Beisitzers. Wesentlich für die Beschwerde, die kein Rechtsmittel (vgl. §§ 90 ff.), wohl aber einen Rechtsbehelf (vgl. § 69 Abs. 4) darstellt, ist, daß über sie ohne mündliche Verhandlung entschieden wird.

Nicht geregelt ist im Gesetz die sog. Dienstaufsichtsbeschwerde, für welche die allgemeinen verwaltungsrechtlichen Grundsätze maßgebend sind.

§ 61.

Gegen die Entscheidungen[1] der Versorgungsbehörden[2] findet in den besonders bestimmten Fällen[3] die Beschwerde[4] statt.

1. In Betracht kommen nur nicht die Hauptsache betreffende Verfügungen und Anordnungen, z. B. über Gestattung der Akteneinsicht oder Gewährung einer Entschädigung bei persönlichem Erscheinen. Gegen Entscheidungen zur Hauptsache sind lediglich Berufung und Rekurs sowie die Anrufung der Kammer und des Senats (vgl. §§ 90, 70, 101) gegeben.

2. Im Verfahren vor dem RVGer. ist eine Beschwerde gegen Entscheidungen des Vorsitzenden oder des Leiters der Beweisverhandlung zulässig, aber niemals gegen Entscheidungen des Senats.

3. Vgl. z. B. § 60 (Akteneinsicht), § 82 Abs. 2 (Entschädigung bei persönlichem Erscheinen), § 107 (Verweigerung der Aussage oder der Eidesleistung), § 109 Abs. 3 (Ordnungsstrafe wegen Ungebühr), § 137 Abs. 4 (Berichtigung eines Urteils), § 144 Abs. 3 (Festsetzung der Vergütung bei persönlichem Erscheinen).

4. Eine Beschwerde gegen eine auf Beschwerde ergangene Entscheidung (sog. weitere Beschwerde) ist nirgends vorgesehen und nicht zulässig.

§ 62.

Die Beschwerdefrist[1] beträgt in Fällen, für die nicht ein anderes ausdrücklich vorgeschrieben ist[2], einen Monat seit der Zustellung der anzufechtenden Entscheidung, bei Zustellung außerhalb Europas sechs Monate.

Die Beschwerde ist innerhalb der vorgeschriebenen Frist schriftlich[3] oder mündlich unter Aufnahme einer Niederschrift[4] bei der Stelle einzulegen, welche die anzufechtende Entscheidung erlassen hat. Rechtswirksam ist auch die Einlegung bei einer anderen deutschen amtlichen Stelle[5] oder bei einem Träger der Reichsversicherung[6]. In diesem Falle ist die Beschwerdeschrift oder die aufgenommene Niederschrift unter Benachrichtigung des Beschwerdeführers unverzüglich an die zuständige Stelle abzugeben.

Die Beschwerde hat aufschiebende Wirkung[7].

1. Wegen Berechnung der Frist vgl. §§ 51—53 und wegen Wiedereinsetzung in den vorigen Stand §§ 54, 55. Ein Hinweis auf die Beschwerdemöglichkeit ist nicht erforderlich. RVBl. 22 Nr. 663 Ziff. I Abs. 1.

2. Vgl. z. B. § 109 Abs. 3 (Ungebührstrafe).

3. Wegen der Schriftlichkeit vgl. Anm. 2 zu § 78 und 3 zu § 93.

4. Die Form der Niederschrift bestimmt sich nach den Grundsätzen, die für die Stelle maßgebend sind, welche die Niederschrift aufnimmt.

5. Vgl. Anm. 7 zu § 93. Auch bei einer amtlichen Stelle der abgetretenen Gebiete kann die Beschwerde nach der VO. vom 13. 6. 22 (RGBl. S. 507 und RVBl. Nr. 583 sowie Anm. 7 zu § 93) rechtswirksam eingelegt werden.

6. Vgl. Anm. 8 zu § 93.

7. Es hat also z. B. der Zeuge, der gegen die Bestrafung Beschwerde erhebt, die Strafe und Kosten erst zu bezahlen, wenn seine Beschwerde zurückgewiesen ist.

§ 63.

Erachtet die Stelle, welche die angefochtene Entscheidung erlassen hat, die Beschwerde für begründet, so hat sie ihr abzuhelfen[1]. Andernfalls hat sie die Beschwerde mit den Vorgängen innerhalb einer Woche der zur Entscheidung berufenen Stelle mit einer Begründung ihrer Stellungnahme vorzulegen.

1. Erachtet die Stelle, deren Entscheidung mit der Beschwerde angefochten wird, die Beschwerde für begründet, so hat sie die Befugnis und die Pflicht, ihre Entscheidung zu ändern. Einer Entscheidung über die Beschwerde gemäß § 64 bedarf es alsdann nicht.

§ 64.

Soweit nicht in diesem Gesetz ein anderes[1] vorgeschrieben ist, entscheidet über die Beschwerde, wenn sie sich richtet gegen eine Entscheidung

1. des Versorgungsamts, das Hauptversorgungsamt,
2. des Hauptversorgungsamts, das Versorgungsgericht[2],
3. des Versorgungsgerichts, das Reichsversorgungsgericht[3],
4. des Vorsitzenden[4] oder des Leiters der Beweisverhandlung[5], die Kammer oder der Senat.

Die Entscheidung ist den Beteiligten zuzustellen[6].

Die Spruchbehörden entscheiden über die Beschwerde durch einen mit Gründen versehenen Beschluß ohne mündliche Verhandlung. Die Vorschriften über Beweisaufnahme, Unterbrechung und Aussetzung des Verfahrens sowie Beratung und Abstimmung gelten entsprechend[7].

1. Es entscheidet z. B. nach § 17 Abs. 4 über die Beschwerde eines Beisitzers eines VGer. wegen Enthebung oder Nichtenthebung vom Amte und nach § 148 über die Beschwerde wegen Festsetzung einer Ordnungsstrafe die oberste Landesverwaltungsbehörde.

2. a) Die Beschwerde geht auch dann an das VGer., wenn in der Sache selbst, wie z. B. in Kapitalabfindungsangelegenheiten, die Berufung nicht zulässig ist.

b) Welches VGer. zu entscheiden hat, bestimmt sich nach § 38 und den AB. dazu. Entscheidend ist der Wohnort zur Zeit der Stellung des Antrags, durch den das betreffende Verfahren eingeleitet wurde. Ist der Antragsteller nach Stellung des Antrages verzogen, so ist der neue Wohnort maßgebend, wenn die Akten abgegeben sind.

3. Auch wenn in der Sache selbst Rekurs nicht zulässig ist. Zu beachten bleibt aber immer, daß nach § 61 die Beschwerde überhaupt nur in den vom Gesetz ausdrücklich bestimmten Fällen zulässig ist.

4. Vgl. z. B. § 60, § 144 Abs. 3.

5. Vgl. z. B. § 107 Abs. 3, § 109 Abs. 3.

6. Vgl. §§ 56—58.

7. Vgl. §§ 103—111, 112—116, 131—133. Außer diesen Vorschriften finden auch die allgemeinen Vorschriften der §§ 37 bis 76 Anwendung.

IX. Rechtskraft und Wiederaufnahme des Verfahrens †).

§ 65 *).

Bescheide[1] und Urteile[2] sind rechtskräftig[3], soweit sie für beide Parteien[4] unanfechtbar[5] sind.

Die Rechtskraft steht der Änderung oder Aufhebung unrichtiger Bescheide[6] nicht entgegen. Das Versorgungsamt bedarf zum Erlaß eines Berichtigungsbescheides der vorherigen Genehmigung des Hauptversorgungsamts[7].

†) Über Rechtskraft, Neubescheidung usw. vgl. Breme in MfA. 20 Sp. 409 und 462, Arbeiterversorgung 20 S. 153, Zentralbl.

*) Fassung: § 65 lautete ursprünglich:
„Die Bescheide der Verwaltungsbehörden werden dem Reichsfiskus gegenüber mit der Zustellung rechtskräftig. Im übrigen sind die Entscheidungen der Versorgungsbehörden insoweit rechtskräftig, als sie nicht mehr anfechtbar sind."
Die jetzige Fassung ist durch Art. 21 Ziff. V 5 der PAV. zum 31. 10. 23 in Kraft getreten.

1. a) Nur rechtlich wirksame Bescheide können rechtskräftig werden, nicht also Bescheide, die z. B. von einer sachlich nicht zuständigen Behörde erlassen worden sind. Die örtliche Unzuständigkeit ist nach § 41 Abs. 2 ohne Bedeutung. Die von einer sachlich zuständigen Behörde erlassene Entscheidung geht in Rechtskraft auch dann über, wenn der Inhalt den gesetzlichen Vorschriften nicht entspricht (E. III, 27), oder es etwa an der Genehmigung durch eine andere Stelle (vgl. z. B. § 71 Satz 2) fehlt. Offenbare Gesetzwidrigkeiten können nach Abs. 2 berichtigt werden.

b) Auch Bescheide über Kannbezüge (vgl. Anm. 3 zu § 91) werden rechtskräftig, weil § 65 keinen Unterschied macht. (A. M. Kaufmann-Fuisting vor § 65 und RVGer. vom 4. 2. 26 M 12012/25). Die Rechtskraft ist aber für sie ohne praktische Bedeutung, weil Kannbezüge auch nach rechtskräftiger Bewilligung vom Ermessen der Verwaltungsbehörde abhängig bleiben, also nicht geleistet werden müssen, sondern nach wie vor geleistet werden können. Näheres s. Anm. 3 zu § 91. Die Rechtskraft steht aber der Rückforderung der auf Grund einer Bewilligung gezahlten Kannleistungen entgegen.

c) Mit Erlaß der VO. vom 1. 2. 19 sind auch die vor dem 1. 3. 19 zugestellten Bescheide rechtskräftig geworden. E. II, 181; III, 8.

d) Ein Bescheid über einen Anspruch, der bereits im Spruchverfahren anhängig ist, wird nicht zuungunsten des Antragstellers rechtskräftig, auch wenn dieser keine Berufung einlegt. E. II, 139; IV, 122 = RVBl. 25 Nr. 65 Ziff. 2.

2. Für Urteile gelten insofern Besonderheiten, als ihre Berichtigung nach § 65 Abs. 2 nicht möglich ist und positive Feststellungen in den Gründen ablehnender Entscheidungen nicht an der Rechtskraft teilnehmen (vgl. Anm. 3e).

3. a) Die materielle Rechtskraft äußert ihre Wirkung darin, daß die Entscheidung endgültig und unabänderlich ist; weder kann der Fiskus sich durch einseitige Änderung der Entscheidung von seiner Verpflichtung frei machen, noch kann der Berechtigte eine

---

der Reichsversich. 20 S. 513; Schmid im preuß. Verwaltungsbl. 22 S. 563, 580 und 590; Fuisting in MfA. 25 S. 145. Über Wiederaufnahme nach VerfG. und RVO. Fuisting in MfA. 26 Sp. 139, nach der RVO. Schmidt in MfA. 20 Sp. 519. Über Anwendung des § 71 Grünbaum, Ärztl. Monatsschrift 25 S. 145.

Änderung zu seinen Gunsten verlangen oder im Spruchverfahren herbeiführen. Grundsätzliche Ausführungen s. RVBl. 22 Nr. 663 Ziff. III. Über das Verbot der reformatio in peius vgl. Anm. 4.

b) Ist eine Rente rechtskräftig zugesprochen worden, so kann sie nach Grund, Höhe und Beginn nicht mit der Begründung in Frage gestellt werden, daß DB. nicht vorliege, daß die Minderung der Erwerbsfähigkeit geringer sei oder ein späterer Zahlungsbeginn in Frage komme (vgl. in letzterer Beziehung auch E. I, 160). Eine nachträgliche Minderung oder Entziehung der Rente ist, abgesehen von den Fällen der Wiederaufnahme, nach § 57 RVG. nur möglich, wenn in den Verhältnissen, die für die Feststellung maßgebend gewesen sind, eine wesentliche Veränderung eingetreten ist. (Näheres s. unten Anm. 3b).

c) Die Rechtskraft wirkt nur für und gegen die Parteien, also den Fiskus und den Vers.Berechtigten, sowie seinen Nachfolger. Die Rechtskraftwirkung erstreckt sich daher z. B. auf die Erben, soweit sie die Ansprüche des Verstorbenen verfolgen. Hingegen ist die Rechtskraft der zugunsten des Verstorbenen ergangenen Entscheidung ohne Einfluß auf den Vers.Anspruch der Hinterbliebenen, weil weder die Parteien dieselben sind, noch die Ansprüche denselben rechtlichen Inhalt haben (vgl. E. I, 191 und wegen des Sterbegeldes RVBl. 26 Nr. 47).

d) Die Gründe einer Entscheidung, z. B. des Bescheides oder Urteils, erlangen im allgemeinen keine Rechtskraft; an der Rechtskraftwirkung nehmen sie nur insoweit teil, als die Entscheidung selbst in ihnen mit enthalten ist. Die Gründe sind aber naturgemäß stets von besonderer Bedeutung für die Tragweite der Entscheidung. Ist in einem Urteil die beantragte Rente versagt worden, weil die Minderung der Erwerbsfähigkeit unter 25 v. H. betrage, und in den Gründen ausgeführt, daß DB. vorliege, so sind die Ausführungen über das Vorliegen von DB. für eine künftige Prüfung nicht bindend. So auch die nur im RVBl. 22 Nr. 55 Ziff. II[4] im Auszug wiedergegebene Entscheidung des RVGer. vom 19. 10. 21. Über Bescheide vgl. Anm. 3e.

Welches Leiden als Folge von DB. rechtskräftig anerkannt oder abgelehnt ist, hängt von den Umständen ab. Wenn sich aus den Gründen nicht Anderes ergibt, erstreckt sich die Anerkennung oder Ablehnung auf das Grundleiden, gleichgültig, ob dieses richtig erkannt oder bezeichnet ist (E. IV, 125). Das RVGer. nimmt dabei in Übereinstimmung mit dem RVA. an, daß die rechtskräftige Entscheidung in dem angedeuteten Umfange auch für später auftretende Folgen (Verschlimmerungen usw.) maßgebend ist; vgl. hierzu Anm. 3g. — Die Schätzung der auf die einzelnen Leiden entfallenden MdE. wird nicht rechtskräftig; vgl. Anm. 2c zu § 125.

e) Auch für Bescheide gilt zunächst der Grundsatz, daß die Gründe nur insoweit an der Rechtskraft teilnehmen, als sie die Entscheidung tragen. Nach der Rechtsprechung des RVGer. (insbesondere E. II, 62 und III, 214), die sich hierbei an die Rechtsprechung des RVA. anlehnt, liegt aber in der Anerkennung von DB. in einem ablehnenden Bescheide das Zugeständnis einer rechtlich bedeutsamen Tatsache, das einem gerichtlichen Geständnisse (§§ 288—290 ZPO.) gleichzustellen ist, also nur widerrufen werden kann, wenn *feststeht*, daß es falsch war und auf einem Irrtum beruhte. Demgegenüber muß darauf hingewiesen werden, daß das fragliche Zugeständnis im vorgerichtlichen Verfahren abgegeben ist, daß das Vers.Amt im Verwaltungsverfahren noch nicht Partei, sondern nur Behörde ist und daß es sich um Verpflichtungen des Fiskus handelt, die der Verfügung seiner Organe nur nach Maßgabe der Gesetze (Versorgungsgesetze, Reichshaushaltsordnung usw.) unterliegen. Die Frage hat dadurch erhöhte Bedeutung erlangt, daß nach Anordnung des RAM. zum Zwecke der sonst fehlenden Beweissicherung die DB.-Frage auch dann nach Möglichkeit geklärt werden soll, wenn das Fehlen anderer Voraussetzungen zur Ablehnung führt (RVBl. 25 Nr. 95, 171). — Die Bezirkskommandos waren nicht zuständig, DB. rechtswirksam anzuerkennen. E. I, 171.

f) Soweit ein Versorgungsanspruch nach dem RVG. an die gleichen Voraussetzungen geknüpft ist wie nach den früheren Gesetzen, ist die nach altem Recht ergangene rechtskräftige Entscheidung auch für das RVG. bindend (E. III, 47 = RVBl. 23 Nr. 90 Ziff. I, 1). Die Verwaltungsbehörde kann aber auch hier einen neuen Bescheid nach § 71 erteilen. Die Voraussetzungen der DB. sind nach altem und neuem Recht dieselben, obschon sprachlich ein durch den Dienst verursachtes Leiden in den früheren Gesetzen selbst als DB., im RVG. aber als Folge von DB. bezeichnet wird. Auch das VGer. kann in solchen Fällen in eine sachliche Nachprüfung der DB.-Frage nur eintreten, wenn es etwa zu dem Ergebnis kommen sollte, daß der auf DB. gestützte Anspruch nicht rechtskräftig abgelehnt ist, weil z. B. die frühere Ablehnung aus einem anderen Grunde erfolgt sei. Da aber die Abstufung der Erwerbsfähigkeit im RVG. anders aufgebaut ist als in den früheren Gesetzen, insbesondere dem MVG., war bei der Umanerkennung zur Herabsetzung des Rentensatzes eine Änderung der Verhältnisse (§ 57 RVG.) nicht erforderlich (E. II, 248, 252).

g) Die Rechtskraft deckt nur den bei ihrem Eintritt bestehenden Zustand. Wenn ein Leiden zu Unrecht als Folge von DB. festgestellt ist und unabhängig von neuen Schädigungen eine Verschlimmerung eintritt, so kann *Erhöhung* der — auf Grund der Rechtskraft weiterzuzahlenden — bisherigen Rente nicht beansprucht werden, da die Verschlimmerung — wie eigentlich das ganze Leiden — nicht Folge von DB. ist und von der Rechtskraft nicht gedeckt wird. Die Rechtskraft hat also rein negative Wirkungen: sie *verhindert die Entziehung* der zugesprochenen

Gebührnisse, bildet aber nicht die Grundlage für weitere Ansprüche. — Die Spruchbehörden haben bisher vielfach anders entschieden; vgl. z. B. E. IV, 125.

h) Ändern sich die für die Entscheidung maßgebend gewesenen Verhältnisse, so müssen die Vers.Gebührnisse neu festgesetzt †) werden (§ 57 RVG.; vgl. dazu auch § 323 ZPO.). Richtlinien für die Nachprüfung des Grades der Erwerbsfähigkeit s. RVBl. 24 Nr. 42. Auch nach Ablehnung mangels hinreichender Minderung der Erwerbsfähigkeit, sowie nach Abfindung der Renten für 10 und 20 v. H. (§§ 103, 104 RVG.) ist ein Anspruch auf Rente vom Eintritt einer Verschlimmerung abhängig (E. IV, 148; vgl. dazu auch RVBl. 25 Nr. 157; 26 Nr. 24). Bei Neuanträgen wie auch in den Bescheiden über die Neufeststellung muß hervorgehoben werden, worin die behauptete oder festgestellte Änderung des Zustandes besteht (E. I, 182). Zuerkennung „für immer", „auf Lebenszeit" usw. steht der Neufestsetzung nach § 57 RVG. nicht entgegen (E. I, 205; II, 230).

Eine Änderung der tatsächlichen Verhältnisse ist nicht unter allen Umständen erforderlich. Die für die Festsetzung maßgebend gewesenen Verhältnisse haben sich auch geändert, wenn die Voraussetzungen des Anspruchs durch Gesetzesänderung andere geworden sind, die unveränderten tatsächlichen Verhältnisse also den Anspruch nicht mehr oder nicht mehr in voller Höhe rechtfertigen (E. V, 125). Unter Umständen genügt sogar ein Berufswechsel (E. V, 242). Ergänzung oder Berichtigung der Kenntnis der an sich unveränderten Verhältnisse, Fortschritte der ärztlichen Wissenschaft usw. bilden keine Veränderung der maßgebend gewesenen Verhältnisse (E. II, 181; IV, 269). In der Vergangenheit liegende Voraussetzungen, z. B. DB., ausgeübter Beruf, Ernährereigenschaft des Sohnes vor der Einziehung, können sich nicht mehr ändern, wohl aber z. B. die Erwerbsfähigkeit, das Alter der Witwe, die Bedürftigkeit der Eltern usw. — Liegt eine wesentliche Änderung vor, so sind ohne Rücksicht auf das Maß der Änderung die jetzigen Verhältnisse maßgebend (E. III, 183; V, 24). Die Neuprüfung — auch seitens der Spruchbehörden — ist aber nur insoweit zulässig, als die Verhältnisse sich geändert haben. Hat sich die Erwerbsfähigkeit geändert, so kann das Vers.Gericht nur den Rentensatz ändern, aber nicht auch über die bereits rechtskräftig abgelehnte Ausgleichszulage nach § 28 Abs. 1 (anders Abs. 2) neu entscheiden (E. IV, 26; V, 36). Änderungen der Erwerbsfähigkeit (Verschlimmerung des bisherigen oder Hinzutritt eines neuen Leidens) sind nur von Bedeutung, soweit sie ebenfalls Folge von DB. sind; vgl. z. B. über den Verlust des zweiten Auges unabhängig von DB., nachdem ein Auge durch

†) Schrifttum über Bescheide nach § 57 RVG. s. oben bei der Überschrift vor § 65.

DB. verloren war, Entscheidung des Großen Senats des RVGer. vom 5. 2. 26 M 10543/24.

Für die Umanerkennung und Nachuntersuchung der Altrentner gelten Besonderheiten; vgl. Nr. 3 der AB. zu § 2 ARG., ferner RVBl. 22 Nr. 328, 531[2]; 23 Nr. 282; 24 Nr. 165, 406; 25 Nr. 43, 135. Ist die Umanerkennung ohne ärztliche Untersuchung, also unter Zugrundelegung des letzten Befundes, erfolgt, so ist bei der Prüfung gemäß § 57 RVG. von dem Befunde bei der letzten Untersuchung auszugehen (E. V, 24).

Über Zusammenarbeit von Fürsorgestellen und Vers.Behörden zur Vermeidung von Überzahlungen vgl. RVBl. 26 Nr. 22.

i) Nebenansprüche (vgl. Anm. 2c zu § 125) teilen das rechtliche Schicksal des Hauptanspruchs auch bezüglich der Rechtskraft. Wenn Rente bewilligt ist, kann die Pflegezulage, die Ausgleichszulage usw. nicht mit der Begründung abgelehnt werden, daß DB. nicht vorliege. Der Anspruch auf den Beamtenschein ist wenigstens insofern ein Nebenanspruch, als der Hundertsatz der bereits festgestellten oder gleichzeitig festzusetzenden Rente bindend ist (E. III, 260; IV, 107). Verschlimmerung des bisherigen oder Hinzutritt eines neuen Rentenleidens begründet keinen Nebenanspruch, sondern eine Erweiterung des Hauptanspruchs, so daß sie von der Rechtskraft der früheren Entscheidung nicht erfaßt werden; vgl. Anm. 3g und 3h, ferner über die Einheitlichkeit des Vers.Anspruchs Anm. 2c zu § 125. Die Heilbehandlung ist kein Nebenanspruch der Rente, doch folgt aus der Fassung des § 4 RVG., daß die Anerkennung oder Ablehnung der DB. gelegentlich der Rentenfestsetzung auch für den Anspruch auf Heilbehandlung wegen desselben Leidens maßgebend ist.

4. Nach der ursprünglichen Fassung des § 65 (vgl. oben) konnte formelle Rechtskraft für die eine Partei früher eintreten als für die andere (relative Rechtskraft). Als die PAB. durch Änderung des § 125 das Verbot der reformatio in peius (vgl. Anm. 1 zu § 125) beseitigte, ersetzte sie die bisherige Fassung des § 65 durch den Abs. 1 der neuen Fassung und beseitigte so auch die relative Rechtskraft. Das Ges. vom 4. 8. 24 hat das Verbot der reformatio in peius im § 125 wiederhergestellt, die veränderte Fassung des § 65 aber bestehen gelassen.

5. Unanfechtbar sind alle Entscheidungen, z. B. auch Verfügungen des Vorsitzenden, gegen die ein Rechtsmittel nicht mehr gegeben ist. Unanfechtbar sind daher Urteile der Vers.Gerichte, gegen die der Rekurs nicht zulässig ist (vgl. § 92), Urteile des RVGer. und alle Bescheide und Urteile für diejenige Partei, welche die Rechtsmittelfrist (§ 90 Abs. 2) hat verstreichen lassen.

6. Während nach § 89 Schreib- und Rechenfehler beseitigt werden können, also von der Rechtskraft garnicht gedeckt werden, gestattet § 65 Abs. 2 die sachliche Änderung rechtskräftiger Bescheide, bei denen das Versehen nicht bei der Niederschrift der Entscheidung, sondern bei der Entscheidung selbst unterlaufen ist

(vgl. die Gegenüberstellung in Anm. 1 zu § 89). Die Berichtigung kann nicht mit rückwirkender Kraft ausgesprochen werden (RVBl. 24 Nr. 272). Sie ergeht durch einen Bescheid, gegen den, soweit nicht ein „Kannbezug" in Frage steht (§ 91), die Berufung gegeben ist. Grundsätzliches über Berichtigungen †) s. RVBl. 23 Nr. 908 Abs. 5 und Nr. 926 zu V d. Danach ist § 65 Abs. 2 einschränkend auszulegen und mit Vorsicht anzuwenden. Gedacht ist an Irrtümer nicht nur auf tatsächlichem, sondern vor allem auch auf rechtlichem Gebiete (a. M. Levin a. a. O.), besonders an Fälle, in denen Vorschriften übersehen, unrichtig ausgelegt oder zu Unrecht angewandt sind. — Berichtigung trotz Rechtskraft ist ferner auch beim Wiederfinden verlorener Akten möglich nach § 2 Abs. 3 Satz 3, 4 RVG.

Urteile können nur nach § 66 berichtigt werden. Bescheide sind nicht unrichtig im Sinne des § 65 Abs. 2, wenn unter Zugrundelegung der gleichen Tatsachen nur rückschauend auf Grund fortgeschrittener medizinisch-wissenschaftlicher Erkenntnis sich ergibt, daß das Leiden nicht Folge von DB. ist (E. V, 41), oder wenn der nunmehr sich äußernde ärztliche Sachverständige die für die DB.-Frage maßgebenden inneren, also zweifelhaften Zusammenhänge abweichend beurteilt. In allen Fällen, in denen der springende und jetzt anders beurteilte Punkt s. Zt. wirklich zweifelhaft war, von den ärztlichen Sachverständigen als zweifelshaft erkannt, geprüft und entschieden wurde, kann von einer Unrichtigkeit im Sinne des § 65 Abs. 2 nur dann die Rede sein, wenn nachträgliche Tatsachen oder Beweismittel von wesentlicher Bedeutung aufgetaucht sind. Bedenklich ist E. V, 168, wo die Berichtigung zugelassen ist, weil die Diagnose nach dem damaligen Stande der Wissenschaft von vornherein falsch war.

§ 65 Abs. 2 hat nur Berichtigungen zuungunsten des Vers.-Berechtigten im Auge, für Berichtigungen zugunsten des Berechtigten gilt lediglich § 71 (E. IV, 208). Das RVGer. hat sich mit dem Hinweis auf § 65 Abs. 2 Satz 2 auf den Standpunkt gestellt, daß nur die Verwaltungsbehörde zur Berichtigung befugt ist (E. IV, 208; V, 28). Abs. 2 Satz 2 enthält aber nur eine Sonderbestimmung für den Fall, daß die Berichtigung vom Vers.Amt ausgesprochen wird. Auch die Spruchbehörden müssen aber für befugt erachtet werden, auf Antrag des Hpt.Vers.Amts, in krassen Fällen sogar von Amts wegen, von der Rechtskraft eines Bescheides abzusehen, wenn seine Unrichtigkeit feststeht. Das Verbot der reformatio in peius (Anm. 1 e zu § 125) steht nicht entgegen, weil es auf der Rechtskraft beruht, die durch § 65 Abs. 2 gerade eingeschränkt werden sollte.

---

†) Baumm, Zur Frage der Aufhebung unrichtiger Bescheide bei Geisteskranken, Ärztl. Monatsschrift 25 S. 12—19; ferner Levin in JW. 26 S. 635 ff.; endlich Fuisting, Die Voraussetzungen des Berichtigungsbescheides ..., MfA. 26 Sp. 273—280.

Ein Berichtigungsbescheid nach § 65 Abs. 2 muß als solcher auch äußerlich erkennbar sein (E. V, 218). Auch die ohne besonderen Bescheid erfolgte Erteilung des Zivilversorgungsscheins kann berichtigt werden (RVGer. vom 8. 2. 26 M 4349/25). Ein Bescheid, der Gegenstand der Nachprüfung im Spruchverfahren gewesen ist, kann trotzdem berichtigt werden, wenn die Grundlagen des Anspruchs (DB., MdE.), auf welche die Berichtigung sich bezieht, nicht Gegenstand der spruchgerichtlichen Entscheidung waren (RVGer. vom 1. 2. 26 M 5981/24). Die Unrichtigkeit muß — mit oder ohne neue Beweiserhebung — offenbar sein; sie muß bewiesen werden, da die Vermutung für die Richtigkeit spricht (RVGer. vom 28. 1. und 1. 2. 26 M 10683/25 und 5981/24).

Über die Zuständigkeit zum Erlaß eines Berichtigungsbescheides vgl. den in Anm. 3 zu § 69 abgedruckten Erlaß v. 31. 10. 25.

7. Hat das Vers.Amt einen Berichtigungsbescheid ohne vorherige Genehmigung des Hpt.Vers.Amts erlassen, so liegt ein wesentlicher Verfahrensmangel vor, der nach § 126 das Vers.Ger. zur Aufhebung und Zurückverweisung berechtigt (RVGer. vom 8. 1. 26 M 362/25).

§ 66.

Ein durch eine rechtskräftige Entscheidung abgeschlossenes Verfahren[1] kann auf Antrag oder von Amts wegen[2] wieder aufgenommen †) werden, wenn

1. die Stelle, welche die Entscheidung erlassen hat, nicht vorschriftsmäßig besetzt war,
2. bei der Entscheidung eine Person mitgewirkt hat, die von der Mitwirkung aus einem gesetzlichen Grunde ausgeschlossen[3] war, sofern nicht dieses Hindernis durch Ablehnung oder Rechtsmittel[4] ohne Erfolg geltend gemacht worden ist,
3. bei der Entscheidung einer Spruchbehörde eine Person mitgewirkt hat, obgleich sie als befangen[5] abgelehnt und die Ablehnung für begründet erklärt worden war,
4. eine Partei in dem Verfahren nicht nach Vorschrift der Gesetze vertreten[6] war, sofern sie nicht die Führung des Streites ausdrücklich oder stillschweigend genehmigt hat,
5. Tatsachen, die für die Entscheidung von wesentlicher Bedeutung waren, wissentlich falsch angegeben oder verschwiegen worden sind[7].

---

†) Schrifttum zur Wiederaufnahme s. oben bei der Überschrift vor § 65.

6. eine Urkunde, auf die sich die Entscheidung stützt, fälschlich angefertigt oder verfälscht war[8],
7. durch Beeidigung eines Zeugnisses oder Gutachtens, auf das sich die Entscheidung stützt, der Zeuge oder Sachverständige vorsätzlich oder fahrlässig die Eidespflicht verletzt hat[9],
8. die Entscheidung durch eine mit öffentlicher Strafe bedrohte Handlung erwirkt worden ist[10],
9. bei der Entscheidung eine Person mitgewirkt hat, die bei der Verhandlung ihre Amtspflichten gegen die Partei verletzt hat, sofern diese Verletzung mit öffentlicher Strafe bedroht ist,
10. ein strafgerichtliches Urteil, auf das sich die Entscheidung stützt, durch ein anderes rechtskräftig gewordenes Urteil aufgehoben worden ist[11],
11. eine Partei nachträglich eine zur Zeit der Entscheidung bereits vorhandene Urkunde[12], die eine ihr günstigere Entscheidung herbeigeführt haben würde[13], auffindet[14] oder zu benutzen instand gesetzt wird[15],
12. das Reichsversorgungsgericht[16] in einer veröffentlichten grundsätzlichen Entscheidung (§ 141)[17] nachträglich eine andere Rechtsauffassung[18] ausspricht, als der Entscheidung zugrunde gelegen hat[19].

In den Fällen der Nr. 1, 3, 5 bis 12 ist die Wiederaufnahme nur zulässig, wenn die Partei ohne ihr Verschulden außerstande war, den Anfechtungsgrund in dem früheren Verfahren, insbesondere durch Einlegung eines Rechtsmittels, geltend zu machen. In den Fällen der Nr. 6 bis 9 ist die Zulässigkeit der Wiederaufnahme weiter davon abhängig, daß

a) wegen der strafbaren Handlung eine rechtskräftige strafgerichtliche Verurteilung ergangen ist oder
b) ein gerichtliches Strafverfahren aus anderen Gründen als wegen Mangels an Beweis nicht eingeleitet oder durchgeführt werden konnte.

1. Die Wiederaufnahme bedeutet eine Einschränkung der Rechtskraft. Der Wiederaufnahme sind enge Grenzen gezogen, weil die Wiederaufnahmegründe im § 66 erschöpfend aufgezählt sind. Andere Ausnahmen von der Rechtskraft s. § 65 Abs. 2 und § 71 VerfG., § 57 RVG.

2. a) Die Verwaltungsbehörde hebt einen früheren Bescheid durch einen anderen Bescheid, die Spruchbehörde ihr früheres Urteil durch ein anderes Urteil auf, wogegen die üblichen Anfechtungsmöglichkeiten gegeben sind; vgl. § 69. Liegt in einer Sache ein rechtskräftiges Urteil vor, so kann die Verwaltungsbehörde die Wiederaufnahme nur dadurch herbeiführen, daß sie einen Antrag an die Spruchbehörde richtet, die das Urteil erlassen hatte. Über den Antrag, auch seitens des Berechtigten, vgl. § 68 Abs. 4.

b) Bei der Wiederaufnahme „von Amts wegen" kann es sich nur um eine solche zuungunsten des Vers.Berechtigten handeln, da zugunsten des Vers.Berechtigten stets ein neuer Bescheid seitens der Verwaltungsbehörde erteilt werden kann, ohne daß einer der im § 66 genannten Gründe vorzuliegen braucht (§ 71).

3. Über die Ausschließungsgründe vgl. § 42.

4. Im Verwaltungsverfahren kann ein Ausschließungsgrund, da eine Ablehnung auch wegen Vorliegens eines Ausschließungsgrundes nicht möglich ist (vgl. Anm. 1 zu § 43), nur durch Rechtsmittel geltend gemacht werden.

5. Über Ablehnung wegen Befangenheit vgl. § 43.

6. Nicht nach Vorschrift der Gesetze vertreten ist z. B. der Minderjährige, für den die wiederverheiratete und nicht als Vormünderin bestellte Mutter (vgl. § 1697 BGB.) das Verfahren betreibt, ein Beteiligter, der geisteskrank oder zur mündlichen Verhandlung nicht ordnungsmäßig geladen ist, und der Fiskus, wenn er im Spruchverfahren durch ein Vers.-Amt vertreten wird (vgl. §§ 49 und AB. dazu).

7. Ob die falsche Angabe oder das Verschweigen von der Partei selbst oder von ihrem Vertreter erfolgt ist, macht keinen Unterschied.

8. Verfälscht — im Gegensatz zu fälschlich angefertigt — ist eine echte Urkunde, die unbefugt abgeändert worden ist. Unzutreffende Angaben in einer echten Urkunde genügen nicht, wohl aber rechnet hierher das vorsätzlich unrichtige Anfertigenlassen einer Urkunde, z. B. die standesamtliche Anmeldung eines unehelichen Kindes als eheliches (vgl. § 271 des Strafgesetzbuchs).

9. Die Eidespflicht wird insbesondere verletzt durch einen Meineid (vgl. §§ 153, 154 StGB.) und durch einen fahrlässig falschen Eid (§ 158 StGB.). Die wissentlich falsche Abgabe einer Versicherung an Eidesstatt genügt hingegen nicht.

10. Hier kommt vor allem Betrug (vgl. § 263 StGB.) in Frage. Die Aufstellung falscher Parteibehauptungen, die dem Urteil des VGer. zugrunde gelegt worden sind, kann hierunter fallen (vgl. RVA. 23. 11. 09, AN. des RVA. 1910 S. 441).

11. Die Aufhebung kann durch die höhere Instanz oder im Wiederaufnahmeverfahren erfolgt sein; Erlaß der Strafe durch Begnadigung oder Amnestie genügt nicht.

12. Es muß eine schriftliche Urkunde im Sinne der §§ 415 bis 418 ZPO. sein, die zur Zeit des Erlasses der angefochtenen Entscheidung bereits vorhanden war. Ist daher die Leichenöffnung vor Erlaß der Entscheidung vorgenommen, der ärztliche Bericht darüber aber erst später angefertigt werden, so kann die Wiederaufnahme darauf nicht gestützt werden.

Wissenschaftliche Abhandlungen sowie veröffentlichte Entscheidungen sind keine Urkunden in diesem Sinne. Insbesondere gehören Urteile des RVGer. und anderer höchster Gerichtshöfe, die zum Beweise einer für die Partei günstigeren Rechtsauffassung dienen können, nicht hierher; sie können die Wiederaufnahme nur nach Maßgabe der Ziffer 12 rechtfertigen.

13. Das Erfordernis, daß die Urkunde eine günstigere Entscheidung herbeigeführt haben würde, setzt voraus, daß der Inhalt der neu aufgefundenen Urkunde für sich allein schon die Annahme rechtfertigt, daß die Urkunde die günstigere Beurteilung des erhobenen Anspruchs herbeigeführt hätte, wenn sie zur Zeit der früheren Entscheidung bekannt gewesen wäre. Es genügt nicht, daß dieser Erfolg erst in Verbindung mit anderen neuen Beweismitteln erreicht wird (vgl. RVA. 16. 1. 09, AN. des RVA. S. 599, jetzt auch E. V, 147 = RVBl. 25 Nr. 186 Ziff. B 7).

14. Der Begriff „Auffinden" setzt voraus, daß das Vorhandensein der Urkunde bisher nicht bekannt war; es wird z. B. ein Krankenblatt, von dem in den Vorgängen bisher nicht die Rede war, nachträglich in einer anderen Versorgungssache gleichen Namens aufgefunden.

15. a) „Zu benutzen in den Stand gesetzt wird" setzt voraus, daß der Benutzung einer Urkunde, die weder unbekannt noch verloren gegangen war, irgendwelche Hindernisse entgegenstanden, weil z. B. ein Krankenhaus die Herausgabe eines Krankenblattes verweigerte. Diese Voraussetzung ist auch dann gegeben, wenn eine Urkunde z. B. einer anderen Behörde des Reichs oder einer anderen Abteilung dieser Behörde zur Hand war, aber erst nachträglich an die am Verfahren beteiligte Stelle gelangt ist.

b) Die Urkunde muß wirklich herangeschafft werden; es genügt nicht, daß z. B. Existenz und Inhalt der Urkunde durch Zeugen nachgewiesen werden kann (RG. in Zivilsachen Bd. 68 S. 339 ff.; RVA. 19. 5. 1920, Amtl. Nachr. des RVA. 1921 S. 327).

c) Die Beibringung eines nachträglich erstatteten Gutachtens wie auch die nachträgliche Auffindung von Zeugen, die vorher nicht bekannt waren, reicht nicht aus.

16. Soweit eine Sache zur Zuständigkeit des bayerischen LVGer. gehörte oder gehört haben würde, genügt eine veröffentlichte grundsätzliche Entscheidung des bayer. LVGer. nicht.

17. Durch den Hinweis auf § 141 ist klargestellt, daß das Urteil ausdrücklich als „grundsätzliche Entscheidung" bezeichnet und in der amtlichen Sammlung veröffentlicht sein muß. Voraussetzung ist ferner, daß die abweichende Rechtsauffassung in einer grundsätzlichen Entscheidung nicht nebenher ausgesprochen wird, sondern daß gerade diese Rechtsauffassung grundsätzlich festgelegt werden sollte. Es wird genügen, wenn die grundsätzliche Entscheidung nachträglich veröffentlicht ist, mag sie auch schon vor der aufzuhebenden Entscheidung erlassen sein.

18. Es genügt nicht, daß das RVGer. sich in einer „grundsätzlichen Entscheidung" einer anderen ärztlichen Auffassung, z. B. über die Entstehungsgründe eines bestimmten Leidens, angeschlossen hat.

19. Ob gegen den Bescheid Berufung eingelegt worden war oder nicht, ist ohne Bedeutung.

§ 67.

Mit dem Antrag auf Wiederaufnahme können Anfechtungsgründe, durch die eine ältere Entscheidung derselben oder einer unteren Stelle betroffen wird, geltend gemacht werden, wenn die angefochtene Entscheidung auf der älteren beruht[1].

1. Zur Erläuterung diene folgender Fall: Es ist z. B. auf Grund eines Meineids Dienstbeschädigung angenommen und eine Rente zugesprochen worden; diese ist dann wegen angeblicher Besserung des Leidens durch Bescheid entzogen (§ 57 RVG.), aber vom VGer. mit der Begründung wieder bewilligt worden, daß eine Besserung nicht eingetreten sei. In diesem Falle führt der Anfechtungsgrund (Meineid; § 66 Nr. 7) zur Aufhebung der letzten Entscheidung, obschon von ihm nur der erste Bescheid betroffen wurde.

§ 68.

Der Antrag ist innerhalb eines Monats[1], bei Aufenthalt außerhalb Europas innerhalb sechs Monate[2] zu stellen. Wird das Verfahren von Amts wegen wieder aufgenommen, so hat die Versorgungsbehörde innerhalb eines Monats die neue Prüfung einzuleiten[3].

Die Frist beginnt mit der Kenntnis[4] des Anfechtungsgrundes, jedoch nicht vor Eintritt der Rechtskraft[5] der Entscheidung. Der Antrag und die Einleitung der neuen Prüfung von Amts wegen sind nach Ablauf von fünf Jahren vom Tage der Rechtskraft an[6] unzulässig.

Die Vorschriften des Abs. 2 gelten nicht, wenn die Wiederaufnahme wegen mangelnder Vertretung[7] beantragt wird. Die Frist läuft dann von dem Tage, an dem die Entscheidung der Partei oder, wenn sie nicht fähig war, den Streit selbst zu betreiben, ihrem gesetzlichen Vertreter zugestellt worden ist.

Für den Antrag auf Wiederaufnahme finden die für Rechtsmittel geltenden Vorschriften[8] entsprechende Anwendung.

1. Diese Frist gilt auch, wenn die Verwaltungsbehörde die Wiederaufnahme gegen ein Urteil betreiben will; vgl. Anm. 2a zu § 66.

2. Die sechsmonatige Frist gilt nur, wenn die Partei, die den Antrag stellt, sich außerhalb Europas aufhält, sie kommt also für den Fiskus nicht in Frage.

3. Es genügt z. B. die Zuleitung der Akten an die ärztliche Abteilung zur erneuten Stellungnahme, das Ersuchen an andere Behörden um Vornahme von Ermittelungen usw., jedoch nicht die Zuleitung der Akten an eine andere Stelle (Abteilung, Behörde, Privatpersonen) zur Äußerung, ob die Voraussetzungen der Wiederaufnahme vorliegen.

4. Kenntnis erlangt ein Berechtigter z. B. schon dann, wenn er die neue Urkunde auffindet, mag ihm auch die Bedeutung für den Versorgungsanspruch erst später klar geworden sein. Soweit die Durchführung eines Strafverfahrens eine Voraussetzung für die Wiederaufnahme bildet (vgl. § 66 Abs. 2 zu b), ist erforderlich, daß dem Anfechtungsberechtigten der Abschluß des Strafverfahrens bekannt geworden ist. Werden wegen Zweifelhaftigkeit des Anfechtungsgrundes vom Fiskus Ermittelungen angestellt, so beginnt die Frist erst mit dem Eingang der die Aufklärung bringenden Feststellungen.

5. Vgl. § 65.

6. Die fünfjährige Frist beginnt für jede Partei mit Ablauf des Tages, an dem gegen sie Rechtskraft eintritt (vgl. Anm. 4, 5 zu § 65).

Vor dem 1. 3. 19, dem Inkrafttreten der VO. vom 1. 2. 19 (RGBl. S. 149), zugestellte Bescheide haben frühestens mit dem 1. 3. 19 Rechtskraft erlangt. Bei diesen beginnt der Lauf der Frist daher nicht vor diesem Tage.

7. Vgl. § 66 Nr. 4.

8. Vgl. insbesondere §§ 93—95.

§ 69.

Über die Wiederaufnahme entscheidet[1] die Stelle[2], welche die aufzuhebende Entscheidung erlassen hat[3].

Handelt es sich um mehrere Entscheidungen, die von Stellen verschiedener Ordnung erlassen sind, so entscheidet die Stelle höherer Ordnung[4].

Für das neue Verfahren gelten die Vorschriften, die für diejenige Stelle maßgebend sind, bei welcher das neue Verfahren anhängig geworden ist[5].

Rechtsbehelfe[5] sind zulässig, soweit solche gegen die Entscheidungen der mit der Wiederaufnahme befaßten Stelle gegeben sind[7].

1. Die Entscheidung kann auf Antrag oder von Amts wegen ergehen (vgl. § 66). Die Bewilligung des Antrags wird zusammen mit der Entscheidung zur Hauptsache ausgesprochen (vgl. § 70 Abs. 3).

2. Hat die letzte Instanz lediglich ein Rechtsmittel als unzulässig oder verspätet verworfen, so wird die Wiederaufnahme vor dem unteren Gericht zu beantragen sein, das aus sachlichen Gründen entschieden hat.

3. Durch folgenden Erlaß vom 31. 10. 25, der nur in den „Runderlassen" abgedruckt wurde, hat der RAM. Abweichendes bestimmt:

„Gemäß § 41 Abs. 1 und § 77 des VerfG. bestimme ich unter Aufhebung entgegenstehender Anordnungen:

Zur Erteilung eines Berichtigungsbescheides nach § 65 Abs. II, eines Bescheides über die Wiederaufnahme des Verfahrens nach § 69 Abs. I und eines Bescheides zugunsten des Berechtigten nach § 71 des VerfG. ist das Versorgungsamt zuständig, das gem. §§ 38, 39 des VerfG. allgemein örtlich zuständig ist.

Das gilt auch dann, wenn der aufzuhebende oder zu berichtigende Bescheid von einem anderen VersAmt oder vom RAM. oder einem HptVersAmt in einer Angelegenheit, in der nach den jetzt geltenden Bestimmungen die Versorgungsämter sachlich zuständig sind, erlassen ist.

Zur Erteilung der Genehmigung (§ 65 Abs. II, § 71 VerfG.) sowie zur Anweisung, daß ein Bescheid nach § 65 Abs. II, § 71 VerfG. vom VersAmt zu erlassen ist, ist das dem hiernach zuständigen VersAmt vorgesetzte HptVersAmt zuständig."

4. Abs. 2 bezieht sich auf solche Fälle, in denen über zusammengehörige Ansprüche in mehreren nebeneinander anhängigen Verfahren entschieden ist; wenn z. B. nach Bewilligung einer Rente die Ausgleichszulage durch einen weiteren Bescheid abgelehnt, im Berufungsverfahren aber bewilligt worden ist, so entscheidet über die Wiederaufnahme, auch soweit sie den ersten Bescheid betrifft, das VGer.

5. Es ergeht mithin die Entscheidung über die Wiederaufnahme im Verwaltungsverfahren durch Bescheid, im Spruchverfahren durch Urteil. — Wegen unzulässiger oder verspäteter Anträge vgl. § 70.

6. Es kommen nicht nur die Rechtsmittel der Berufung und des Rekurses, sondern auch Beschwerde und Wiedereinsetzung in den vorigen Stand in Frage.

7. Ob und welche Rechtsbehelfe zulässig sind, richtet sich danach, ob und wie die Entscheidung zur Hauptsache in der betreffenden Instanz anfechtbar sein würde. Es können daher gegen ein Urteil des VGer., das den Wiederaufnahmeantrag ablehnt, — soweit der Rekurs nicht etwa nach § 92 ausgeschlossen ist — der Antragsteller und, wenn das Urteil dem Antrage stattgibt, beide Parteien Rekurs einlegen.

§ 70.

Im Spruchverfahren kann ein unzulässiger oder verspäteter Antrag[1] vom Vorsitzenden ohne mündliche Verhandlung durch eine mit Gründen versehene Verfügung verworfen werden. Ist ein Beisitzer zum Berichterstatter[2] bestellt, so ist sein Einverständnis erforderlich.

Der Antragsteller kann innerhalb einer Woche nach der Zustellung[3], bei Zustellung außerhalb Europas innerhalb sechs Monate, die Entscheidung der Kammer oder des Senats anrufen. Die Verfügung muß darauf hinweisen. Für den Antrag gelten die Vorschriften des § 93[4] entsprechend.

Ist der Antrag rechtzeitig gestellt worden und zulässig, so wird die Hauptsache, soweit der Anfechtungsgrund sie betrifft[5], verhandelt[6].

1. Ein Antrag auf Wiederaufnahme des Verfahrens ist „unzulässig", wenn die Voraussetzungen des § 66 Abs. 1 und 2 nicht gegeben sind; er ist „verspätet", wenn er erst nach Ablauf der im § 68 vorgeschriebenen Fristen eingegangen ist. In diesen beiden Fällen kann der Vorsitzende den Antrag ohne mündliche Verhandlung verwerfen, während sonst (vgl. § 69) Entscheidungen über Wiederaufnahmeanträge im Spruchverfahren nur nach mündlicher Verhandlung ergehen.

Im Falle eines verspäteten Wiederaufnahmeantrages wird gegebenenfalls Wiedereinsetzung in den vorigen Stand gemäß § 54 möglich sein.

2. Vgl. § 100.

3. Vgl. §§ 56—58.

4. Die entsprechende Anwendung des § 93 hat vor allem zur Folge, daß es auch genügt, wenn der Antrag innerhalb der Frist bei einer anderen deutschen amtlichen Stelle oder bei einem Träger der Reichsversicherung eingeht.

5. Beruhte z. B. nur die Bewilligung der Ausgleichszulage auf wissentlich falschen Angaben (§ 66 Nr. 5), so kann nicht etwa auch die Grundrente mit der Behauptung, daß DB. nicht vorliege, in Frage gestellt werden.

6. Die Entscheidung muß stets nach mündlicher Verhandlung ergehen, auch wenn etwa der Vorsitzende und der Berichterstatter übereinstimmend der Ansicht sind, daß die frühere Entscheidung trotz des Verfahrensmangels aus sachlichen Gründen aufrechterhalten werden muß (Abweichung von § 101 Abs. 1 Satz 3 und 4). Die Anberaumung der mündlichen Verhandlung kann nicht von einer Vorschußzahlung abhängig gemacht werden (Abweichung von § 101 Abs. 3 Satz 2 und 3).

§ 71[1].

Zugunsten des Berechtigten[2] kann die zuständige Verwaltungsbehörde[3] jederzeit[4] einen neuen Bescheid erteilen[5]. Das Versorgungsamt bedarf hierzu der vorherigen Genehmigung[6] des Hauptversorgungsamts.

1. a) Die Befugnis zur Erteilung eines neuen Bescheides zugunsten des Berechtigten gestattet der Verwaltungsbehörde nicht, etwas zuzubilligen, dessen Bewilligung nicht im Gesetz als Pflichtleistung oder Kannbezug vorgesehen ist. Es kann daher auf Grund des § 71 nicht eine Versorgung gewährt werden, wenn DB. nicht vorliegt oder sonstige Voraussetzungen fehlen. Die Bedeutung des § 71 besteht vielmehr darin, daß er der Verwaltungsbehörde die Möglichkeit gibt, auf Grund erneuter Prüfung zugunsten des Berechtigten auf die Rechtskraft des Bescheides und damit zugunsten der sachlichen Richtigkeit auf das durch die Rechtskraft erworbene formelle Recht zu verzichten. Trotz der Rechtskraft des Bescheides soll das Verfahren, auch wenn die Voraussetzungen des § 66 nicht vorliegen, von neuem eröffnet werden, wenn die getroffene Entscheidung sich nachträglich als materiell unrichtig herausstellt oder auch nur so erhebliche Zweifel an ihrer Richtigkeit auftauchen, daß es angezeigt erscheint, dem Antragsteller die Erwirkung einer gerichtlichen Entscheidung zu ermöglichen. Bisweilen wird es dem Berechtigten möglich sein, nachträglich die nötige Aufklärung zu beschaffen, er ist aber, weil ein Grund für die Wiederaufnahme des Verfahrens nach § 66 nicht vorliegt, nicht in der Lage, die Aufhebung des rechtskräftig gewordenen Bescheides zu erzwingen.

In solchen und ähnlichen Fällen kann er auf Grund des § 71 die Erteilung eines neuen Bescheids anregen.

b) Die Erteilung eines neuen Bescheids auf Grund des § 71 †) ist rechtlich wesentlich verschieden von der Neufeststellung der Rente wegen wesentlicher Veränderung der Verhältnisse (vgl. § 57 RVG.), die gleichfalls von Amts wegen erfolgen kann (vgl. Anm. 3 b zu § 65). Grundsätzliche Ausführungen s. RVBl. 22 Nr. 663 Ziff. IV. Wenn die vom Vers.Amt verneinte DB.-Frage vom Vers.Ger. — infolge Ablehnung aus anderen Gründen — offengelassen wurde und das Leiden sich verschlimmert, so trifft entgegen RVBl. 24 Nr. 375 nicht § 71 des Verf.Ges. zu, sondern § 57 RVG., d. h. das Vers.Amt muß einen neuen Bescheid erteilen.

2. „Zugunsten des Berechtigten" ist ein Bescheid nicht nur dann erteilt, wenn ihm dadurch weitergehende sachliche Ansprüche eingeräumt werden, sondern auch dann, wenn der Bescheid in seinem sachlichen Inhalt von der früheren unanfechtbar gewordenen Entscheidung nicht abweicht, dem Berechtigten aber den Rechtszug vor den Spruchbehörden der Reichsversorgung wieder eröffnet (E. I, 251).

Hat das Vers.Amt in Unkenntnis der bereits erfolgten rechtskräftigen Ablehnung einen neuen Bescheid erteilt, so ist zu unterscheiden: ein sachlich günstigerer Bescheid, der also eine Bewilligung oder höhere Bewilligung ausspricht, beseitigt die Rechtskraft des alten Bescheides unter allen Umständen; ein nur formell günstigerer Bescheid, der also erneut ablehnt, ist nichts als ein bloßer Verzicht auf die Rechtskraft und kann nur aus diesem Grunde als Bescheid „zugunsten" des Empfängers angesehen werden. Verzicht setzt aber Verzichtwillen, also Kenntnis der rechtskräftigen Ablehnung voraus. Letztere kann also im Spruchverfahren noch geltend gemacht werden.

3. Das ist im Falle eines Wohnortswechsels die jetzt zuständige Behörde (vgl. den bei Anm. 3 zu § 69 abgedruckten Erlaß vom 31. 10. 25). Soweit das RAM. oder ein Hpt.Vers.Amt den Bescheid erteilt hatte und die sachliche Zuständigkeit inzwischen auf die Vers.Ämter übergegangen ist, ist das Vers.Amt zuständig (a. a. O.).

4. Die Erteilung eines neuen Bescheides kann jederzeit — auch wenn die frühere Entscheidung im Spruchverfahren ergangen ist — erfolgen und bedarf keiner besonderen Rechtfertigung. Andererseits ist sie in das freie Ermessen der Vers.Behörde gestellt und kann weder im Rechtsmittelverfahren noch im Aufsichtswege erzwungen werden. Die Vers.Behörde wird von der ihr zustehenden Befugnis der Erteilung eines neuen Bescheides stets dann Gebrauch machen, wenn sie den Anspruch nach wiederholter

†) Schrifttum s. oben bei der Überschrift vor § 65.

Prüfung für begründet erachtet. Ob diese günstige Beurteilung auf nachträglich beigebrachten Unterlagen oder auf einer abweichenden Würdigung des früheren Vorbringens oder schließlich auf einer abweichenden Auslegung gesetzlicher oder sonstiger Vorschriften beruht, ist ohne Bedeutung. Die Erteilung eines neuen Bescheides kommt in Frage sowohl, wenn die Rente zu Unrecht ganz oder teilweise abgelehnt worden ist, wie auch, wenn sie unrichtigerweise entzogen oder gekürzt worden ist. Auch wird, wie von der Regierung bei der Beratung des Gesetzes im Reichstagsausschusse erklärt worden ist, in Fällen, in denen wegen Versäumnis der Frist ein Rechtsmittel verworfen worden ist, ein neuer Bescheid erteilt, wenn es zweifelhaft erscheint, ob die Versäumung der Frist auf einen unabwendbaren Zufall zurückzuführen ist.

5. Der in der Erteilung eines neuen Bescheides zugunsten des Berechtigten liegende Verzicht hat nur insoweit rückwirkende Kraft, als die Verwaltungsbehörde sie ihm beilegt (E. II, 39). Die nachträgliche Bewilligung einer früher zu Unrecht abgelehnten Versorgung wird billigerweise von der Zeit der früheren Antragstellung ab erfolgen müssen, falls nicht die frühere Ablehnung mit auf dem Verhalten des Berechtigten (z. B. mangelhafte Mitwirkung, vgl. § 80 Satz 2) beruhte. Hat die Verwaltungsbehörde dem neuen Bescheid keine oder nur in beschränktem Umfange rückwirkende Kraft beigelegt, so sind die Spruchbehörden hieran gebunden. Das RVG. steht auf dem Standpunkt, daß der Verzicht wohl zeitlich, aber nicht in bezug auf bestimmte Leiden beschränkt werden kann (E. III, 171).

6. a) Diese Genehmigung ist zu unterscheiden von der „Zustimmung" des Hpt.Vers.Amts, die der RAM. nach § 88 für alle Bescheide der Vers.Ämter vorschreiben kann.

b) Auch wenn die Genehmigung nicht eingeholt worden ist, erlangt der Bescheid Rechtskraft.

X. Sonstige Vorschriften.

§ 72.

Die Geschäftssprache ist die deutsche[1]. Für die mündliche Verhandlung[2] vor den Spruchbehörden gelten die §§ 187 bis 193 des Gerichtsverfassungsgesetzes[3] entsprechend.

1. Nach § 66 DienstAnw. sind Fremdwörter zu vermeiden und ist auf einfache, natürliche und leichtverständliche Sprache besonderes Gewicht zu legen. Im übrigen sei wegen der Amtssprache auf RVBl. 21 Nr. 273 verwiesen, wo auch ein Verzeichnis der wichtigsten im Reichshaushalt vorgenommenen Verdeutschungen abgedruckt ist.

2. Vgl. §§ 117 ff.

3. § 187. Wird unter Beteiligung von Personen verhandelt, welche der deutschen Sprache nicht mächtig sind, so ist ein Dolmetscher zuzuziehen. Die Führung eines Nebenprotokolls in der fremden Sprache findet nicht statt; jedoch sollen Aussagen und Erklärungen in fremder Sprache, wenn und soweit der Richter dies mit Rücksicht auf die Wichtigkeit der Sache für erforderlich erachtet, auch in der fremden Sprache in das Protokoll oder in eine Anlage niedergeschrieben werden. In den dazu geeigneten Fällen soll dem Protokolle eine durch den Dolmetscher zu beglaubigende Übersetzung beigefügt werden.

Die Zuziehung eines Dolmetschers kann unterbleiben, wenn die beteiligten Personen sämtlich der fremden Sprache mächtig sind.

§ 188. Zur Verhandlung mit tauben oder stummen Personen ist, sofern nicht eine schriftliche Verständigung erfolgt, eine Person als Dolmetscher zuzuziehen, mit deren Hilfe die Verständigung in anderer Weise erfolgen kann.

§ 189. Ob einer Partei, welche taub ist, bei der mündlichen Verhandlung der Vortrag zu gestatten sei, bleibt dem Ermessen des Gerichts überlassen.

Dasselbe gilt in Anwaltsprozessen von einer Partei, die der deutschen Sprache nicht mächtig ist.

§ 190. Personen, welche der deutschen Sprache nicht mächtig sind, leisten Eide in der ihnen geläufigen Sprache.

§ 191. Der Dolmetscher hat einen Eid dahin zu leisten, daß er treu und gewissenhaft übertragen werde. Ist der Dolmetscher für Übertragungen der betreffenden Art im allgemeinen beeidigt, so genügt die Berufung auf den geleisteten Eid.

§ 192. Der Dienst des Dolmetschers kann von dem Gerichtsschreiber wahrgenommen werden. Einer besonderen Beeidigung bedarf es nicht.

§ 193. Auf den Dolmetscher finden die Bestimmungen über Ausschließung und Ablehnung der Sachverständigen entsprechende Anwendung. Die Entscheidung erfolgt durch das Gericht oder den Richter, von welchem der Dolmetscher zugezogen ist.

§ 73.

In Versorgungssachen[1] ist der Rechtsweg vor den ordentlichen Gerichten ausgeschlossen[2]. Die Versorgungsbehörden entscheiden[3] auch über die Rückforderung zu Unrecht erhobener Versorgungsgebührnisse[4].

1. Nicht zu den Vers.Sachen gehört insbesondere die Geltendmachung von Schadensersatzansprüchen auf Grund einer DB. gegen Dritte, die in Höhe der vom Fiskus zu zahlenden Vers.-

Gebührnisse auf diesen übergegangen sind (vgl. § 41 Abs. 2 RGV., § 38 Abs. 2 OPG., § 86 Abs. 2 RVG.). — Streitigkeiten über den Steuerabzug s. Anm. 6 zu § 86.

Zu den Vers.Sachen gehört aber die Geltendmachung von Nebenansprüchen, die zu den Vers.Gebührnissen als Verzugszinsen †) usw. (E. III, 82 mit Schrifttum und Rechtsprechung) hinzugetreten sind. Soweit jedoch Schadensersatzansprüche auf Verschulden von Beamten (Reichshaftpflichtgesetz) gestützt werden, sind die ordentlichen Gerichte zuständig. Über das Verbot der Aufwertung von Vers.Gebührnissen durch Art. VII der 12. Ergänzung des Besoldungsges. vom 12. 12. 23 (RGBl. I S. 1181) vgl. RVGer. vom 5. 6. und 17. 10. 25 (E. V, 51 und 152), ferner vom 12. 12. 25 (E. V, 233) und im Gegensatz dazu RG. vom 18. 10. 24 (Bd. 109 S. 122) und vom 17. 11. 25 — III 198/25.

2. Dies bedeutet, daß Klagen auf Vers.Gebührnisse aus den Versorgungsgesetzen vor den ordentlichen Gerichten ††), dem Amtsgericht oder Landgericht nicht anhängig gemacht werden können. Klagen, die trotzdem erhoben werden, unterliegen der Abweisung. Für die Vertretung des Fiskus hierbei sei auf Anm. 4 zu § 5 verwiesen.

Art. 129 der Reichsverfassung gewährleistet den Beamten und Berufssoldaten den „Rechtsweg", während an anderen Stellen der Reichsverfassung der „ordentliche Rechtsweg" genannt ist. Dadurch wird für Schutzpolizei-Beamte, Offiziere des Friedensstandes und Reichswehrangehörige die Anwendung des § 73 nicht ausgeschlossen; denn auch das Spruchverfahren vor den Vers.-Gerichten und dem RVGer. ist ein Rechtsweg im Sinne des Art. 129 der Reichsverfassung (E. V, 253).

3. Die für das bisherige Recht wichtige Unterscheidung zwischen Ansprüchen auf Feststellung von Vers.Gebührnissen und solchen auf Zahlung oder Regelung hat für das Spruchverfahren jede Bedeutung verloren, wie auch im Verwaltungsverfahren in der Regel nur ein einheitlicher Bescheid zu erteilen ist (vgl. Anm. 6 zu § 86). Während die Spruchbehörden bisher nur zur Entscheidung über Ansprüche auf Feststellung von Vers.Gebührnissen

---

†) Über Verzugs- und Prozeßzinsen vgl. v. Olshausen, Handbuch, 2. Aufl. Anm. 4b zu § 35 S. 251, teilweise a. M. Dorn bei Gruchot Bd. 62 S. 677/78, ferner Langer in MfA. 22 Sp. 538—46 und Piske daselbst Sp. 596—99. Diese Aufsätze sind durch Art. VII der 12. Ergänzung des Besoldungsges. überholt. Über die Rechtswirksamkeit des Art. VII usw. vgl. Weinhold in MfA. 25 Sp. 101—106. Über die Geldentwertung in der Krankenversicherung vgl. Hahn in Betriebskrankenkasse 23 S. 133 ff.

††) Die frühere Rechtsprechung des Reichsgerichts zu den Militär-Versorgungs-Gesetzen ist zusammengestellt bei v. Olshausen in MfA. 20 Sp. 252—67.

zuständig waren, unterliegen ihrer Nachprüfung jetzt auch die Fragen des Erlöschens und Ruhens des Rechts auf Versorgung (vgl. §§ 59—66 RVG.), über die früher im ordentlichen Rechtsweg entschieden wurde. Auch auf Zahlung von nach Grund und Höhe unbestrittenen Gebührnissen (vgl. § 67 RVG.) kann nicht mehr vor den ordentlichen Gerichten geklagt werden.

4. a) Über die Rückforderung zu Unrecht erhobener Vers.-Gebührnisse entscheiden die Verwaltungsbehörden in gleicher Weise wie über die Feststellung von Gebührnissen durch einen Bescheid, den der Empfänger mit der Berufung anfechten kann. Letzteres gilt auch bei der Rückforderung von „Kannbezügen", weil deren Rückzahlung Rechtspflicht ist, § 91 also nicht zutrifft.

b) Ob der Reichsfiskus die Rückzahlung von Gebührnissen beanspruchen kann, bestimmt sich nach den Vorschriften des RVG. in Verbindung mit denen des bürgerlichen Rechts. Rechtskräftig bewilligte Gebührnisse sind niemals zu Unrecht erhoben, es sei denn, daß nachträglich ein Grund für den Fortfall der Zahlungsverpflichtung eingetreten ist. Nach § 68 Abs. 1 Nr. 3 RVG. kann der Anspruch auf Vers.Gebührnisse unbeschränkt gepfändet werden, weshalb — wie auch die AB. zu § 74 hervorheben — zu Unrecht erhobene Gebührnisse auch durch Aufrechnung gegen fällige Vers.-Gebührnisse eingezogen werden können (näheres vgl. AB. zu §§ 68—71 RVG.). Die durch Bescheid auszusprechende Aufrechnung gegen die zu Unrecht bezogenen Gebührnisse ist mit Rücksicht auf die vom RG. in der Entscheidung vom 14. 2. 13, Bd. 81 S. 340 und Bd. 83 S. 161, aufgestellten Grundsätze auch dann zulässig, wenn der Überheber nicht mehr bereichert ist. Bezieht ein Überheber von Gebührnissen keine Versorgung mehr, so ist durch Bescheid die Verpflichtung zur Zurückzahlung auszusprechen und zwar gleichfalls ohne Rücksicht darauf, ob eine Bereicherung noch vorliegt; so jetzt auch E. V, 120 unter Preisgabe von E. III, 221 †). Vgl. auch Anm. 1c zu § 96.

c) Über die Niederschlagung überhobener Vers.-Gebührnisse vgl. Anm. 9 zu § 74.

§ 74*).

Gebühren [1], außergerichtliche Kosten [2] und Geldstrafen [3] werden, wenn die Entscheidung [4] hierüber unanfechtbar [5] geworden ist, wie Gemeindeabgaben beigetrieben [6]. Sie können auch von den Versorgungsgebührnissen einbehalten werden. Das gleiche gilt für zu Unrecht erhobene Versorgungsgebührnisse [7]).

Die zuständige Versorgungsbehörde [8] kann von der Einziehung absehen [9], wenn sie mit Kosten oder Weite-

†) Hierzu Behrend, MfA. 26 Sp. 331—35 (Ziff. III).

rungen, die in keinem Verhältnis zu der Einnahme stehen, verknüpft ist, oder die Beitreibung eine besondere Härte bedeutet.

*) Fassung: Abs. 1 Satz 2 ist durch Art. 21 Ziff. V 6 der PAV. zum 31. 10. 23 eingefügt.

Zu § 74.

Die Einziehung zu Unrecht erhobener Versorgungsgebührnisse kann auch durch Aufrechnung gegen fällige Versorgungsgebührnisse gemäß Nr. 8 der Ausführungsbestimmungen zu §§ 68 bis 71 des Reichsversorgungsgesetzes erfolgen[10].

1. Gebühren s. § 142.

2. Außergerichtliche Kosten sind die Kosten der Rechtsverfolgung im Spruchverfahren, welche die unterliegende Partei dem Gegner nach § 143 zu erstatten hat.

3. Hierher gehören die Strafen der § 107 Abs. 2, § 109 Abs. 3, § 121 Abs. 2 und § 148 Abs. 1. Hingegen fallen die Geldstrafen nach § 149 Abs. 2 und § 150 nicht hierunter; sie sind keine Ordnungsstrafen, sondern Strafen im Sinne des Strafgesetzbuchs, werden von den ordentlichen Strafgerichten verhängt und nach den Vorschriften der Strafprozeßordnung vollstreckt.

4. Die Entscheidung ist bei außergerichtlichen Kosten ein Urteil (vgl. § 143) — ausnahmsweise ein Beschluß (§ 138 Abs. 1 Satz 2) —, bei Geldstrafen eine Verfügung des Vorsitzenden des Gerichts (§ 148 Abs. 2), des Vorsitzenden der Kammer oder des Senats (§ 121 Abs. 2 in Verbindung mit § 109 Abs. 3), des Leiters der Beweisverhandlung (§ 107 Abs. 3, § 109 Abs. 3) oder ein Beschluß der Kammer oder des Senats (§ 121 Abs. 3 in Verbindung mit § 107 Abs. 3).

5. Unanfechtbar ist die Entscheidung über die außergerichtlichen Kosten und Geldstrafen, wenn im Falle des § 143 ein Rechtsmittel gegen die Entscheidung in der Hauptsache nicht oder nicht mehr gegeben (vgl. § 92 Abs. 4) oder sonst die Beschwerde unzulässig oder die vorgeschriebene Frist verstrichen ist.

6. Wie Gemeindeabgaben beigetrieben †) werden, bestimmt sich nach den Landesgesetzen. In Preußen gilt zurzeit die VO. vom 15. 11. 1899, betr. das Verwaltungszwangsverfahren wegen Beitreibung von Geldbeträgen (GesS. S. 545), die mehrfach, zuletzt durch GesS. 25 S. 153 und 26 S. 103, geändert ist. — Die Beitreibungsordnung vom 23. 6. 23 mit EinführungsVO.

†) Kautz, Verwaltungszwangsverfahren wegen Beitreibung von Geldbeträgen (Karl Heymanns Verlag, 6. Aufl. 1922 mit Nachträgen nach dem Stande vom 1. 7. 23) enthält die Vorschriften für Preußen (VO. vom 15. 11. 99) und für das Reich (5. Abschnitt des 2. Teils der Abgabenordnung vom 13. 12. 19).

vom 5. 7. 23 (RMBl. S. 595 und 645) gilt nur für die Steuergesetze, im übrigen soweit besonders bestimmt. Auch der 5. Abschnitt des 2. Teils der Reichsabgabenordnung vom 13. 12. 19 (RGBl. S. 1993) kommt nicht zur Anwendung (vgl. § 1 Abs. 2 RAO.).

7. Zu Unrecht erhobene Vers.Gebührnisse (Pflichtleistungen sowohl wie Kannbezüge) können erst beigetrieben werden, wenn die Entscheidung über die Wiedereinziehung rechtskräftig geworden ist, da ein vom Kläger eingelegtes Rechtsmittel nach § 96 Abs. 1 insoweit aufschiebende Wirkung hat, als es sich um die Rückzahlung zu Unrecht erhobener Gebührnisse handelt (vgl. auch Anm. 1 zu § 96).

Zur Deckung vom Beschädigten überhobener Vers.Gebührnisse können Sterbegeld, Sterbevierteljahr und Hinterbliebenengebührnisse nicht herangezogen werden, wohl aber rückständige Vers.-Gebührnisse des Verstorbenen (vgl. § 71 RVG.).

8. Außergerichtliche Kosten (§ 143) und zu Unrecht erhobene Versorgungsgebührnisse werden stets, auch wenn darüber ein Urteil einer Spruchbehörde ergangen ist, von der Verwaltungsbehörde eingezogen und beigetrieben, Gebühren und Geldstrafen (soweit sie Ordnungsstrafen sind; vgl. Anm. 3) von der Spruchbehörde, die sie auferlegt hat.

9. Bei Gebühren, außergerichtlichen Kosten, Geldstrafen und Zahlungen nach § 96 Abs. 2 (RVBl. 22 Nr. 609) erübrigt sich ein förmliches Niederschlagungsverfahren; anders bei zu Unrecht erhobenen Versorgungsgebührnissen, da bei diesen stets geprüft werden muß, ob einen Beamten ein Verschulden an der Überzahlung trifft, das ihn zur Tragung des Ausfalls verpflichtet. Über das Verfahren bei Inausgabebelassung und Niederschlagung vgl. RVBl. 22 Nr. 609; 23 Nr. 255, 774, 927. Durch Runderlaß vom 22. 12. 24 ist die Grenze, bis zu welcher die Vers.-Behörden die Inausgabebelassung selbständig verfügen können, auf 50 RM. erhöht.

10. Die AB. zu § 74 sind durch die neue Fassung des § 74 Abs. 1 gegenstandslos geworden.

§ 75.

Die öffentlichen Behörden[1], insbesondere auch die Fürsorgestellen und Hauptfürsorgestellen der Kriegsbeschädigten- und Kriegshinterbliebenenfürsorge, sind verpflichtet[2], den Versorgungsbehörden auf Ersuchen Rechtshilfe[3] zu leisten. Die Träger der Reichsversicherung[4] sind auf Ersuchen der Versorgungsbehörden zur Auskunfterteilung verpflichtet[5].

Die aus der Rechtshilfe erwachsenden baren Auslagen[6] mit Ausnahme der Portokosten sind von der ersuchenden Behörde zu erstatten. Den Fürsorgestellen und Hauptfürsorgestellen werden nur die gemäß §§ 82 und 85 an Beteiligte, Zeugen und Sachverständige zu zahlenden Entschädigungen erstattet[7].

1. a) Hierunter fallen Reichs-, Landes- und Gemeindebehörden, Gerichts- und Verwaltungsbehörden, die Zivil- und Militärbehörden wie auch kirchliche Behörden. Die Mitwirkung der deutschen Behörden im Auslande, insbesondere der Konsulate, wird vor allem bei Angelegenheiten von früheren Kriegsgefangenen und von im Auslande wohnenden Vers.Berechtigten in Frage kommen.

b) Über gegenseitige Mitteilung standesamtlicher Urkunden vgl. Abschn. 4 des deutsch-polnischen Vertrages vom 19. 3. 25 (RGBl. II S. 139).

Für Angelegenheiten Reichsdeutscher in Danzig leistet das Hpt.Vers.Amt Danzig den reichsdeutschen Vers.Behörden Verwaltungshilfe.

c) Nach Art. III § 5 des zwischen Deutschland und der Republik Österreich in Angelegenheiten Kriegsbeschädigter und Kriegshinterbliebener abgeschlossenen Vertrages (vgl. das Ges., betr. diesen Vertrag vom 8. 3. 22, RGBl. S. 233 und Erläuterungen vom 10. 10. 25, RVBl. Nr. 160) leisten die Verwaltungsbehörden und die Fürsorgestellen beider Teile einander Amtshilfe. Insbesondere sind ärztliche Untersuchungen von Kriegsbeschädigten auf Antrag durch die zuständigen Stellen des anderen Teiles zu vermitteln. Auch teilen sich beide Teile Tatsachen mit, die auf den Fortbezug der Renten von Einfluß sind. Über den Geschäftsverkehr der deutschen Vers.Behörden und Fürsorgestellen mit den österr. Invaliden-Entschädigungskommissionen RVBl. 25 Nr. 63.

d) Über die Verpflichtung der Verwaltungsbehörden der Reichsversorgung, dem Ersuchen anderer Behörden zu entsprechen, vgl. Ziff. III Abs. 2 AB. zu §§ 59, 60.

2. Die Rechtshilfepflicht besteht nicht nur in den Fällen, wo sie im RVG., im VerfG. oder in den AB. zu diesen Gesetzen ausdrücklich vorgesehen ist, sondern überall da, wo zur Durchführung der Reichsversorgung die Inanspruchnahme einer anderen Behörde notwendig ist. Das Ersuchen kann nur abgelehnt werden, wenn die angegangene Behörde örtlich nicht zuständig ist, wenn Geschäfte der Art überhaupt nicht zum Aufgabenkreis der ersuchten Behörde gehören oder der ersuchten Behörde verboten sind, z. B. eidliche Vernehmung eines Zeugen durch die Amtliche Fürsorgestelle. Die ersuchte Behörde darf z. B. nicht nachprüfen, ob die ersuchende Behörde die betreffende Amtshandlung wegen nicht zu

großer Entfernung hätte selbst vornehmen sollen, vgl. Zentralblatt der Reichsversich. 20 Sp. 624. Bei Ablehnung des Ersuchens ist die Beschwerde im Aufsichtswege, bei Ablehnung seitens des Amtsgerichts (§ 84) an das übergeordnete Oberlandesgericht zulässig (vgl. §§ 167 ff. des Gerichtsverfassungsgesetzes).

Für die Reichsbehörden nicht bindend, aber beachtlich sind die Anweisungen über den Geschäftsverkehr mit in- und ausländischen Behörden, Privatpersonen usw. im Preuß. MinBl. i. V. 23 Sp. 749—51.

3. Rechtshilfe im engeren Sinne bezieht sich begrifflich nur auf solche Amtshandlungen, die an sich die ersuchende Stelle selbst vorzunehmen hätte, aber aus örtlichen oder sachlichen Gründen nicht selbst vornehmen kann. Der weitere Begriff der Rechtshilfe umfaßt jedoch die Pflicht der Behörden, sich bei Erledigung von Aufgaben, die an sich anderen Dienststellen obliegen, helfend zu betätigen, z. B. auch durch Überlassung von Akten zur Einsicht (vgl. RVA. 11. 10. 19, AN. des RVA. S. 441). Das Ersuchen um Rechtshilfe wird in der Regel eine Beweisaufnahme (vgl. § 83 Abs. 2, §§ 84, 103, 121 Abs. 2) zum Gegenstande haben, ferner auch Beitreibungen (§ 74), Vollstreckung von Geldstrafen (§ 109 Abs. 3) und Zustellungen (z. B. §§ 86, 102, 139).

Über den Verkehr mit den Strafregisterbehörden vgl. RVBl. 22 Nr. 764 (mit Abdruck der maßgebenden Bestimmungen); 25 Nr. 106; für Polen gelten jetzt (vgl. RVBl. 26 Nr. 65) die Vereinbarungen vom 16. 12. 25 (RGBl. 26 Teil II S. 89) unter Fortfall von RVBl. 23 Nr. 267; 25 Nr. 154. Neueste Fassung der Strafregister-VO. (ab 1. 5. 26) s. RGBl. 26 I S. 157 und dazu RVBl. 26 Nr. 66. Über gewisse Bestrafungen machen die Justizbehörden von sich aus den Vers.Ämtern Mitteilung; Zusammenstellung der in den einzelnen Ländern geltenden Bestimmungen RVBl. 22 Nr. 344, 942; 23 Nr. 66. Richtlinien für die Beurteilung der Vorstrafen bei Anträgen auf den Beamtenschein RVBl. 22 Nr. 765.

Die Gemeinden müssen die in ihren Krankenanstalten geführten Krankenpapiere den Vers.Behörden auf Ersuchen zur Einsicht überlassen; RVBl. 26 Nr. 7. Soweit dabei die ärztliche Schweigepflicht (§ 300 StGB.) in Frage steht, handelt es sich weder um „Privatgeheimnisse", noch um deren „unbefugte" Offenbarung. Die Mitteilung ist „befugt" im Hinblick auf die Rechtshilfepflicht des § 75 †). Für Krankenpapiere und Universitätskliniken gelten entsprechende Gesichtspunkte. Vgl. Bescheide des RVA. Nr. 2200 und 2220, AN. RVA. 1916 S. 492 und 563.

Über Inanspruchnahme der Fürsorgestellen für Ermittlungen RVBl. 25 Nr. 253 Ziff. 13 ff. — Zuständige Stellen für Aus-

†) Vgl. jedoch auch Fischer, Die Herausgabe der Krankengeschichten an Behörden, Zeitschr. f. d. gesamte Neurologie und Psychiatrie Bd. 100 S. 652—61.

künfte über frühere Marine- und Heeresangehörige, die in Ostasien Dienst getan haben, s. RVBl. 25 Nr. 104. Über Auskünfte vom Zentralnachweiseamt für Kriegsverluste und Kriegergräber vgl. RVBl. 22 Nr. 96.

Über Auskunftspflicht der Steuerbehörden gegenüber anderen Verwaltungsbehörden vgl. Preuß. Verwaltungsblatt 22 S. 799. — Ohne Ersuchen, also von Amts wegen, machen die Anstellungsbehörden über Ruhensgründe (RVBl. 22 Nr. 582) und über Beamte, die unter die Ruhensvorschriften fallen (RVBl. 24 Nr. 70) den Vers.Ämtern Mitteilung; vgl. z. B. Allg. Vfg. des preuß. Justizministers im JMBl. 22 S. 224 und 25 S. 366.

4. Träger der Reichsversicherung s. Anm. 8 zu § 93.

5. Die Rechtshilfepflicht der Versicherungsträger bestand bereits auf Grund des § 116 RVO. und ist deshalb hier nicht besonders erwähnt. Die Auskunftspflicht †), die sich als Teil der Rechtshilfepflicht darstellt (vgl. Anm. 3), ist besonders hervorgehoben, um klarzustellen, daß die Auskunftserteilung gegenüber den Vers.Behörden auch ohne Einwilligung des Versicherten nicht „unbefugt" im Sinne des § 141 RVO. ist.

Über Portokosten im Schriftverkehr zwischen Behörden und Reichsversicherungsträgern vgl. Arbeiterversorgung 23 S. 321.

6. Nach der Aufzählung in der Begründung fallen hierunter: Tagegelder, Fuhrkosten, Gebühren für Zeugen und Sachverständige und ähnliche Ausgaben. Die Erstattung etwa eines Teils der Besoldung des mit der Erledigung des Ersuchens befaßten Beamten oder Angestellten kann nicht in Frage kommen. — Abs. 2 gilt auch für die Auskunftserteilung seitens der Versicherungsträger (RVBl. 23 Nr. 329).

7. Diese Einschränkung der Erstattung der Auslagen bei den Fürsorgestellen findet darin ihre Begründung, daß die Mitwirkung bei der Durchführung der Versorgungsgesetze zu den Aufgaben der sozialen Fürsorge gehört.

§ 76.

Gebühren- und stempelfrei ††)[1] sind alle gerichtlichen und außergerichtlichen Verhandlungen und Urkunden, Vollmachten und amtlichen Bescheinigungen, die im Verfahren vor den Versorgungsbehörden zur Durchführung der Ver-

---

†) v. Frankenberg, Die Auskunft über Versicherungsbezüge, Krankenversicherung 22 S. 376—78.

††) Über Gebühren- und Stempelfreiheit in der Reichsversicherung vgl. Hanow-Hoffmann zu §§ 137/38, Handbuch der Unf.Vers. Bd. I, 3. Aufl. S. 645, Welge in Arbeiterversorgung 1911 S. 413.

sorgungsgesetze und der zu ihrer Ergänzung ergangenen Vorschriften erforderlich werden[2].

Die Vorschriften über die Gebühren und Auslagen der Notare werden hierdurch nicht berührt.

1. a) Da es sich um die Durchführung einer Verbindlichkeit des Fiskus handelt, sollen alle Verhandlungen usw. von den zuständigen Behörden gebühren- und stempelfrei aufgenommen werden; Notare hingegen erheben für ihre Amtshandlungen Gebühren und Auslagenersatz (vgl. Abs. 2).

b) Im Streitfalle haben über die Gebühren- und Stempelfreiheit je nach den Landesgesetzen die Steuerbehörden oder die ordentlichen Gerichte zu entscheiden.

c) § 76 ist als reichsgesetzliche Vorschrift z. B. durch das preuß. Ges. über staatliche Verwaltungsgebühren vom 29. 9. 23 (Ges.-Samml. S. 455) in keiner Weise eingeschränkt. Ersatz barer Auslagen (§ 3 Abs. 3 a. a. O.) kann verlangt werden.

2. a) Hierher rechnet z. B. auch ein Erbschein, der von den Hinterbliebenen eines verstorbenen Rentenempfängers in Versorgungsangelegenheiten beizubringen ist (vgl. RVBl. 22 Nr. 643; 23 Nr. 904), ferner der Staatsangehörigkeitsausweis (RVBl. 22 Nr. 670).

b) Die Gebührenfreiheit genießen auch die österreichischen Kriegsbeschädigten und Kriegshinterbliebenen nach § 6 des in Anm. 1c zu § 75 erwähnten Vertrages zwischen Deutschland und Österreich.

Zweiter Abschnitt.

Verwaltungsverfahren.

I. Sachliche Zuständigkeit der Verwaltungsbehörden.

§ 77.

Die Versorgungsämter[1] sind zuständig für die Bearbeitung und Entscheidung aller Versorgungsangelegenheiten, soweit nicht der Reichsarbeitsminister die Hauptversorgungsämter für zuständig erklärt[2].

Zu § 77.*)

I. Die Hauptversorgungsämter sind zuständig:

1. für die Entscheidung in allen Angelegenheiten der Kapitalabfindung[3]; die Vorbereitung erfolgt durch die Versorgungsämter und die Hauptfürsorgestellen,

2. (gestrichen durch RVBl. 23 Nr. 926 zu V d),
3. für die Gewährung, Instandsetzung und den Ersatz von Körperersatzstücken außer Zahnersatz und von orthopädischen und anderen Hilfsmitteln sowie für die Genehmigung einer über die Regelleistungen der Krankenkasse hinausgehenden Zahnbehandlung[4], soweit deren Kosten einschließlich der Kosten des Zahnersatzes 20 Goldmark übersteigen; soweit diese Kosten 120 Goldmark übersteigen, ist die Genehmigung des Reichsarbeitsministers einzuholen (§§ 7, 8 des Reichsversorgungsgesetzes),
4. für die Gewährung von Badekuren[5] und die Durchführung der Heilbehandlung durch das Reich an Stelle der Krankenkasse (§ 8 Abs. 2 und 7 des Reichsversorgungsgesetzes); Kuren in ausländischen und, soweit der Reichsarbeitsminister sich die Belegung vorbehalten hat, auch in inländischen Kurorten und Heilanstalten bedürfen der Genehmigung des Reichsarbeitsministers,
5. für die Abrechnung mit den Krankenkassen (§§ 14, 15 des Reichsversorgungsgesetzes)[6], sowie für die Ermächtigung der Krankenkassen zur Gewährung einer baren Leistung statt der Heilbehandlung und für den Erlaß näherer Bestimmungen gemäß § 10 des Reichsversorgungsgesetzes.

II. (gestrichen durch RVBl. 23 Nr. 926 zu V d).

*) Fassung: Außer den bei I 2 und II angegebenen Streichungen sind durch RVBl. 23 Nr. 926 zu V d die Goldmarkbeträge in I 3 eingesetzt.

1. Der Schwerpunkt des Versorgungswesens soll bei den Ortsbehörden, den für die Beteiligten am leichtesten erreichbaren Versorgungsämtern liegen. Die Hauptversorgungsämter sollen auf die Dauer in der Hauptsache Aufsichtsbehörden sein (§ 5 Abs. 2), im übrigen aber nur mit Geschäften betraut werden, deren einheitliche Erledigung, wie z. B. bei der Kapitalabfindung, für größere Bezirke angezeigt erscheint (Begr.). Die im Gesetz überhaupt nicht erwähnten Verwaltungsaufgaben fallen in erster Linie den Hpt.Vers.Ämtern zu.

2. Die Bearbeitung der einzelnen Versorgungsfälle außer den unter Ziff. I, 1 und 3—5 der AB. genannten obliegt jetzt ganz den Vers.Ämtern. Auch die Regelung, Zahlbarmachung und Verrechnung der Gebührnisse nach „altem Recht" ist ihnen durch RVBl. 23 Nr. 554, 717, 854 übertragen.

3. Es handelt sich nur um die Kapitalabfindung zum Erwerb oder zur wirtschaftlichen Stärkung eigenen Grundbesitzes; vgl. §§ 72—85 RVG. und die AB. vom 13. 12. 20 (RGBl. S. 2146) sowie § 6 ARG., ferner das Gesetz über die Kapitalabfindung an Stelle der Kriegsversorgung vom 3. 7. 16 (RGBl. S. 680) nebst dem Ergänzungsgesetz vom 26. 7. 18 (RGBl. S. 993) und das Kapitalabfindungsgesetz für Offiziere vom 26. 7. 18 (RGBl. S. 994) mit AB. vom 7. 11. 18 (RGBl. S. 1319); vgl. dazu

RVBl. 24 Nr. 420. Nicht zu der Kapitalabfindung gehört die Abfindung der Witwen bei Wiederverheiratung (§ 39 RVG.).

Über Kap.Abf. für Kapitulanten mit Dienstzeitrente vgl. RVBl. 25 Nr. 80; für Altrentner RVBl. 24 Nr. 380; 26 Nr. 32. Berücksichtigung der Geldentwertung RVBl. 23 Nr. 936, 938; 24 Nr. 58, 228, 283, 322. Aufwertung der Kap.Abf. RVBl. 25 Nr. 172; 26 Nr. 57.

4. Zahnärztlicher Reichstarif für das Versorgungswesen RVBl. 26 Nr. 71.

5. Richtlinien zur Durchführung der Kuren und Verzeichnis der Badeorte und Lungenheilanstalten RVBl. 22 Nr. 522; 24 Nr. 267.

6. Über die Abrechnung zwischen Krankenkassen und Hpt.-Vers.Ämtern vgl. Leitsätze für die Versorgungsheilbehandlung nach dem RVG., 1921 S. 44 ff. sowie für den Fall der Entstehung eines Streites unten Anm. 1 zu § 152. Über Einzelheiten vgl. RVBl. 22 Nr. 325, 536, 619; 23 Nr. 422; 25 Nr. 52, 619. Die Abrechnung ist entgegen Ziff. I 5 der AB. Sache der Vers.Ämter. Eine Neuregelung des Abrechnungsverfahrens ist in Aussicht genommen (RVBl. 25 Nr. 52).

II. Antragstellung.

§ 78.

Die Anträge[1] in Versorgungsangelegenheiten sind schriftlich[2] oder mündlich[3] unter Aufnahme einer Niederschrift[4] bei dem Versorgungsamte[5] zu stellen[6], auch wenn für die Entscheidung das Hauptversorgungsamt zuständig ist. Rechtswirksam ist auch die Antragstellung bei einer anderen deutschen amtlichen Stelle[7] oder bei einem Träger der Reichsversicherung[8]. Die Anträge sind in solchen Fällen unter Benachrichtigung des Antragstellers unverzüglich an die zuständige Stelle abzugeben[9].

1. a) Der Antrag ist, abgesehen vom Erhöhungs- oder einem sonstigen Ergänzungsantrag, gleichbedeutend mit der „Anmeldung" des Anspruchs. Der Antrag ist, soweit es sich nicht um eine von Amts wegen zu gewährende Versorgung handelt, Voraussetzung für das Bestehen des Anspruchs und entscheidend für den Beginn der Rente oder der erhöhten Rente (vgl. § 55 RVG.). Wird der Antrag erst nach Ablauf der vorgeschriebenen Fristen (vgl. §§ 52 bis 54 RVG.) gestellt, so ist die Geltendmachung eines Anspruchs ausgeschlossen; verspätete Anträge sind daher ohne sachliche Prüfung abzulehnen. Von Hinterbliebenenrenten abgesehen (vgl. jedoch § 56 Abs. 2 RVG.) ist ein Anspruch nur vererblich, wenn er bei

Lebzeiten durch Anmeldung zur Entstehung gelangt ist. Über Vererblichkeit der Versorgungsgebührnisse vgl. im übrigen RVBl. 22 Nr. 860, 917; 24 Nr. 301.

b) Wann es eines Antrages bedarf und in welchen Fällen die Feststellung der Gebührnisse von Amts wegen erfolgt, ist in den AB. zum RVG., Ziff. 5 und 6 zu § 1 gesagt. Die Versorgung auf Grund des RVG. wird im allgemeinen nur auf Antrag gewährt.

2. Das Gesuch kann von fremder Hand, insbesondere von einer Fürsorge- oder Beratungsstelle geschrieben sein, es braucht auch nicht von dem Antragsteller unterschrieben werden, vielmehr muß es genügen, daß sich der Antragsteller aus dem Schriftstück ergibt (vgl. auch Anm. 3 zu § 93). Bestätigt wird der Eingang des Antrages nur auf besonderen Wunsch. RVBl. 22 Nr. 324.

3. Die mündliche Antragstellung hat den Vorteil, daß das Vers.Amt darauf hinwirken kann, daß sofort alle notwendigen oder wünschenswerten Angaben gemacht werden. Klagen über ein neues Leiden gelegentlich einer Untersuchung können u. U. als Erhöhungsantrag aufgefaßt werden.

4. Die Aufnahme einer Niederschrift soll jeden Zweifel an der Tatsache der Antragstellung ausschließen. Unterbleibt die Aufnahme einer Niederschrift, so ist es Beweisfrage, ob die Erklärung z. B. nur eine Erkundigung oder einen Versorgungsantrag darstellt.

5. In der Regel bei dem nach den §§ 38, 39 und den AB. dazu örtlich zuständigen Vers.Amte. Wirksam ist auch die Antragstellung bei einem anderen Vers.Amt oder einem Hpt.Vers.Amt (§ 78 Satz 2). Ein Vers.Amt, in dessen Bezirk der Antragsteller wohnt, muß den Antrag entgegennehmen, auch wenn es (z. B. bei Anträgen von Eltern) nicht zuständig ist, weil die Witwe im Bezirk eines anderen Vers.Amts wohnt (§ 38 Abs. 2 Satz 1). Das Vers.Amt wird zweckmäßig auch die an Ort und Stelle zu erledigenden Ermittelungen anstellen, um so ein späteres Ersuchen seitens des zuständigen Amtes (§ 83 Abs. 2) zu erübrigen.

Wie sich aus der Fassung ergibt, besagt § 78 Satz 1 nur, daß Anträge in Angelegenheiten, in denen entweder das Vers.Amt oder das Hpt.Vers.Amt zu entscheiden hat (vgl. § 37 und Anm. 3 zu § 37), beim Vers.Amt zu stellen sind. Soziale Fürsorge (§§ 21 bis 23 RVG.) ist bei der amtlichen Fürsorgestelle zu beantragen. Heilbehandlung wird zweckmäßig, falls das Vorliegen von Dienstbeschädigung bereits bejaht ist (§ 4 Abs. 1, 2 RVG.), bei der Krankenkasse, andernfalls beim Vers.Amt beantragt; vgl. die vom RAM. herausgegebenen Leitsätze für die Versorgungsheilbehandlung nach dem RVG.

6. Geschäftsfähige können den Antrag selbst oder durch Bevollmächtigte stellen. Für Geschäftsunfähige oder beschränkt Ge-

schäftsfähige kann nur der gesetzliche oder besondere Vertreter (§ 46 Abs. 2) entweder selbst oder durch Bevollmächtigte Versorgung beantragen. Minderjährige können selbst oder durch Bevollmächtigte Anträge stellen, wenn sie 16 Jahre alt sind (vgl. §§ 46, 48).

7. Vgl. Anm. 7 zu § 93. Die VO. vom 13. 6. 22 über Antragstellung usw. bei amtlichen Stellen der abgetrennten Gebiete ist in Anm. 7 zu § 93 abgedruckt.

8. Vgl. Anm. 8 zu § 93.

9. Als Tag der Antragstellung gilt in solchen Fällen der Tag des Eingangs bei der „anderen deutschen amtlichen Stelle oder einem Träger der Reichsversicherung", nicht etwa erst der Tag des Eingangs bei der „zuständigen Stelle". Hiernach ist also auch die Frage zu entscheiden, ob die Antragsfristen (z. B. §§ 52—54 RVG.) eingehalten sind.

§ 79.

Die Anträge sollen[1] die Leistungen[2], die begehrt werden, bezeichnen, die zur Begründung erforderlichen Tatsachen[3] und Beweismittel[4] angeben und von dem Antragsteller oder einer zu seiner Vertretung befugten Person[5] mit Orts- und Tagesangabe unterzeichnet sein.

Die Verwaltungsbehörden (§ 4) haben auf die Stellung sachdienlicher Anträge hinzuwirken[6] und gegebenenfalls deren Ergänzung zu veranlassen[7].

Zu § 79.

Bei Anträgen auf Erhöhung[8] einer bewilligten oder Wiedergewährung einer entzogenen Versorgung sind die Voraussetzungen des geltend gemachten Anspruchs glaubhaft[9] zu machen. Ohne Glaubhaftmachung ist die Behörde nicht verpflichtet, einen Bescheid (§§ 86, 87) zu erteilen. Das gleiche gilt, wenn früher abgelehnte Anträge erneut gestellt werden.

1. Ein Antrag, der dieser Sollvorschrift nicht entspricht, ist wirksam; nachträgliche Ergänzung ist zulässig (vgl. § 79 Abs. 2).

2. Es soll angegeben werden, ob z. B. Krankengeld, Hausgeld, Heilanstaltspflege, Hauspflege, eine Badekur, Rente, Pflegezulage, Übergangsgeld oder der Beamtenschein beantragt wird. Genaue Angaben liegen im Interesse des Antragstellers, weil sie eine beschleunigte Entscheidung ohne überflüssige Rückfragen ermöglichen. Eine besondere Angabe darüber, in welcher Höhe Rente beansprucht wird oder in welchem Maße die Erwerbsfähigkeit gemindert ist, braucht jedoch nicht gemacht zu werden.

3. Zu diesen Tatsachen gehört z. B. die Art und Weise der Entstehung des Leidens, die Mitwirkung militärdienstlicher Verhältnisse, bei Hinterbliebenenansprüchen die Zeit und Ursache des Todes und das verwandtschaftliche Verhältnis des Antragstellers zu dem Verstorbenen.

4. Solche Beweismittel sind z. B. Zeugen für die Entstehungsursache der Gesundheitsstörung, Ausweise über eine militärärztliche Behandlung, Atteste eines Zivilarztes, Bescheinigungen des Arbeitgebers über die Beeinträchtigung der Erwerbsfähigkeit und des Versicherungsamts oder eines Versicherungsträgers über den Bezug z. B. einer Invalidenrente durch eine Witwe zum Nachweise der Erwerbsunfähigkeit nach § 37 Abs. 3 RVG.

5. Gesetzlicher Vertreter oder Bevollmächtigter (vgl. §§ 46 bis 48).

6. Aus der Verpflichtung der Vers.Behörden, ein durch Antragstellung eingeleitetes Versorgungsverfahren von Amts wegen durchzuführen, folgt, daß die Behörde auch auf die Ergänzung unsachgemäßer Anträge hinzuwirken hat.

7. Es berechtigt also die Unvollständigkeit oder Unverständlichkeit eines Antrags nicht zu seiner Ablehnung.

8. Während die Grundrente und die Schwerbeschädigtenzulage nicht vor Ablauf von zwei Jahren nach Zustellung des Feststellungsbescheids gemindert oder entzogen werden können (vgl. § 57 RVG.), kann eine Erhöhung der Rente von dem Beschädigten jederzeit auch vor Ablauf von zwei Jahren beantragt werden. Wird aber ein Antrag auf Erhöhung einer bewilligten, auf Wiedergewährung einer entzogenen oder auf Bewilligung einer früher abgelehnten Versorgung gestellt, ohne daß eine Verschlimmerung behauptet oder sonstige die Erhöhung, Wiederbewilligung oder erstmalige Bewilligung rechtfertigende neue Tatsachen angeführt werden, so ist dem Antragsteller nur mitzuteilen, daß zu einer nochmaligen Bescheidung kein Anlaß besteht, da über seine Ansprüche durch die frühere Entscheidung rechtskräftig entschieden sei.

9. Zur Glaubhaftmachung genügt, daß gewisse Unterlagen beigebracht werden. Die Glaubhaftmachung ist Voraussetzung für den Eintritt in die sachliche Prüfung des Antrags. Bewilligung setzt Nachweis oder wenigstens Wahrscheinlichkeit der rechtsbegründenden Tatsachen voraus.

Es müssen die „Voraussetzungen des geltend gemachten Anspruchs" glaubhaft gemacht werden, also Tatsachen, die den Anspruch rechtfertigen können. Bleibt andernfalls der Antragsteller trotz Zufertigung einer aufklärenden Mitteilung dabei, daß die behaupteten Tatsachen nach dem Gesetz den Anspruch zu rechtfertigen vermögen, so muß hierüber die Entscheidung der Spruchbehörden durch Erteilung eines berufungsfähigen Bescheides ermöglicht werden, vorausgesetzt, daß die fraglichen Tatsachen nach Erlaß der früheren, rechtskräftig gewordenen Entscheidung eingetreten sind.

III. Aufklärung des Sachverhalts.

§ 80[1].

Der Sachverhalt ist von Amts wegen[2] aufzuklären[3]. Die Beteiligten sind verpflichtet, zur Aufklärung mitzuwirken.

Zu § 80.

Die Kosten privat- oder amtsärztlicher Zeugnisse und Gutachten, die ein Beteiligter beigebracht hat, können erstattet werden, wenn sie wesentlich zur Klärung des Sachverhalts beigetragen haben und dem Antrag stattgegeben ist.

1. Die Vorschrift des § 80 findet nach den §§ 103, 121 auch im Spruchverfahren Anwendung.

2. Wenngleich es zur Einleitung des Versorgungsverfahrens der Stellung eines Antrags bedarf (vgl. z. B. § 1 RVG.), so erfolgt die weitere Durchführung des Verwaltungsverfahrens doch von Amts wegen, da ein allgemeines Interesse an der sachgemäßen Erledigung der auf öffentlicher Grundlage beruhenden Versorgungsansprüche besteht. Es darf daher von dem Vers.Berechtigten nicht etwa verlangt werden, daß er selbst alle Behauptungen, die seinen Anspruch stützen können, vorbringt und Beweis hierfür antritt. Im übrigen vgl. Anm. 1a zu § 125. — Eine wichtige Auskunftsstelle ist das Reichsarchiv; über seine Gliederung vgl. RVBl. 22 Nr. 183.

3. a) Es ist in erster Linie Sache der Verwaltungsbehörden, den Vers.Berechtigten die Beschaffung der Unterlagen für ihre Ansprüche zu vermitteln und die Aufklärung der tatsächlichen Verhältnisse herbeizuführen. Hierbei haben sich die Beamten von jeder Engherzigkeit in der Beurteilung der gestellten Anträge und von kleinlichen Beanstandungen freizumachen (vgl. § 18 DienstAnw.). Der Vers.Berechtigte ist aber verpflichtet, seinerseits nach besten Kräften zur Aufklärung mitzuwirken.

b) Über die Nachteile, die dem Vers.Berechtigten erwachsen, wenn er gewissen Anordnungen der Behörde nicht Folge leistet, vgl. § 81 Abs. 2.

§ 81[1].

Das persönliche Erscheinen des Versorgungsberechtigten zur mündlichen Erörterung der gestellten Anträge[2], zur ärztlichen Untersuchung[3] oder zur Vornahme sonstiger Feststellungen sowie seine Beobachtung in einem Krankenhaus[4] oder einer Heilanstalt können jederzeit[5] angeordnet werden.

Leistet der Berechtigte einer solchen Anordnung ohne wichtigen Grund[6] nicht Folge, so können[7] daraus ungünstige Schlüsse für den geltend gemachten Anspruch gezogen werden, wenn die Anordnung einen entsprechenden Hinweis[8] enthält.

Zu § 81.

Das persönliche Erscheinen eines Beteiligten soll nur angeordnet werden, wenn Aufklärung auf schriftlichem Wege, durch Ersuchen anderer Behörden, insbesondere der Amtlichen Fürsorgestelle, oder in sonstiger Weise nicht zu erlangen ist und für den Beteiligten auch nicht die Möglichkeit besteht, gelegentlich und ohne Einbuße von Arbeitsverdienst vorzusprechen. Die Anordnung wird, soweit es sich nicht um Heilbehandlung, Verpassen von Körperersatzstücken und dergleichen handelt, abgesehen von Ausnahmefällen auf den Fall beschränkt bleiben müssen, daß die zur Entscheidung berufene Behörde von vornherein oder trotz Beibringung privat- oder amtsärztlicher Zeugnisse und Gutachten (§ 80 Satz 2) eine Untersuchung durch einen ihrer Ärzte oder einen bestimmten Facharzt oder eine Beobachtung für notwendig erachtet. Die Dauer einer Beobachtung soll auf das unbedingt erforderliche Maß beschränkt werden.

Die Vorladung soll den Hinweis enthalten, daß der Vorgeladene ihr nicht ohne vorherige Rückfrage Folge leisten darf, wenn er verzogen oder vorübergehend ortsabwesend ist und infolgedessen durch das Erscheinen größere Kosten entstehen würden*.

Die Verwaltungsbehörde kann das persönliche Erscheinen des Beteiligten auch vor der Amtlichen Fürsorgestelle, einer anderen Behörde oder einem Arzt anordnen*.

1. Die Vorschrift des § 81 ist in den §§ 103, 121 auch für das Spruchverfahren für anwendbar erklärt.

2. Zur mündlichen Erörterung der gestellten Anträge wird das persönliche Erscheinen nur in Ausnahmefällen angeordnet werden dürfen (vgl. AB. zu § 81). Es wird sich empfehlen, dem Antragsteller anheimzugeben, zu ihm passender Zeit während der Dienststunden vorzusprechen. Nach Möglichkeit ist zu vermeiden, daß der Antragsteller seiner Berufsarbeit entzogen wird. Insbesondere kann die Ausfüllung von Fragebogen auf schriftlichem Wege oder durch Inanspruchnahme anderer Behörden, vor allem der Amtlichen Fürsorgestellen, erreicht werden (vgl. § 83 Abs. 2, § 75).

3. Ärztliche Untersuchung, nötigenfalls auch Beobachtung in einem Krankenhaus oder in einer Heilanstalt werden vielfach notwendig werden zur Feststellung, ob und in welchem Umfange die Erwerbsfähigkeit infolge einer Dienstbeschädigung gemindert und ob die körperliche Unversehrtheit des Beschädigten schwer beeinträchtigt ist.

4. Auch in einem Versorgungskrankenhaus, einer Universitätsklinik. Die Einweisung in ein Krankenhaus erfolgt in der

für Krankenkassenmitglieder ortsüblichen Verpflegungsklasse (RVBl. 22 Nr. 881).

5. Die Vorladung kann auch nach Bewilligung von Gebührnissen erfolgen, wenn festgestellt werden soll, ob z. B. eine Besserung eingetreten und deshalb Minderung und Entziehung der Rente angezeigt ist; vgl. jedoch § 57 Abs. 2 RVG. — Der RAM. hat den Verwaltungsbehörden wiederholt aufgegeben, während eines schwebenden Spruchverfahrens von weiteren Ermittlungen, auch von einer erneuten Untersuchung abzusehen. Läßt das Vorbringen des Klägers im Berufungsverfahren eine Ergänzung der bisher getroffenen Feststellungen notwendig oder angezeigt erscheinen, so ist diese beim Gericht (z. B. in der Gegenschrift, § 98 Abs. 2) anzuregen. Denn im Spruchverfahren hat der Reichsfiskus lediglich die Stellung einer Partei; die Doppelstellung des Fiskus im Verwaltungsverfahren hat mit dem Beginn des Spruchverfahrens ihr Ende erreicht (vgl. E. II, 165 = RVBl. 22 Nr. 361[3]).

6. Als wichtige Gründe können außer Krankheit und dringender geschäftlicher Abhaltung auch häusliche Verhältnisse, wie Krankheit oder Niederkunft der Ehefrau, in Frage kommen.

7. Es ist in das Ermessen der Verwaltungsbehörde gestellt, ob sie aus dem Verhalten des Antragstellers ungünstige Schlüsse für den von diesem erhobenen Anspruch ziehen will. Mit Rücksicht darauf, daß der Sachverhalt von Amts wegen aufzuklären ist (vgl. § 80), hat die Behörde zunächst aber jedenfalls alle ihr zu Gebote stehenden Mittel zur Aufklärung zu erschöpfen.

Der im § 81 nicht geregelte Fall, daß der Antragsteller der Aufforderung, ein in seinen Händen befindliches, ausschlaggebendes Beweismittel für eine Tatsache vorzulegen, nicht Folge leistet (vgl. § 83 Abs. 1 Satz 2), ist entsprechend zu behandeln. Die Behörde kann die Entscheidung aussetzen oder den Antrag mangels hinreichenden Nachweises ablehnen.

8. Es braucht nur darauf hingewiesen werden, daß aus der Nichtbefolgung der Anordnung ungünstige Schlüsse für den erhobenen Anspruch gezogen werden können; anders als nach §§ 19 und 58 RVG. ist es aber nicht erforderlich, ausdrücklich auf eine bestimmte Folge, z. B. Entziehung der Rente, hinzuweisen.

Während die infolge der Weigerung unterbliebene Beweiserhebung nachgeholt werden kann, haben die Nichtbefolgung nach § 19 RVG. und die Weigerung nach § 58 RVG. materiellen Rechtsverlust zur Folge, der von den Spruchbehörden nicht rückgängig gemacht werden kann. Die Spruchbehörden haben dann nur zu prüfen, ob die Weigerung berechtigt war und der Hinweis auf den Rechtsverlust ordnungsmäßig erfolgt ist (RVBl. 23 Nr. 545 zu § 58), sie dürfen nicht prüfen, ob die Entziehung nach § 57 RVG. sachlich gerechtfertigt war (RVGer. vom 27. 2. 26. M. 16556/25).

9. Abs. 2 und 3 der AB. zu § 81 finden nach den AB. zu § 144 auch im Spruchverfahren Anwendung.

Die Anordnung des Erscheinens vor der Amtlichen Fürsorgestelle im Einzelfalle kann dadurch ersetzt werden, daß die Fürsorgestelle durch eine Vereinbarung zwischen ihr und der Versorgungsbehörde allgemein ermächtigt wird, für bestimmte Arten von Fällen selbständig Vorladungen zu erlassen.

§ 82[1].

Wer einer Anordnung gemäß § 81 Folge leistet, erhält[2] auf Verlangen in angemessenem Umfang[3] Ersatz der baren Auslagen[4] und Entschädigung für entgangenen Arbeitsverdienst[5]. Ist die Anordnung durch einen unbegründeten Antrag des Versorgungsberechtigten veranlaßt worden, so kann der Ersatz abgelehnt werden, sofern der Antragsteller sich nicht in einem entschuldbaren Irrtum befunden hat.

Gegen die Festsetzung oder Ablehnung ist innerhalb eines Monats nach der Bekanntgabe die Beschwerde[6] zulässig; die Bekanntgabe ist in den Akten zu vermerken.

Zu § 82.*)

I[7]. Auslagen für Verpflegung und Unterkunft werden durch Gewährung der für die Reichsbeamten der Tagegeldstufe II bei einer Dienstreise von gleicher Dauer jeweils festgesetzten Tage- und Übernachtungsgelder[8] abgegolten.

An Fahrkosten[9] wird bei Eisenbahnfahrten der Fahrpreis der dritten Wagenklasse erstattet. Ist jedoch die vierte Wagenklasse benutzt worden, so dürfen nur die Fahrtauslagen für diese Klasse ersetzt werden. Die Mehrkosten für die Benützung der zweiten Wagenklasse werden an Oberschenkelamputierte und Krückenträger ohne weiteres gezahlt, im übrigen nur dann, wenn die Benutzung dieser Klasse vom Arzt als notwendig bescheinigt wird. Die Mehrkosten für Schnellzugbenutzung werden erstattet, wenn sie eine Verminderung der zu zahlenden Beträge zur Folge hat oder aus ganz besonderen Gründen erforderlich ist. Zum Nachweis der benutzten Wagenklasse und Zugart genügt die pflichtmäßige Versicherung des Ersatzberechtigten. Straßenbahnfahrkosten und sonstige Nebenkosten werden in angemessenem Umfange ersetzt, und zwar auch in Fällen, in denen das Erscheinen am Wohnort des Vorgeladenen angeordnet worden ist.

Die Erstattung der Auslagen für die Benutzung anderer Verkehrsmittel ist nur zulässig, wenn die regelmäßigen Verkehrsmittel aus besonderen Gründen nicht benutzt werden können oder wenn solche nicht vorhanden oder nicht benutzbar sind. Die Notwendigkeit der Inanspruchnahme ist in diesen Fällen besonders zu begründen.

Bei unentgeltlicher Benutzung von Verkehrsmitteln und bei Benutzung eigener Fuhrwerke oder Fahrräder usw. kann unabhängig davon, ob Eisenbahn oder Straßenbahn vorhanden oder benutzbar ist, der jeweilige Eisenbahnfahrpreis für die vierte Wagenklasse unter Zugrundelegung der kürzesten Landstrecke gezahlt werden, vorausgesetzt, das dadurch unter Berücksichtigung der Ersparnisse an Zeit und Entschädigung für Verdienstausfall Mehrkosten gegenüber der Benutzung der Eisenbahn usw. nicht entstehen. Die Kosten für die Annahme eines Fuhrwerkslenkers und die Unterbringung des Fuhrwerks am Orte des Erscheinens sind dadurch abgegolten.

Die Auslagen für Begleitpersonen werden dem Vorgeladenen unter Anwendung vorstehender Bestimmungen ersetzt, wenn die Begleitung vom Arzt als notwendig bescheinigt wird.

II[7]. In der Vorladung ist darauf hinzuweisen, daß die Höhe des entgangenen Arbeitsverdienstes[10], falls Ersatzleistung beantragt werden soll, durch eine Bescheinigung des Arbeitgebers oder in sonstiger Weise zu belegen[11] ist. Ausfall an Erwerbslosenunterstützung wird einem Ausfall an Arbeitsverdienst gleichgeachtet. Bei Festbesoldeten kann auf Grund der Tatsache, daß sie die versäumten Arbeiten später nachholen müssen, ein Verdienstausfall nicht angenommen werden. Bei Angehörigen freier Berufe kann ein erstattungsfähiger Ausfall an Arbeitsverdienst in der Regel und insbesondere dann nicht angenommen werden, wenn ein Betrieb kaufmännischer, gewerblicher, landwirtschaftlicher oder sonstiger Art trotz Abwesenheit des Inhabers weiter geht, ohne daß die Annahme eines bezahlten Vertreters notwendig ist. Wird jedoch ein tatsächlicher Ausfall an Arbeitsverdienst, z. B. von Kleinhandwerkern, Heimarbeitern, überzeugend dargetan, so kann Ersatz beansprucht werden.

Auf den entgangenen Arbeitsverdienst sind Krankengeld und Hausgeld, auch wenn sie nur auf Grund der Reichsversicherung gewährt werden, anzurechnen; Ermittlungen hierüber sind nur erforderlich, wenn Anhaltspunkte dafür vorliegen, daß diese Gebührnisse bezogen werden. Soweit bei Beobachtungen durch die gewährte freie Unterkunft und Verpflegung Ersparnisse in der eigenen Wirtschaft des Beteiligten eintreten, kann ein angemessener Abzug gemacht werden.

III. Die Ausführungsbestimmungen zu § 58[1] des Reichsversorgungsgesetzes vom 16. November 1920 (RGBl. S. 1907) werden aufgehoben.

*) Fassung: Die AB. zu § 82 sind zunächst durch RVBl. 22 Nr. 634 unter Aufhebung der AB. zu § 20 RVG. und Streichung des entgegenstehenden 1. Satzes vorstehender Ziff. III auch für die Fälle der Heilbehandlung nach § 20 RVG. für anwendbar erklärt[12] worden. Sie sind dann aus Anlaß der PAV. durch RVBl. 23 Nr. 926 zu V f; 24 Nr. 122 neugefaßt worden. Durch Reichsbesoldungsblatt 25 S. 130 Nr. 1137 ist in Ziff. I Abs. 1 der Nachweis der im Einzelfall wirklich entstandenen Auslagen beseitigt und in Ziff. I

Abs. 2 der Satz über die 4. Wagenklasse eingefügt. Durch RVBl. 26 Nr. 2 ist dann im letzten Absatz der Ziff. II die Bestimmung über den Steuerabzug gestrichen.

1. Die Vorschrift des Abs. 1 über Ersatz der baren Auslagen und Entschädigung für entgangenen Arbeitsverdienst aus Anlaß einer Vorladung entspricht im wesentlichen dem ursprünglichen Inhalt des § 58 RVG., der deshalb wegfallen konnte und gelegentlich einer Neufassung des RVG. durch eine andere Vorschrift ersetzt ist. In Ziff. III der AV. ist der § 58 RVG. ursprünglicher Fassung gemeint.

Wird jemand auf Ersuchen einer Spruchbehörde von der Verwaltungsbehörde zu einer ärztlichen Untersuchung vorgeladen, so gilt nicht § 82, sondern § 144 (vgl. RVBl. 22 Nr. 235 und unten Anm. 7).

Über Verrechnung der Ausgaben nach § 82 bei Nachuntersuchungen (§ 57 RVG.) vgl. RVBl. 24 Nr. 226.

2. Die Erstattung von Auslagen und Verdienstausfall ist, wenn das Erscheinen angeordnet war, im Gegensatz zu AV. zu § 80 unabhängig davon, ob das persönliche Erscheinen zur Aufklärung beigetragen und zu einer günstigeren Beurteilung des Anspruchs geführt hat. Eine Ausnahme hiervon enthält Satz 2.

3. Es besteht also keine Verpflichtung, insbesondere den entgangenen Arbeitsverdienst stets voll zu ersetzen, so z. B. dann nicht, wenn er das übliche Maß wesentlich überschreitet. Auch sind Einsparungen, die durch die gewährte Verpflegung gemacht werden, anzurechnen. Vgl. AV. Ziff. II Abs. 2.

4. Über Ersatz der Auslagen vgl. Ziff. I der AV.

5. Über Verdienstausfall vgl. Ziff. II der AV.

6. Vgl. §§ 61—64. — Da es sich um einen verfahrensrechtlichen Ersatzanspruch handelt, ist die Berufung unzulässig. Auch gelegentlich der Berufung gegen den Bescheid zur Hauptsache kann über den Ersatzanspruch nicht entschieden werden. Demgegenüber gehören die Ersatzansprüche nach § 20 RVG. (Reisekosten, Verdienstausfall usw. bei Heilbehandlung) zu den materiellrechtlichen Heilbehandlungskosten, gegen deren Ablehnung oder Festsetzung die Berufung gegeben ist.

7. Diese Bestimmungen finden nach den AV. zu § 144 auch im Spruchverfahren Anwendung.

8. Wegen der Tage- und Übernachtungsgelder s. Anm. 2 zu § 20. Der Nachweis höherer tatsächlicher Auslagen ist ausgeschlossen.

9. Über Reisekosten bei Vorladung österreichischer Kriegsbeschädigter in Deutschland vgl. RVBl. 25 Nr. 160 Ziff. 2.

10. Die Tatsache, daß der Arbeitsverdienst dem Steuerabzug unterliegen würde, hat eine Kürzung des zu ersetzenden Betrages nicht mehr zur Folge.

11. Vorlage falscher Belege zur Erlangung höheren Ersatzes erfüllt den Tatbestand des Betruges oder des Betrugsversuches (vgl. RVBl. 23 Nr. 833).

12. Bei Heilbehandlung durch die Krankenkasse werden Reisekosten nur nach den für die Krankenkasse geltenden Vorschriften ersetzt; E. III, 98 (vgl. auch Anm. 5b zu § 37 und oben Anm. 6 zu § 82).

§ 83[1].

Die Verwaltungsbehörde kann zur Aufklärung des Sachverhalts Ermittelungen anstellen[2] und Beweis erheben[3]. Sie kann insbesondere Zeugen und Sachverständige vernehmen[4], Gutachten[5] und amtliche Auskünfte jeder Art einholen, den Augenschein einnehmen und Urkunden beschaffen oder ihre Vorlegung oder Beibringung den Beteiligten aufgeben[6].

Ist die Beweisaufnahme vor der zuständigen Verwaltungsbehörde mit Schwierigkeiten verbunden, namentlich wegen der Entfernung des Aufenthaltsorts der zu vernehmenden Person vom Sitze der Verwaltungsbehörde, so kann eine andere Verwaltungsbehörde[7] und, wenn die Beweisaufnahme vor dieser ebenfalls Schwierigkeiten unterliegen würde, eine andere Behörde, auch eine Fürsorgestelle oder Hauptfürsorgestelle der Kriegsbeschädigten- und Kriegshinterbliebenenfürsorge um die Erledigung ersucht werden[8]. Das gleiche gilt bei Gefahr im Verzuge.

Zu § 83.

Ersuchen an andere Behörden, einschließlich der Amtlichen Fürsorgestellen, sind unzulässig, soweit eine Angelegenheit von der Versorgungsbehörde selbst, insbesondere auf schriftlichem Wege, erledigt werden kann.

1. Die Vorschrift des § 83 ist in den §§ 103, 121 auch für das Spruchverfahren für anwendbar erklärt.

2. Die Ermittelungen sind gleichzeitig und nicht nacheinander zu veranlassen, wie die Behörde jede Angelegenheit von vornherein in erschöpfender Weise in Angriff nehmen und möglichst in einer Verfügung alle Punkte umfassen soll, die der Aufklärung bedürfen. — Über die Rechtshilfepflicht anderer Behörden vgl. § 75, über Mitteilungen an die Vers.Ämter von Amts wegen Anm. 3 daselbst.

3. a) Im Gegensatz zum Spruchverfahren (§ 108) besteht im Verwaltungsverfahren für die Beteiligten kein Recht, zur Beweisaufnahme zugelassen zu werden und z. B. den Zeugen und Sachverständigen Fragen vorlegen zu lassen. Die Verwaltungsbehörde kann ihnen aber die Teilnahme und Fragestellung gestatten (vgl. Anm. 2 zu § 48).

b) Über die Würdigung der erhobenen Beweise im Verwaltungsverfahren enthalten das Gesetz und die AB. keine Vorschriften. Auch die Verwaltungsbehörden entscheiden auf Grund freier Beweiswürdigung; vgl. hierüber Anm. 1 zu § 125. Auf § 2 Abs. 2 und 3 RBG. sei hingewiesen.

4. a) Die Verwaltungsbehörden können, wenn Zeugen oder Sachverständige nicht erscheinen oder die Aussage verweigern, selbst keinerlei Zwangsmittel anwenden, sie können in solchen Fällen nur das Amtsgericht um die Vernehmung ersuchen, dem die Zwangsmittel der ZPO. zur Verfügung stehen (§ 84).

b) Eidliche Vernehmung durch die Verwaltungsbehörden ist nicht zulässig, weil sie im Gesetz nicht ausdrücklich gestattet ist. Die Regel wird die uneidliche Vernehmung bilden. Nur wenn die Beeidigung zur Herbeiführung einer wahrheitsgemäßen Aussage notwendig erscheint, ist eidliche Vernehmung am Platze. Diese kann nur durch das Amtsgericht erfolgen (§ 84 Abs. 2). — Die Spruchbehörden sind selbst zur eidlichen Vernehmung befugt; vgl. §§ 106, 107.

c) Eidesstattliche Versicherungen sind mit Vorsicht aufzunehmen, da sie erfahrungsgemäß nicht mit derselben Sorgfalt abgegeben werden wie eidliche Zeugenaussagen.

5. a) Wird ein Gutachten von einer Klinik beigezogen, so braucht es nicht unbedingt von dem Vorstand der Klinik, der die Untersuchung vorgenommen hat, auch abgefaßt zu sein; vielfach werden diese Gutachten von einem jüngeren Arzt verfaßt, von dem Vorstand der Klinik aber mitunterzeichnet. Aus der Unterschrift des Vorstandes ist zu folgern, daß dieser die schriftliche Ausarbeitung auf Grund seiner eigenen Beobachtung und Untersuchung gebilligt hat. — Die nach § 22 gewählten Gerichtsärzte sollen von den Verwaltungsbehörden nicht um Begutachtung ersucht werden. — Über die **Würdigung ärztlicher Gutachten** vgl. Anm. 1c zu § 125.

b) Auch die Äußerung des Referats „Ärztlicher Dienst" des Vers.Amts ist ein sachverständiges Gutachten, das eine der wichtigsten Unterlagen für die Verwaltungsentscheidung bildet. Spricht sich dieses Gutachten für Anerkennung von DB. aus, so ist dies weder für die Entscheidung des Vers.Amts bindend, noch eine Anerkennung des Anspruchs gegenüber dem Vers.Berechtigten. Über Prüfung der Versorgungszeugnisse vgl. RVBl. 24 Nr. 128; 25 Nr. 70. Über ärztliche Untersuchung Vers.Berechtigter im Ausland RVBl. 24 Nr. 425.

c) Die „Anhaltspunkte für die militärärztliche Beurteilung der Frage der DB. und KDB. bei den häufigsten psychischen und nervösen Erkrankungen der Heeresangehörigen" sind vergriffen, aber in der Deutschen Militärärztlichen Zeitschrift, 47. Jahrg., Heft 21/22, sowie in den E. II, 289—97 abgedruckt.

6. Wegen Nichtbefolgung solcher Auflagen vgl. Anm. 7 Abs. 2 zu § 81.

7. Vgl. zunächst Anm. 1 zu § 75. Es wird sich empfehlen, das Ersuchen unmittelbar an diejenige Stelle zu richten, die es, ohne eine andere Behörde in Anspruch zu nehmen, selbst erledigen kann.

8. Die Verpflichtung der ersuchten Behörde, dem Ersuchen Folge zu leisten, ergibt sich aus § 75; vgl. insbesondere Anm. 2 und 3 zu § 75.

§ 84.

Leisten Zeugen oder Sachverständige der Vorladung nicht Folge oder verweigern sie ohne Vorliegen der in den §§ 376, 383 bis 385, 407, 408 der Zivilprozeßordnung[7] bezeichneten Gründe ihr Zeugnis oder die Erstattung des Gutachtens, so kann[1] die für die Entscheidung zuständige Behörde das für den Wohnort des Zeugen oder Sachverständigen zuständige Amtsgericht um die Vernehmung ersuchen.

Erscheint es zur Herbeiführung einer wahrheitsgemäßen Aussage notwendig, so kann das Amtsgericht um eidliche Vernehmung ersucht werden[2].

In den Fällen der Abs. 1 und 2 finden die Vorschriften der Zivilprozeßordnung[3] entsprechende Anwendung; die Aussage oder die Eidesleistung darf nicht deshalb verweigert werden, weil dieses Gesetz oder die Reichsversicherungsordnung eine Schweigepflicht[4] begründet. Ob die Aussage oder die Eidesleistung verweigert werden darf, entscheidet der ersuchte Richter. Gegen seine Entscheidung ist innerhalb einer Woche Beschwerde an das zunächst höhere Gericht[5] nach den Vorschriften der Zivilprozeßordnung[6] zulässig.

1. Die Verwaltungsbehörde wird stets zu prüfen haben, ob nicht die Entscheidung ohne die Vernehmung möglich ist.

2. Ob die Beeidigung zur Herbeiführung einer wahrheitsgemäßen Aussage notwendig ist, hängt lediglich vom Befinden des Vers.Amts oder Hpt.Vers.Amts ab. Das Amtsgericht ist zur Nachprüfung der Notwendigkeit nicht befugt, es hat jedoch zu

prüfen, ob die Beeidigung nicht durch § 393 Nr. 1 und 2 ZPO. verboten ist. Vgl. im übrigen Anm. 2 zu § 75.

3. Vgl. §§ 376—386, 389 Abs. 1, §§ 390, 392—396, 400 bis 402, 407—410, 413, 414 ZPO. Es handelt sich hauptsächlich um die Vorschriften über die Verpflichtung, zu erscheinen, auszusagen und den Zeugen- oder Sachverständigeneid zu leisten, um die Gründe der Verweigerung der Aussage oder der Eidesleistung, die Folgen des Ausbleibens oder der Weigerung und den Anspruch auf Zeugen- und Sachverständigengebühren. Die Vorschrift des § 397 ZPO. über die Teilnahme der Parteien findet keine Anwendung; vgl. Anm. 3a zu § 83.

4. Wegen der Schweigepflicht vgl. unten Anm. 2 zu § 107.

5. Das zunächst höhere Gericht ist das dem ersuchten Amtsgericht übergeordnete Landgericht.

6. Vgl. § 568 Abs. 2, §§ 564—575 ZPO. Das Beschwerderecht steht nicht nur dem Zeugen oder Sachverständigen, sondern auch der ersuchenden Verwaltungsbehörde, dem Vers.Berechtigten und einem am Verfahren beteiligten Dritten (§ 50) zu.

7. Die im § 84 Abs. 1 erwähnten Vorschriften der ZPO. lauten:

§ 376. Öffentliche Beamte, auch wenn sie nicht mehr im Dienste sind, dürfen über Umstände, auf welche sich ihre Pflicht zur Amtsverschwiegenheit bezieht, als Zeugen nur mit Genehmigung ihrer vorgesetzten Dienstbehörde oder der ihnen zuletzt vorgesetzt gewesenen Dienstbehörde vernommen werden. Für die Mitglieder der Reichsregierung bedarf es der Genehmigung der Reichsregierung, für die Mitglieder einer Landesregierung der Genehmigung der Landesregierung.

Die Genehmigung darf nur versagt werden, wenn die Ablegung des Zeugnisses dem Wohle des Reiches oder eines deutschen Landes Nachteil bereiten würde.

Die Genehmigung ist durch das Prozeßgericht einzuholen und dem Zeugen bekannt zu machen.

Der Reichspräsident und der Präsident eines deutschen Landes können unter der Voraussetzung des Abs. 2 das Zeugnis verweigern. Dies gilt auch für einen früheren Präsidenten, soweit es sich um Tatsachen handelt, die sich während seiner Amtsführung ereignet haben oder die ihm infolge seiner Amtsführung bekannt geworden sind.

§ 383. Zur Verweigerung des Zeugnisses sind berechtigt:

1. der Verlobte einer Partei;
2. der Ehegatte einer Partei, auch wenn die Ehe nicht mehr besteht;
3. diejenigen, welche mit einer Partei in gerader Linie verwandt, verschwägert oder durch Adoption verbunden, oder in der Seitenlinie bis zum dritten Grade verwandt oder bis-

zum zweiten Grade verschwägert sind, auch wenn die Ehe, durch welche die Schwägerschaft begründet ist, nicht mehr besteht;

4. Geistliche in Ansehung desjenigen, was ihnen bei der Ausübung der Seelsorge anvertraut ist;
5. Personen, welchen kraft ihres Amtes, Standes oder Gewerbes Tatsachen anvertraut sind, deren Geheimhaltung durch die Natur derselben oder durch gesetzliche Vorschrift geboten ist, in betreff der Tatsachen, auf welche die Verpflichtung zur Verschwiegenheit sich bezieht.

Die unter Nr. 1 bis 3 bezeichneten Personen sind vor der Vernehmung über ihr Recht zur Verweigerung des Zeugnisses zu belehren.

Die Vernehmung der Nr. 4, 5 bezeichneten Personen ist, auch wenn das Zeugnis nicht verweigert wird, auf Tatsachen nicht zu richten, in Ansehung welcher erhellt, daß ohne Verletzung der Verpflichtung zur Verschwiegenheit ein Zeugnis nicht abgelegt werden kann.

§ 384. Das Zeugnis kann verweigert werden:

1. über Fragen, deren Beantwortung dem Zeugen oder einer Person, zu welcher derselbe in einem der im § 383 Nr. 1 bis 3 bezeichneten Verhältnisse steht, einen unmittelbaren vermögensrechtlichen Schaden verursachen würde;
2. über Fragen, deren Beantwortung dem Zeugen oder einem der im § 383 Nr. 1 bis 3 bezeichneten Angehörigen desselben zur Unehre gereichen oder die Gefahr strafgerichtlicher Verfolgung zuziehen würde;
3. über Fragen, welche der Zeuge nicht würde beantworten können, ohne ein Kunst- oder Gewerbegeheimnis zu offenbaren.

§ 385. In den Fällen des § 383 Nr. 1 bis 3 und des § 384 Nr. 1 darf der Zeuge das Zeugnis nicht verweigern

1. über die Errichtung und den Inhalt eines Rechtsgeschäfts, bei dessen Errichtung er als Zeuge zugezogen war;
2. über Geburten, Verheiratungen oder Sterbefälle von Familienmitgliedern;
3. über Tatsachen, welche die durch das Familienverhältnis bedingten Vermögensangelegenheiten betreffen;
4. über diejenigen auf das streitige Rechtsverhältnis sich beziehenden Handlungen, welche von ihm selbst als Rechtsvorgänger oder Vertreter einer Partei vorgenommen sein sollen.

Die im § 383 Nr. 4, 5 bezeichneten Personen dürfen das Zeugnis nicht verweigern, wenn sie von der Verpflichtung zur Verschwiegenheit entbunden sind.

§ 407. Der zum Sachverständigen Ernannte hat der Ernennung Folge zu leisten, wenn er zur Erstattung von Gutachten der erforderten Art öffentlich bestellt ist oder wenn er die Wissenschaft, die Kunst oder das Gewerbe, deren Kenntnis Voraussetzung der Begutachtung ist, öffentlich zum Erwerbe ausübt oder wenn er zur Ausübung derselben öffentlich bestellt oder ermächtigt ist.

Zur Erstattung des Gutachtens ist auch derjenige verpflichtet, welcher sich zu derselben vor Gericht bereit erklärt hat.

§ 408. Dieselben Gründe, welchen einen Zeugen berechtigen, das Zeugnis zu verweigern, berechtigen einen Sachverständigen zur Verweigerung des Gutachtens. Das Gericht kann auch aus anderen Gründen einen Sachverständigen von der Verpflichtung zur Erstattung des Gutachtens entbinden.

Die Vernehmung eines öffentlichen Beamten als Sachverständigen findet nicht statt, wenn die vorgesetzte Behörde des Beamten erklärt, daß die Vernehmung den dienstlichen Interessen Nachteile bereiten würde.

Wer bei einer richterlichen Entscheidung mitgewirkt hat, soll über Fragen, die den Gegenstand der Entscheidung gebildet haben, nicht als Sachverständiger vernommen werden.

§ 85[1].

Zeugen und Sachverständige erhalten auf Verlangen Gebühren wie bei Vernehmungen vor den ordentlichen Gerichten in bürgerlichen Rechtsstreitigkeiten[2].

Gegen die Festsetzung oder Ablehnung ist innerhalb eines Monats nach der Bekanntgabe die Beschwerde[3] zulässig; die Bekanntgabe ist in den Akten zu vermerken.

1. Die Vorschrift des § 85 findet nach §§ 103, 121 auch im Spruchverfahren Anwendung.

Bei Vernehmung durch das Amtsgericht gilt § 84 Abs. 3.

2. Die Höhe der Zeugen- und Sachverständigengebühren bestimmt sich nach der Gebührenordnung für Zeugen und Sachverständige in der Fassung der Bek. vom 13. 3. 22 (RGBl. S. 242) und des Ges. vom 24. 10. 22 (RGBl. I S. 806), deren Sätze durch RGBl. 23 I S. 1239 auf Goldmark und durch RGBl. 24 I S. 775 § 2 auf Reichsmark umgestellt sind.

3. Vgl. §§ 61—64.

IV. Bescheide.

Vorbemerkung: Bescheide im Sinne der §§ 86—89 sind die Entscheidungen der Verwaltungsbehörden zur Hauptsache (z. B. Festsetzung, Ablehnung von Versorgungsgebührnissen). Insbesondere finden die §§ 86 ff. auch auf Bescheide Anwendung, die in das Gebiet der bisherigen Regelung fallende Entscheidungen treffen oder über Rückzahlung von Vers.Gebührnissen (vgl. § 73) befinden.

Entscheidungen über Vorfragen oder Nebenpunkte (z. B. über die Notwendigkeit einer Beobachtung, über Vorschußbewilligung oder Akteneinsicht) oder anderweite Mitteilungen, wie z. B., daß eine Entscheidung noch nicht ergehen könne (sog. Zwischenbescheide) oder daß zur nochmaligen Bescheidung kein Anlaß vorliege, fallen nicht unter den Begriff des Bescheids. Sie ergehen ebenso wie einfache Umrechnungen und sonstige nicht mit der Berufung anfechtbare Entscheidungen durch eine sog. „Benachrichtigung". Grundsätzliches über diesen Unterschied und Beispiele für Benachrichtigungen s. RVBl. 22 Nr. 663, 1073; 23 Nr. 413, 542 Art. VIII, Nr. 545 zu Art. VIII.

§ 86 †).

Die Bescheide der Verwaltungsbehörden sind in tatsächlicher und rechtlicher Beziehung[1] zu begründen, schriftlich auszufertigen[2] und den Beteiligten zuzustellen[3].

In Bescheiden, die eine Bewilligung von Versorgungsgebührnissen enthalten, ist zugleich Betrag[4] und Beginn der Leistung festzustellen und die Art der Berechnung[5] ersichtlich zu machen[6].

1. a) Die Begründung „in tatsächlicher und rechtlicher Beziehung" muß unter Angabe von Gründen darlegen, welche der nach dem Gesetz für eine Bewilligung erheblichen Tatsachen festgestellt oder nicht festgestellt sind. Von diesem Gesichtspunkt aus beantwortet sich auch die Frage, wieweit der Inhalt ärztlicher Gutachten wiederzugeben ist. Die Begründung kann ganz kurz gefaßt werden, wenn dem Antrag voll entsprochen wird; bei Ablehnung eines Teiles, z. B. der Ausgleichszulage, bedarf nur der abgelehnte Teil näherer Begründung. Die Ablehnung eines Anspruchs damit zu begründen, daß DB. nicht vorliege oder daß ein ursächlicher Zusammenhang nicht bestehe, ist ungenügend. Es ist darzulegen, aus welchen Gründen DB. nicht vorliegt oder ein Zusammenhang nicht besteht. In allen Fällen muß die Begründung so beschaffen sein, daß sie dem Vers.Berechtigten ohne Einsicht in die Vers.Akten die Entscheidung ermöglicht, ob er sich bei dem Bescheide beruhigen oder Berufung einlegen soll. Näheres s. RVBl. 21 Nr. 237 zu § 28; 22 Nr. 663; über Feststellung von DB. in Bescheiden, die Rente aus anderen Gründen ablehnen, RVBl. 25 Nr. 95, 171.

---

†) Paschke, Wie kann die Feststellung, Anweisung, Buchung und Rechnungslegung der Vers.Gebührnisse vereinfacht werden? Kb.- und Kh.-Fürsorge, 8. Jahrg., S. 233—39. Behrend, Die Feststellung der DB. im Vers.Verfahren, RABl. 25 nichtamtl. Teil S. 437*—39*. Ferner über den Anspruch auf Feststellung der DB. Fechner, RABl. 26, nichtamtl. Teil S. 106*—108*.

b) Soweit es sich um die Veränderung der maßgebend gewesenen Verhältnisse (§ 57 RVG.) handelt, ist anzugeben, inwiefern eine Besserung oder Verschlimmerung eingetreten oder nicht eingetreten ist. Dabei kann die abweichende Schätzung des Erwerbsfähigkeitsgrades nur aus der festgestellten Veränderung des Zustandes hergeleitet werden, nicht umgekehrt.

2. Eine nur mündliche Mitteilung über die Stellungnahme der Behörde zu dem gestellten Antrage ist nicht bindend.

3. Über die Zustellung vgl. §§ 56—58.

Von jeder Bewilligung oder Ablehnung, Veränderung oder Entziehung von Vers.Gebührnissen ist der Fürsorgestelle Mitteilung zu machen (RVBl. 22 Nr. 253 ff. Ziff. 22 ff., Nr. 511; 25 Nr. 88). Bewilligungen an Empfänger von Invaliden-, Alters- und Hinterbliebenenrente nach der RVO. sind der zuständigen Landesversicherungsanstalt mitzuteilen (RVBl. 21 Nr. 328; 22 Nr. 886). Über Erstattung der von Fürsorgestellen gezahlten Vorschüsse vgl. RVBl. 26 Nr. 68.

4. Über sämtliche geltend gemachten Leiden ist in einem Bescheide zu entscheiden, da der Vers.Anspruch ein einheitlicher ist (E. I, 79). Abgesehen hiervon sind auch Teilbescheide, z. B. über die Rente, die Schwerbeschädigtenzulage, zulässig, während z. B. die Entscheidung über die Ausgleichszulage (§ 28 RVG.) vorbehalten bleibt. Ein solcher Teilbescheid ist zweckmäßig, wenn wegen einzelner Punkte noch zeitraubende Ermittelungen notwendig sind, während im übrigen Bewilligung bereits erfolgen kann. Näheres s. Anm. 2c zu § 125.

5. a) Anläßlich der Feststellung des Betrages der Rente hat der Bescheid sich u. a. auch darüber auszusprechen, wieviel die Minderung der Erwerbsfähigkeit beträgt und in welcher Höhe die Rente nach den §§ 61 ff. RVG. zu ruhen hat. Eine ins Einzelne gehende mathematische Berechnung ist zu der vom Gesetz vorgeschriebenen Ersichtlichmachung der Art der Berechnung nicht erforderlich.

b) Die Verantwortung für die rechnerische Richtigkeit des Rentenbescheides wie der Anweisung überhaupt trägt allein der Abschnittsführer, nicht aber der Dezernent. Zu diesem rechnerischen Teil gehört z. B. auch die richtige Durchführung der vom Dezernenten hinsichtlich des Hundertsatzes der Grundrente, der Ausgleichszulage, der Ortszulage und der Kinderzulage getroffenen Entscheidung (vgl. RVBl. 21 Nr. 1327).

6. a) Das Gesetz kennt kein besonderes Regelungsverfahren und keinen besonderen Regelungsbescheid, wie auch dem RVG. und dem ARG. ein besonderes Pensionsregelungsverfahren von vornherein unbekannt gewesen ist. Es ergeht, soweit nicht die Entscheidung über einzelne von mehreren geltend gemachten Ansprüchen vorbehalten bleibt (vgl. Anm. 4), nur ein einheitlicher Bescheid, in dem auch die Anrechnung etwaiger Vorschüsse sowie

die Vorschriften über das Ruhen der Rente (§§ 61 ff. RVG.) zu berücksichtigen sind.

b) Die festgesetzten Gebührnisse werden durch die Post gezahlt. Über das zum 1. 4. 22 eingeführte und mehrfach ergänzte Postzahlungsverfahren vgl. RVBl. 22 Nr. 219, 964; 23 Nr. 397, 423, 504, 509, 751, 805, 892; 24 Nr. 18, 327; über Zahlungen im Postscheckwege RVBl. 22 Nr. 219 Ziff. 14; 23 Nr. 9; über Überweisung auf Konto RVBl. 22 Nr. 550.

c) Bei der Zahlbarmachung der Bezüge ist nach Anwendung etwa zu berücksichtigender Ruhensvorschriften auch der Steuerabzug (§§ 68 ff. des Einkommensteuergesetzes vom 10. 8. 25 — RGBl. I S. 189) durchzuführen, der aber für die Bezüge nach dem RVG. und dem AKG. nicht in Betracht kommt. Näheres s. RVBl. 22 Nr. 140, 266, 498; 23 Nr. 31, 528; 24 Nr. 360, 384; 25 Nr. 91, 92, 174; 26 Nr. 20. Für Streitigkeiten über den Steuerabzug von den VersGebührnissen sind die Spruchbehörden der Reichsversorgung nicht zuständig (RVGer. vom 22. 12. 25. M. 4102/25). Über Besteuerung der Gebührnisse nach dem WVG. vgl. RVBl. 26 Nr. 27; über steuerliche Behandlung der Kriegsbeschädigten RVBl. 26 Nr. 36, 58.

§ 87.

In den Bescheiden der Verwaltungsbehörden muß das zulässige Rechtsmittel¹ und die Frist², in der es einzulegen ist, angegeben werden³. Wenn die Rechtsmittelbelehrung oder die Fristangabe fehlt oder unrichtig ist, wird die Rechtsmittelfrist nicht in Lauf gesetzt⁴.

Ein Bescheid, der nicht anfechtbar⁵ ist, soll⁶ den Hinweis enthalten, daß gegen ihn ein Rechtsmittel nicht gegeben ist.

1. Als zulässiges Rechtsmittel kommt, soweit eine Anfechtung überhaupt stattfindet, nur die Berufung (§ 90) in Betracht. Ein Einspruch an eine höhere Verwaltungsinstanz ist nicht vorgesehen. Für Benachrichtigungen (Vorbem. zu § 86) und sonstige Verfügungen, die nicht Bescheide sind, ist ein entsprechender Hinweis, auch wenn z. B. die Beschwerde zulässig ist, nicht vorgeschrieben. — Über den Hinweis auf die Zulässigkeit des Rekurses in den Urteilen der Vers.Gerichte vgl. Anm. 4 zu § 135.

2. Nach § 90 Abs. 2 ist die Frist für die Berufung ein Monat.

3. Die Rechtsmittelbelehrung soll verhüten, daß der Vers.-Berechtigte aus Unkenntnis der Verfahrensvorschriften die Frist versäumt und so den Bescheid rechtskräftig werden läßt; sie ist nicht nur für ganz oder teilweise ablehnende, sondern auch für Be-

scheide notwendig, die dem gestellten Antrage voll entsprechen. Bezieht sich der Bescheid lediglich auf einen Kannbezug (vgl. Anm. 3 zu § 91), so ist darauf hinzuweisen, daß ein Rechtsmittel gegen ihn nicht zulässig ist (vgl. § 87 Abs. 2, § 91). Im übrigen vgl. RVBl. 22 Nr. 663, 1073.

4. Bei fehlender, unvollständiger oder unrichtiger Rechtsmittelbelehrung ist Versäumung der Berufungsfrist und Eintritt der Rechtskraft gegenüber dem Empfänger durch Fristablauf nicht möglich. Im übrigen ist die Zustellung eines solchen Bescheides vollwirksam, der Vers.Berechtigte kann Berufung einlegen usw.

5. Vgl. zu § 91.

6. Das Fehlen des Hinweises in unanfechtbaren Bescheiden hat keinerlei Rechtsfolgen. Der Hinweis soll in diesem Falle verhindern, daß der Vers.Berechtigte unzulässigerweise Berufung einlegt. Ist ein mit der Berufung anfechtbarer Bescheid fälschlicherweise als unanfechtbar bezeichnet, so gilt das in Anm. 4 Gesagte. Wo die Berufung unzulässig ist, wird sie durch den versehentlichen oder absichtlichen Hinweis auf die Berufungsmöglichkeit nicht zulässig.

§ 88.

Der Reichsarbeitsminister kann anordnen[1], daß die Bescheide des Versorgungsamts der Zustimmung[2] des Hauptversorgungsamts bedürfen.

1. Eine solche Anordnung kann z. B. getroffen werden, um für gewisse Angelegenheiten eine einheitlichere Durchführung sicherzustellen. Sie ist bisher ergangen für Bescheide über den Beamtenschein; vgl. RVBl. 22 Nr. 542.

2. Von dieser Zustimmung ist die „vorherige Genehmigung" des Hpt.Vers.Amts zur Erteilung eines neuen Bescheides zugunsten des Berechtigten zu unterscheiden, die nach § 71 ohne besondere Anordnung kraft Gesetzes erforderlich ist.

§ 89.

Schreib- und Rechenfehler sowie ähnliche offenbare Unrichtigkeiten[1], die in dem Bescheide[2] vorkommen, sind jederzeit[3] auf Antrag[4] oder von Amts wegen zu berichtigen. Über die Berichtigung entscheidet die Verwaltungsbehörde, die den Bescheid erlassen hat. Die Verfügung, die den Bescheid berichtigt, wird auf der Urschrift und den Ausfertigungen des Bescheids vermerkt.

Gegen die Entscheidung ist die Beschwerde[5] zulässig.

1. a) Nur Schreib- und Rechenfehlern ähnliche Unrichtigkeiten können berichtigt werden, d. h. Flüchtigkeitsversehen, bei denen etwas anderes niedergeschrieben wurde als gewollt war, bei denen also der Ausdruck des Gewollten mit dem Gewollten nicht übereinstimmt (vgl. auch E. II, 87). Unrichtigkeit des Gewollten, also der beabsichtigten Entscheidung, kann nicht auf Grund des § 89 beseitigt werden, gleichgültig, ob die Unrichtigkeit auf Unkenntnis, übersehen oder falscher Auslegung der maßgebenden Vorschrift, auf unzureichender oder unrichtiger Beurteilung des Sachverhalts, auf einer falschen Annahme oder auf unvollständigen oder gar falschen Angaben eines Beteiligten beruht. Solche Unrichtigkeiten können zuungunsten des Berechtigten, wenn nicht Berichtigung nach § 65 Abs. 2 möglich ist (vgl. Anm. 6 zu § 65), nur unter den Voraussetzungen der Wiederaufnahme des Verfahrens (§§ 66—70), zugunsten des Berechtigten stets (§ 71) richtig gestellt werden.

b) Eine Unrichtigkeit ist offenbar, wenn aus dem Gesamtinhalt des Bescheides, aus dem Zusammenhang von Entscheidung und Begründung, das Vorliegen eines Versehens, einer Abweichung des Ausgesprochenen vom Gewollten erkennbar ist.

2. Auch Bescheide über „Kannbezüge" (§ 91) können berichtigt werden. Über Berichtigung der Urteile der Spruchbehörden vgl. § 137.

3. Die Berichtigung kann auch nach Einlegung der Berufung gegen den Bescheid, selbst nach Erlaß eines den Bescheid bestätigenden Urteils des VGer. oder des RVGer. noch erfolgen. Die Vorschrift des § 89 bedeutet also, daß Unrichtigkeiten der genannten Art von der Rechtskraft nicht gedeckt werden.

4. Auch wenn der Berechtigte erst nach Eintritt der Rechtskraft den Antrag stellt, muß die Berichtigung erfolgen (vgl. Anm. 3). Sie steht beim Vorliegen der Voraussetzungen nicht im Ermessen der Verwaltungsbehörde wie etwa der neue Bescheid nach § 71. Im Gegensatz zu diesem und zur Berichtigung nach § 65 Abs. 2 stellt sich die Berichtigung nicht als eine neue Entscheidung, sondern als Klarstellung der alten dar. Aus diesem Grunde bedarf das Vers.Amt hier nicht der vorherigen Genehmigung des Hpt.Vers.Amts.

5. Durch die Übersendung des berichtigten Bescheides wird keine neue Rechtsmittelfrist eröffnet, da der Berechtigte das Versehen und den wirklichen Willen der Behörde, weil eine offenbare Unrichtigkeit vorliegen muß, erkennen konnte (vgl. auch E. I, 124), es kann aber die Wiedereinsetzung in den vorigen Stand nach §§ 54, 55 in Frage kommen (E. III, 23). — Über die Beschwerde vgl. §§ 61—64.

Dritter Abschnitt.

Spruchverfahren.

I. Rechtsmittel.

Vorbemerkung: „Rechtsmittel" sind nur Berufung und Rekurs. Diese und die sonstigen, auf Anfechtung einer Verwaltungs- oder Gerichtsmaßnahme abzielenden Verfahrenshandlungen (Beschwerde, Wiedereinsetzung, Wiederaufnahme, Anrufung der Kammer oder des Senats) werden unter der gemeinsamen Bezeichnung „Rechtsbehelfe" (vgl. z. B. § 69 Abs. 4) zusammengefaßt. Einen „Einspruch" kennt das Gesetz nicht, so daß sich das Spruchverfahren unmittelbar an die erste Entscheidung im Verwaltungsverfahren anschließt (vgl. Anm. 1 zu § 87).

§ 90.

Gegen die Bescheide[1] der Verwaltungsbehörden ist für den Kläger die Berufung[2] an das Versorgungsgericht und gegen die Urteile der Versorgungsgerichte für beide Parteien der Rekurs[3] an das Reichsversorgungsgericht[4] gegeben.

Die Rechtsmittelfrist[5] beträgt einen Monat seit der Zustellung[6] der anzufechtenden Entscheidung, bei Zustellung außerhalb Europas sechs Monate.

1. Sowohl ablehnende wie auch bewilligende Bescheide, aber nicht Benachrichtigungen (vgl. Vorbem. zu § 86) können mit der Berufung angefochten werden. Es macht auch keinen Unterschied, ob es sich um Geld- oder Sachleistungen, um Rente oder Nebenbezüge, um Bewilligung, Entziehung, Minderung oder Rückforderung (vgl. § 73 Satz 2) handelt. Nur soweit die Bescheide Leistungen betreffen, deren Gewährung in das pflichtmäßige Ermessen der Verwaltungsbehörde gestellt ist, findet Berufung nach § 91 nicht statt; vgl. aber Anm. 1 zu § 91.

Über die Zusatzrente (§§ 88ff. RVG.) entscheiden die Fürsorgestellen unter Ausschluß des Spruchverfahrens (§ 94 RVG.). Dagegen ist die Berufung zulässig über die orthopädische Versorgung, auch die Art und Ausführung der Hilfsmittel (RVBl. 23 Nr. 698), ferner über Ersatz für Kosten- und Verdienstausfall nach § 20 RVG. (Heilbehandlung), dagegen nicht über Ersatzansprüche nach § 20 oder § 82 Verf.G.

Ordnet das Vers.Amt an, daß die Frauenzulage oder die Kinderzulage gemäß §§ 29, 30 Abs. 5 RVG. nicht an den Beschädigten selbst gezahlt wird, so kann dieser Berufung einlegen (unrichtig RVBl. 25 Nr. 115 Ziff. 15), dagegen können die Ehefrau oder der Pfleger, wenn Zahlung an sie abgelehnt wird, nur Dienstaufsichtsbeschwerde erheben.

2. a) Die Berufung ist nur für den Kläger gegeben, gegen Bescheide der Vers.Behörden des Saargebiets kann jedoch auch der deutsche Finanzkommissar Berufung einlegen (vgl. Anm. 2c zu § 153). Die Möglichkeit der Einlegung des Rekurses gegen Entscheidungen der Versorgungsgerichte ist hingegen sowohl dem Vers.Berechtigten wie dem Fiskus gegeben.

b) Berufung ist nur zulässig, wenn der Vers.Berechtigte durch den Bescheid der Verwaltungsbehörde beschwert ist; ob eine solche Beschwerung vorliegt, bestimmt sich nach der Wirkung des Bescheides, insbesondere nach der Rechtskraftwirkung. Da die Gründe des Bescheids nicht in Rechtskraft übergehen (vgl. Anm. 3d zu § 65), kann eine Berufung, die sich lediglich gegen die Begründung richtet, keinen Erfolg haben, mögen die Darlegungen der Gründe auch nicht stichhaltig sein.

3. a) Der Rekurs setzt ebenso wie die Berufung eine Beschwerung desjenigen voraus, der ihn einlegt (vgl. Anm. 2b). Lediglich gegen die Begründung der Entscheidung eines VGer. kann daher auch der Rekurs nicht mit Erfolg durchgeführt werden, weil für die rechtlichen Beziehungen der Parteien nur der entscheidende Teil des Urteils maßgebend ist und die Parteien deshalb durch Unrichtigkeiten der Begründung nicht beschwert sind (vgl. E. I, 183). Gegen Urteile, welche die Berufung zurückgewiesen haben, ist die Möglichkeit der Rekurseinlegung für den Fiskus daher niemals gegeben. Der Fiskus ist nicht beschwert, wenn eine auf 2 Jahre bewilligte Pension vom VGer. ohne Endtermin festgesetzt wird (E. I, 158). Der Kläger kann nicht Rechtsmittel einlegen, um weniger zu erhalten (E. III, 130). Eine den Rekurs rechtfertigende Beschwerung kann stets nur aus der Sache selbst hergeleitet werden; der Fiskus kann daher nicht etwa lediglich wegen der grundsätzlichen Bedeutung der Entscheidung für andere Verfahren Rekurs einlegen. Schließlich kann der Fiskus auch nicht zugunsten des Vers.Berechtigten Rekurs einlegen, wohl aber hat die Verwaltungsbehörde, wenn sie eine günstigere Entscheidung für angezeigt hält, die Möglichkeit, gemäß § 71 einen neuen Bescheid zu erteilen.

b) Der Rekurs führt ebenso wie die Berufung zu einer Nachprüfung nicht nur in rechtlicher, sondern auch in tatsächlicher Beziehung; das Rekursgericht hat daher z. B. auch zu prüfen, ob die Beweiswürdigung (§ 125) durch das Berufungsgericht zu beanstanden ist oder nicht.

4. Der Rekurs gegen Urteile der bayer. Versorgungsgerichte geht an das bayer. LVGer. (§ 154), des Vers.Ger. Danzig an das RVGer., des Vers.Ger. des Saargebiets an einen besonderen Senat des RVGer. (vgl. Anm. 2b und c zu § 153).

5. Über die Berechnung der Rechtsmittelfristen

vgl. §§ 51—55. Die Rechtsmittelfrist endigt also, wenn der letzte Tag ein Sonntag oder ein am Sitze der zuständigen Spruchbehörde staatlich anerkannter Feiertag ist, erst mit Ablauf des nächsten Werktages (§ 53); bei Versäumung der Frist kommt Wiedereinsetzung in den vorigen Stand in Frage (§§ 54, 55). Im übrigen vgl. auch zu § 93.

Ein sog. Anschlußrekurs, d. h. die Anschließung des Rekursbeklagten nach Ablauf der Rekursfrist an den Rekurs des Gegners, ist wie in der Sozialversicherung nicht vorgesehen und deshalb unzulässig (E. I, 16), für Tumultschädensachen (§ 18 KPG.) vgl. jedoch E. IV, 46. Da die Rechtsmittelfrist eine Ausschlußfrist ist, ist eine Verlängerung derselben nicht möglich, doch kann die Gegenpartei auf Innehaltung verzichten (§ 54 Abs. 4).

6. a) Über Zustellungen vgl. §§ 56—58. In der Regel wird eine Berufung erst nach Zustellung des Bescheides eingelegt werden, da der Inhalt des Bescheides nach § 86 durch Zustellung dem Vers.Berechtigten bekannt gemacht wird. Eine Einlegung der Berufung vor Zustellung ist nur zulässig, wenn der Vers.Berechtigte von der Entschließung der Verwaltungsbehörde mit ihrem Wissen und Willen auf schriftlichem Wege erfahren hat (E. II, 52). Auch der Rekurs kann vor Zustellung, aber nicht vor Verkündung des Urteils des VGer. eingelegt werden (E. I, 28). Wird eine Entscheidung (Bescheid oder Urteil) nach der Zustellung gemäß §§ 89, 137 berichtigt, so beginnt nicht etwa eine neue Rechtsmittelfrist (E. I, 124; III, 23).

b) Die Zustellung des Urteils des VGer. an den lediglich von der Amtl. Fürsorgestelle mit der Wahrnehmung der Interessen des Vers.Berechtigten bevollmächtigten Rechtsanwalt setzt die Rekursfrist nicht in Lauf, wenn der Vers.Berechtigte selbst weder dem Rechtsanwalt noch einem Leiter der Fürsorgestelle eine schriftliche Vollmacht ausgestellt hatte (E. II, 221). Bei Zustellung an den Vater des volljährig gewordenen Klägers beginnt die Frist mit der tatsächlichen Aushändigung an den Kläger selbst (E. II, 66). Weitere Beispiele s. zu §§ 56, 57.

§ 91.

Die Berufung ist ausgeschlossen[1], soweit die Gewährung der Leistungen nach den Versorgungsgesetzen[2] in das pflichtmäßige Ermessen der Verwaltungsbehörde gestellt ist[3].

1. a) Über die sog. Kannbezüge (vgl. Anm. 3) kann im Spruchverfahren nicht erkannt werden, und zwar selbst dann nicht, wenn im Bescheide die Berufung versehentlich oder absichtlich als zulässig bezeichnet ist (E. I, 85; III, 132). Das Gericht hat selbst zu prüfen, ob es sich um einen Kannbezug handelt. Nur „soweit" ein Bescheid Kannbezüge betrifft, ist die Berufung ausgeschlossen; ist daher über Pflichtleistungen und Kannbezüge zugleich ent-

schieden, so ist die Entscheidung über die Pflichtleistung mit der Berufung anfechtbar, während sie im übrigen als unzulässig zu verwerfen ist. Enthält ein Bescheid über einen Kannbezug unausgesprochen auch eine Entscheidung über eine Pflichtleistung, — es wird z. B. auf den Versorgungsantrag einer Witwe lediglich Witwenbeihilfe aus § 40 RVG. oder Elternbeihilfe aus § 45 Abs. 3 RVG. festgesetzt oder mangels Bedürftigkeit abgelehnt — so ist Berufung zulässig.

b) In Fällen, in denen die Berufung ausgeschlossen ist, ist darum **nicht auch der Rekurs unzulässig**. Gegen ein Urteil, das über einen Kannbezug entschieden hat, ist vielmehr Rekurs zulässig. War die Berufung als unzulässig verworfen worden, so ist der Rekurs des Klägers als unbegründet zurückzuweisen. War der Berufung auf Grund sachlicher Prüfung stattgegeben worden, so ist auf den Rekurs des Fiskus die Berufung unter Aufhebung des Urteils als unzulässig zu verwerfen.

2. Über den Begriff „Versorgungsgesetze" vgl. Anm. 1 zu § 1. Über die Frage, ob Leistungen nicht nur im Verwaltungswege, sondern durch die Versorgungsgesetze als Pflichtleistung vorgesehen sind, ist die Berufung zulässig.

3. Die Gewährung der Leistungen ist in das pflichtmäßige Ermessen der Verwaltungsbehörde gestellt, wenn auf die Leistung nach dem materiellen Recht auch beim Vorliegen der gesetzlichen Voraussetzungen kein Rechtsanspruch besteht („Kannbezüge", „Kannvorschriften") †). Die Gesetze wählen in solchen Fällen nicht die Ausdrücke „hat Anspruch", „wird gewährt", „erhält" usw., sondern „kann bewilligt werden", „kann bewilligen", „kann erhalten" usw. Die Verwaltungsbehörde muß solche Leistungen beim Vorliegen der Voraussetzungen bewilligen, die Bewilligung kann aber nicht im Spruchverfahren erzwungen werden. Die Kannbezüge sind eine Art Naturalobligationen des öffentlichen Rechts, sie können also nicht mit der Begründung, daß auf sie ein Rechtsanspruch nicht bestanden habe, zurückgefordert werden. Soweit ein Bescheid solche Kannbezüge betrifft, soll er den Hinweis enthalten, daß ein Rechtsmittel gegen ihn nicht gegeben ist (§ 87 Abs. 2). Ob es sich wirklich um einen Kannbezug und deshalb um einen unanfechtbaren Bescheid handelt, entscheiden im Streitfall die Spruchbehörden und zwar die Rekursinstanz selbst dann,

---

†) Über **Kannbezüge** (auch über Vererblichkeit und Rechtsnatur nach Bewilligung): **Breme**, Zentralbl. der Reichsversich. 20 Sp. 164—171; **Dorn**, Gruchots Beiträge Bd. 62 S. 675 ff. (mit Schrifttum); **Fuisting**, Arbeiterversorgung 19 Heft 17; **Kretzschmar**, MfA. 25 Sp. 381—90, Sp. 473—80, Sp. 627—37; v. **Olshausen**, Handb. zum MHG., Anm. 18 zu § 22, Anm. 10 zu § 27, Anm. 8 zu § 29 und Nr. 4 des Anhangs S. 250; **Schulte-Holthausen**, MfA. 21 Sp. 579/80; **Seel**, Anm. 3 zu Art. II § 1 VO. vom 1. 2. 19 S. 55/56.

wenn der Rekurs in materieller Beziehung nach § 92 ausgeschlossen ist (E. III, 271; vgl. auch § 547 Nr. 1 ZPO. und Handb. der Unfallversich. Bd. I S. 510 Anm. zu § 80 GewUnfVersG.).

Orthopädische und andere Hilfsmittel sind keine Kannbezüge (RVBl. 23 Nr. 698), auch nicht das zweite Kunstbein, das nach § 3 der VO. zu § 7 RVG. vom 3. 7. 22 (RVBl. Nr. 578) in einfacherer Ausführung geliefert werden „kann". Auch der Kostenersatz selbstbeschaffter Hilfsmittel (§ 5 der VO. zu § 7 RVG.) ist kein Kannbezug (E. III, 271).

Die Kannbezüge werden durch Bewilligung nicht zu Pflichtleistungen. †) Die Belassung oder Entziehung ist ebenso wie die Bewilligung den Verwaltungsbehörden überlassen und nicht mit der Berufung anfechtbar (RVGer. vom 4. 2. 26. M. 12012/25). Das Bayer. LVGer. (Urteil vom 19. 11. 25 — II MV. 1873/25) ist anderer Meinung, weil im § 91 nur die „Gewährung" genannt ist. Dort ist aber der Zusatz „Belassung und Entziehung" nur deshalb fortgeblieben, weil er überflüssig wäre und eine Erweiterung oder Einschränkung der Berufungsmöglichkeit nicht bedeuten würde. Gegen Bescheide über Rückforderung zu Unrecht gezahlter Kannbezüge ist die Berufung zulässig. Vgl. auch Anm. 1 b zu § 65 und Anm. 4 zu § 73.

Über die Vererblichkeit der Kannbezüge †) vgl. RVBl. 22 Nr. 860, 917.

§ 92*).

Der Rekurs ist ausgeschlossen[1], soweit der Grad der Minderung der Erwerbsfähigkeit streitig ist[2].

Der Rekurs ist ferner ausgeschlossen[3], soweit[4] es sich um Heilbehandlung[5], Hausgeld[6] oder Sterbegeld[7] handelt[8], es sei denn, daß der ursächliche Zusammenhang des Schadens[9] oder des Todes mit einer Dienstbeschädigung streitig ist.

Unzulässig ist auch ein Rekurs, der lediglich die Entscheidung über die Gebühren[10] oder die außergerichtlichen Kosten[11] des Verfahrens anficht[12].

*) Fassung: Durch Art. 21 Ziff. V 7 der PAV. ist zum 31. 10. 23 der Abs. 1 an die Stelle der bisherigen Abs. 1 und 2 getreten, die den Rekurs bei Veränderung und Umanerkennung von Renten für eine Minderung der Erwerbsfähigkeit um nicht mehr als 40 v. H. ausschlossen.

1. a) Ist der Rekurs nach Abs. 1—3 ausgeschlossen, so wird er ohne sachliche Prüfung als unzulässig verworfen. Ist er nur teilweise ausgeschlossen, so ist er nach sachlicher Prüfung der rekursfähigen Punkte im Falle seiner Erfolglosigkeit nicht als unzulässig zu verwerfen, sondern als unbegründet zurückzuweisen. —

†) Siehe Anm. auf S. 138.

Durch Gesetzesänderung mit Wirkung von einem nach der Verkündung des Berufungsurteils liegenden Zeitpunkt kann ein Rekurs wohl unzulässig, aber — weil mit der Verkündung Rechtskraft eingetreten war — nicht zulässig werden (E. II, 162 und RVBl. 22 Nr. 361[1] u.[2]). Soweit der Rekurs ausgeschlossen ist, wird er nicht dadurch zulässig, daß die Gegenpartei einen zulässigen Rekurs (E. I, 231) oder die Partei selbst gegen einen rekursfähigen Teil des Urteils Rekurs eingelegt hat. Wegen der Gebühren und außergerichtlichen Kosten vgl. jedoch § 92 Abs. 3. — Die Zulässigkeit des Rekurses ist nach den Anträgen, wie sie bei Schluß der mündlichen Verhandlung vorliegen, zu beurteilen (E. IV, 251 = RVBl. 25 Nr. 65[5]).

b) Das Wehrmachtversorgungsgesetz enthält selbst Vorschriften über die Zulässigkeit des Rekurses (vgl. § 90 Abs. 2, § 103). Soweit im WVG. die Anwendung des RVG. vorgeschrieben ist, gilt nur § 92 VerfG.

2. Es ist unrichtig, vom Rekursausschluß in „Gradsachen" oder in „reinen Gradsachen" zu sprechen. Auch was „im Vordergrunde steht" oder „in erster Linie zur Entscheidung steht", ist vom Gesetz in keiner Weise als wesentlich bezeichnet. Der Rekurs ist vielmehr in allen Sachen insoweit ausgeschlossen, als es sich um den Grad der Minderung der Erwerbsfähigkeit (MdE.) handelt†) und zwar ohne Rücksicht darauf, ob gleichzeitig andere Punkte mit oder ohne Erfolg zur Entscheidung gestellt werden. Es kann in der Rekursinstanz nachgeprüft werden, ob ein Leiden oder ein weiteres Leiden zu Recht als Folge von DB. anerkannt oder abgelehnt worden ist (RVBl. 23 Nr. 906), m. a. W. ob das VerfGer. seiner Schätzung der MdE. den richtigen Leidenszustand zugrunde gelegt hat, dagegen nicht, ob es ihn in seiner Bedeutung für die MdE. richtig geschätzt hat. Das Rekursgericht darf die MdE. nur nachprüfen, wenn sich ergibt, daß das VerfGer. den als Folge von DB. zu berücksichtigenden Leidenszustand zu weit oder zu eng gefaßt hat, so daß eine Abschätzung der richtigen Leidensgruppe überhaupt noch nicht vorliegt. Von dieser einzigen Ausnahme abgesehen sind alle Einwendungen materiellrechtlichen oder prozessualen Inhalts, welche die Abschätzung der MdE. als nicht dem Gesetz entsprechend oder überhaupt als unrichtig dartun sollen, mögen sie die tatsächlichen Feststellungen oder die rechtliche Würdigung betreffen, der Nachprüfung durch das Rekursgericht entzogen. Auch klar zutage liegende Unrichtigkeit oder gar Gesetzwidrigkeit der Schätzung macht den Rekurs bezüglich des Grades der MdE. nicht zulässig. Die beim Schluß der mündlichen Verhandlung vorliegenden Anträge (vgl. oben Anm. 1a) sind also nachzuprüfen, soweit sie sich

†) Vgl. Schulte-Holthausen in MfA. 23 Sp. 660—62; vgl. ferner das unten bei der Rechtsprechung des RVGer. angeführte Schrifttum.

gegen die Berücksichtigung oder Nichtberücksichtigung eines oder mehrerer Leiden richten, dagegen nicht nachzuprüfen, soweit sie mit irgendeiner anderen Begründung sich gegen die vom VersGer. festgesetzte oder bestehen gelassene MdE. wenden. Richtet sich der Rekurs nur gegen den letzteren Punkt, so ist er einfach als unzulässig zu verwerfen, andernfalls ist er, wenn die Nachprüfung des ersteren Punktes zu einer Änderung nicht führt, als unbegründet zurückzuweisen mit der Begründung, daß letzterer Punkt der Nachprüfung durch § 92 Abs. 1 entzogen ist (oben Anm. 1a).

Ob bereits Rente bezogen wird oder nicht, ob es sich also um Rente überhaupt oder um ihre Erhöhung oder Herabsetzung handelt, kann angesichts der Fassung des Gesetzes keinen Unterschied bedeuten. Hat das VersGer. Rente abgelehnt mit der Begründung, daß die MdE. unter 25 v. H. betrage, so kann das Rekursgericht die DB.-Frage nicht erörtern, gleichgültig, ob sie vom VersGer. offengelassen, bejaht oder verneint wurde, weil die Schätzung der MdE. für das Rekursgericht bindend ist, die Bejahung der DB.-Frage für sich allein nicht zu einer Rentenbewilligung und ihre Verneinung auch nicht zu einer anderen Entscheidung führen könnte. Das Rekursgericht muß in solchen Fällen, ohne auf die DB.-Frage eingehen zu können, den Rekurs als „unzulässig" (RVGer. vom 29. 10. 25 M 12684/24[15]) oder als „unbegründet" (Bayer. LVGer. vom 23. 9. 24 in Sachen Dengel) behandeln und erledigen (abweichend RVGer. vom 3. 2. 25 M 14041/23[6], übereinstimmend dagegen RVGer. vom 3. 9. 25 M 32802/23[7]). Die DB.-Frage bleibt in solchen Fällen offen. Da nach der früheren Fassung des § 92 der Rekurs bei Neufeststellung der Renten für eine MdE. von nicht mehr als 40 v. H. ausgeschlossen war und die neue Fassung ausnahmslos eine Einschränkung des Rekurses bezweckte, so ist auch über die Frage, ob eine Besserung oder Verschlimmerung im Sinne des § 57 RVG. eingetreten ist, der Rekurs als unzulässig zu erachten.

Nach der Rechtsprechung des RVGer.,†) die mit vorstehenden Gesichtspunkten nur zu einem geringen Teile übereinstimmt (a), im übrigen aber abweichende Grundsätze entwickelt hat (b), ist der Rekurs zulässig darüber, ob das geltend gemachte Leiden besteht und nachweisbar ist (b), E. IV, 38; ob das VersGer. entgegen § 25 Abs. 2 RVG. die Verdienstverhältnisse der Schätzung der MdE. zugrunde gelegt hat (b), E. V, 183; ob die Berufung verspätet war oder ein wesentlicher Verfahrensmangel vorliegt, auch wenn sachlich nur der Grad der MdE. streitig ist (b), E. IV, 1, 137, 271; ob eine Änderung des Zustandes (§ 57 RVG.) eingetreten ist (b), aber nicht, ob die angenommene Änderung richtig bewertet ist (a), E. IV, 68; ob der Beschädigte blind

†) Vgl. die Kritik der Rechtsprechung des RVGer. von Levin in JW. 26 S. 635—638; ferner Kunze, Der Rekursausschluß in Grabsachen und die Rechtsprechung, MfA. 26 Sp. 93—104.

ist und deshalb die Vollrente nach § 27 Abs. 5 RVG. beanspruchen kann (a), E. IV, 113; ob die Witwe (§ 37 Abs. 4 RVG.) oder die Eltern (§ 45 Abs. 2 RVG.) erwerbsunfähig sind (a), E. III, 262; dagegen unzulässig darüber, ob die MdE. den bewilligten Satz der Versehrtheitsrente (§ 25 Abs. 3 RVG.) übersteigt (a), es sei denn, daß das VersGer. nach den Urteilsgründen den Grad der MdE. überhaupt nicht geprüft hat (b), E. IV, 50; über den Grad der MdE., wenn der Beamtenschein mit der Begründung abgelehnt ist, daß die MdE. unter 50 v. H. betrage (a), E. III, 260; IV, 107.

Die nach dem Inkrafttreten des KPG. gemäß Ziff. III Abs. 5 der AusfVO. zu § 18 dieses Gesetzes vom Reichswirtschaftsgericht an das RVGer. abgegebenen Beschwerden gegen Bescheide der Feststellungsausschüsse gelten zwar als Rekurse, auf sie finden aber die Rekursausschließungsgründe des § 92 keine Anwendung (E. IV, 46 und 64).

3. Vgl. die Anm. 1.

4. Über Heilbehandlung, Hausgeld und Sterbegeld (falls es sich nicht um das Vorliegen von DB. handelt) kann im Rekursverfahren auch dann nicht entschieden werden, wenn der eingelegte Rekurs bezüglich des übrigen Inhalts des Bescheides oder Urteils zulässig ist. Vgl. im übrigen Anm. 8.

5. a) Ein Anspruch auf Heilbehandlung besteht nur unter den Voraussetzungen des § 4 Abs. 1, 2 RVG. Hat der Bescheid Heilbehandlung wegen Nichtvorliegens von DB. abgelehnt, so handelt es sich jetzt nicht etwa um einen Kannbezug nach § 4 Abs. 3 RVG., so daß das Spruchverfahren nach § 91 unzulässig wäre. Vielmehr müssen die Spruchbehörden entscheiden, ob DB. für das geltend gemachte Leiden vorliegt. In diesem Fall ist ein Feststellungsurteil über das Vorliegen von DB. zulässig; vgl. Anm. 4 b zu § 127.

b) Über Heilbehandlung, die in der Regel von der Krankenkasse zu gewähren ist, wird im Spruchverfahren der RVO. erkannt. Durch VGer. und RVGer. ist nur dann zu entscheiden, falls über die Heilbehandlung ein Bescheid einer Verwaltungsbehörde der Reichsversorgung ergangen ist, nämlich, wenn das Vorliegen von DB. streitig war oder das Reich die Heilbehandlung selbst durchführt (vgl. § 37 Abs. 2, 3).

c) Nicht nur über das Vorliegen von DB., sondern auch über die Frage der absichtlichen Herbeiführung des Schadens (§ 2 Abs. 4 RVG.) und des mitwirkenden Verschuldens (§ 18 KPG.) ist der Rekurs bei Heilbehandlung zulässig (E. V, 251).

6. Über die Berechnung des Hausgeldes (§ 13 RVG.) ergeht im Streitfalle ein Bescheid des Vers.Amts; im übrigen vgl. Anm. 7 zu § 37.

7. Der Anspruch auf Sterbegeld ist nach § 34 RVG. unabhängig davon, ob der Tod die Folge einer DB. ist. Da somit der ursächliche Zusammenhang mit dem Tode nicht streitig sein kann, ist Rekurs bei Sterbegeld stets ausgeschlossen.

8. Es handelt sich nicht um „Heilbehandlung", so daß der Rekurs zulässig ist, wenn die geforderte oder vom VersGer. bewilligte Leistung nicht unter den Begriff der Heilbehandlung fällt. Über letzteres hat die VO. zu § 7 RVG. vom 3. 7. 22 (RVBl. Nr. 578) erschöpfend und bindend Bestimmung getroffen. In ihr nicht aufgeführte Gegenstände sind somit keine Körperersatzstücke und Hilfsmittel im Sinne des RVG. und fallen demnach überhaupt nicht unter den Begriff der Heilbehandlung (E. III, 271 = RVBl. 24 Nr. 59). So ist der Rekurs unzulässig über ein bestimmtes Kunstbeinsystem (E. III, 134 = RVBl. 23 Nr. 434 II), über einen Einbauapparat am Fahrrad (E. V, 79), über eine Pelzhose (E. V, 180 = RVBl. 25 Nr. 186 B 2), über einen Blindenführhund (RVGer. vom 9. 4. 26. M 17992/25); dagegen ist der Rekurs zulässig über einen Selbstfahrer mit Motorantrieb (RVGer. vom 2. 10. 24 = RVBl. Nr. 422), ferner z. B. wenn das VersGer. Fahrräder und Dreiräder (RVGer. vom 14. 10. 25. M 8113/25), Badewannen, Kohlen, Flügelpumpen, Hüte, Maßschuhe, Hemdentuch, Füllfederhalter usw. zugesprochen hat, weil alle diese Sachen als Leistungen der Heilbehandlung nicht in Frage kommen. Endlich ist der Rekurs zulässig, wenn irrtümlich auf Grund anderer Gesetze als des RVG. oder eines auf dieses verweisenden Gesetzes Heilbehandlung oder orthopädische Versorgung zugesprochen ist (E. I, 141).

9. Schaden sind die gesundheitlichen und wirtschaftlichen Folgen einer DB. (vgl. § 1 RVG.).

10. Über Gebühren vgl. § 142.

11. Außergerichtliche Kosten sind die im § 143 geregelten Kosten der Rechtsverfolgung im Spruchverfahren, aber nicht die als gerichtliche Kosten bezeichnete Vergütung nach § 144, über die gegebenenfalls im Beschwerdeverfahren zu entscheiden ist.

12. Auch wenn die eine Partei Rekurs zur Hauptsache einlegt, kann die andere nicht lediglich gegen die Gebühren- und Kostenentscheidung Rekurs einlegen (E. I, 231).

§ 93[1].

Die Rechtsmittel[2] sind schriftlich[3] oder mündlich unter Aufnahme einer Niederschrift[4] bei derjenigen Stelle einzulegen[5], die darüber zu entscheiden hat[6]. Rechtswirksam ist auch die Einlegung bei einer anderen deutschen amtlichen Stelle[7] oder bei einem Träger der Reichsversicherung[8]. In diesem Falle ist die Rechtsmittelschrift oder die aufgenommene Niederschrift unter Benachrichtigung des Antragstellers unverzüglich an die zuständige Stelle abzugeben.

Zu § 93.

Der Tag des Eingangs eines Rechtsmittels ist sofort auf der Urschrift und den Abschriften zu vermerken. Der Umschlag ist unter besonderer Verwahrung des Poststempels zu den Akten zu nehmen.

1. Die Vorschrift des § 93 entspricht der des § 78 (Antragstellung) und ist in den §§ 101, 112 für anwendbar erklärt.

2. Rechtsmittel sind nur Berufung und Rekurs (im übrigen vgl. Vorbem. zu § 90). Entsprechende Vorschriften gelten über: Beschwerde (§ 62 Abs. 2), Wiedereinsetzung (AB. zu § 55), Wiederaufnahme (§ 68 Abs. 2), Anrufung der Kammer oder des Senats (§ 70 Abs. 2 Satz 3) und über Anträge (§ 78).

3. Erfordernis der Schriftlichkeit ist weit auszulegen. Fehlen der Unterschrift macht die Einlegung des Rechtsmittels nicht unwirksam (vgl. § 94). Telegraphische Einlegung ist stets zulässig, telephonische nur, wenn der entgegennehmende Beamte die Erklärung schriftlich weitergibt (ebenso E. II, 269; a. M. das RVA., vgl. AN.RVA. 24 S. 70 Nr. 3158). Im übrigen vgl. Anm. 2 zu § 78.

4. Die Form der Niederschrift und die Zulässigkeit ihrer Aufnahme richtet sich nach den für Niederschriften des aufnehmenden Beamten geltenden Vorschriften. Aus Formfehlern erwächst dem das Rechtsmittel Einlegenden kein Nachteil. Eine Verpflichtung zur Entgegennahme des Rechtsmittels dürfte nur für das zuständige Gericht, die Verwaltungsbehörden und die Amtlichen Fürsorgestellen, dagegen nicht für die sonstigen in Satz 2 genannten Stellen bestehen.

5. a) Zur rechtswirksamen Einlegung ist erforderlich, daß das Rechtsmittel innerhalb der Rechtsmittelfrist (§ 90 Abs. 2) bei einer der aufgeführten Stellen eingegangen ist, d. h. daß es in ortsüblicher Art durch Vermittlung eines zur Empfangnahme berechtigten Beamten oder Angestellten in die tatsächliche Verfügungsgewalt der Stelle gelangt ist.

b) Die Einlegung des Rechtsmittels kann auch durch einen Bevollmächtigten (§ 48) erfolgen. Sie ist selbst dann wirksam, wenn der Kläger zu ihr keinen Auftrag erteilt hatte, sie aber nachträglich genehmigt hat. Das Gericht wird unter Umständen in dieser Richtung Ermittelungen anstellen müssen.

6. Die Berufung ist sonach bei dem nach § 38 und den AB. zu § 38 zuständigen VGer., der Rekurs beim RVGer., im Falle des § 154 beim bayer. LVGer., einzulegen.

7. a) Ob die deutsche amtliche Stelle sich im Inlande oder Auslande befindet, ist gleichgültig. Es genügt daher z. B. auch der Eingang bei einem Konsulat, einer Gesandtschaft oder einem Seemannsamte, nicht aber etwa bei einem — wenn auch in Deutschland befindlichen — ausländischen Konsulat usw. Amtliche

Stellen sind vor allem auch die Fürsorgestellen der Kriegsbeschädigten- und Kriegshinterbliebenenfürsorge. Es genügt aber nicht, daß die amtliche Stelle, z. B. die Fürsorgestelle mit der Einlegung des Rechtsmittels beauftragt wird. Bloße Erteilung einer Prozeßvollmacht an die Fürsorgestelle ist noch keine Einlegung des Rekurses (E. I, 167). Auch die Abfassung der Rekursschrift durch den vom Kläger bevollmächtigten Beamten oder Angestellten einer Amtlichen Fürsorgestelle unter Benutzung ihrer Einrichtungen, z. B. Papier mit Aufdruck, ist nicht gleichbedeutend mit dem Eingang des Rekurses bei einer amtlichen Stelle (E. II, 196). Nicht ausreichend ist ferner die Übergabe eines Briefes an die Postanstalt zur Beförderung, da diese die Rechtsmittelschrift nur als Vermittler des Absenders erhält. Der Antrag an die Polizeibehörde auf Erteilung eines Armutszeugnisses zwecks Klageerhebung ist keine Berufung; RVA. vom 24. 2. 25 (MfA. 25 Sp. 603).

b) Auf Grund des § 153 ist mit Wirkung vom 1. 2. 22 folgende VO. über Anträge und Rechtsbehelfe in Versorgungssachen vom 13. 6. 22 (RGBl. S. 507 = RVBl. Nr. 583) ergangen:

„Auch bei einer amtlichen Stelle der auf Grund des Friedensvertrages vom 28. 6. 19 (RGBl. S. 1329) vom Deutschen Reiche abgetrennten Gebiete können in Versorgungssachen rechtswirksam Anträge gestellt und Rechtsbehelfe eingelegt werden."

8. Träger der Reichsversicherung sind nach § 3 RVO. in erster Linie die Krankenkassen, die Berufsgenossenschaften und die Landesversicherungsanstalten sowie nach § 96 des Angestelltenversicherungsgesetzes in der Fassung vom 28. 5. 24 (RGBl. I S. 563) die Reichsversicherungsanstalt für Angestellte. Hinzu kommen ferner z. B. noch die Ersatzkassen (§§ 503 ff. RVO.), die Sonderanstalten für die Invaliden- und Hinterbliebenenversicherung sowie der Reichsknappschaftsverein mit den Bezirksknappschaftsvereinen nach dem Reichsknappschaftsgesetz vom 23. 6. 23 (RGBl. I S. 431, 454, 466).

§ 94.

Die Rechtsmittelschriften[1] sollen[2] die Beteiligten, den Gegenstand des Anspruchs und die angefochtene Entscheidung bezeichnen, einen bestimmten Antrag[3] enthalten, die zur Begründung erforderlichen Tatsachen und Beweismittel[4] angeben und von der Partei oder einer zu ihrer Vertretung befugten Person mit Orts- und Tagesangabe unterzeichnet sein.

1. Ob ein Schriftstück als Berufung oder Rekurs aufzufassen ist, richtet sich ohne Rücksicht auf den oft unklaren, unge-

nauen oder unrichtigen Wortlaut nach dem erkennbaren Zweck der Erklärung. Falsche Bezeichnung (z. B. als Einspruch oder Beschwerde) schadet nicht. Der Wille, ein Rechtsmittel einzulegen, ist zu unterstellen, wenn sich die Unzufriedenheit mit einer Entscheidung aus dem Schriftstück ergibt. Er kann jedoch nicht angenommen werden, wenn aus dem sonstigen Inhalt des Schriftstücks ersichtlich ist, daß die Einlegung des Rechtsmittels erst in einer späteren Zeit erfolgen soll (vgl. E. I, 226). Hiernach kann unter Umständen die Einsendung der anzufechtenden Entscheidung ohne Anschreiben (vgl. AN. des RVA. 1908 S. 498), eines günstigen ärztlichen Gutachtens oder einer Vollmacht (E. II, 141) eine Rechtsmitteleinlegung darstellen.

2. Enthält die Rechtsmittelschrift diese Angaben nicht, so ist das Rechtsmittel deshalb nicht unwirksam, da nur eine Sollvorschrift vorliegt; das Gericht muß nur feststellen können, um welchen Bescheid oder welches Urteil es sich handelt.

3. Bei unbestimmten, allgemein gehaltenen Anträgen wird darauf zu achten sein, ob aus der Fassung des Antrages des Beschädigten zu entnehmen ist, daß er die Feststellung der ihm aus seinen Kriegsbeschädigungen insgesamt zustehenden Verf.Gebührnisse anstrebt. Der Kläger, der z. B. eine höhere Rente begehrt, ist nicht etwa genötigt, sich auf einen bestimmten Prozentsatz der Rente festzulegen. Hat er dies aber getan, so kann das Gericht trotzdem über diesen Antrag hinausgehen, wenn dies nach den ärztlichen Gutachten angebracht erscheint, da vom Gesetz die Bestimmung des früheren Rechts, daß die Entscheidung „innerhalb der erhobenen Ansprüche" zu ergehen hat, nicht übernommen worden ist.

4. Es kommt vor allem die Angabe von Zeugen und die Berufung auf ärztliche Sachverständige in Frage. Auch Briefe des Verstorbenen können unter Umständen als Beweismittel dienen.

§ 95.

Den Rechtsmittelschriften ist für jeden Beteiligten[1] eine Abschrift beizufügen. Fehlen die Abschriften, so kann der Vorsitzende der Partei oder ihrem Vertreter aufgeben, sie nachzureichen oder sie selbst anfertigen lassen; die Kosten können von der Partei oder ihrem Vertreter eingezogen werden.

Von Schriftstücken, die als Beweismittel dienen sollen[2], sind ebenfalls Abschriften für die Beteiligten beizufügen. Inwieweit hiervon abgesehen werden kann, unterliegt dem Ermessen des Vorsitzenden.

1. Also für die Parteien und die nach § 51 beteiligten Dritten.

2. Also z. B. von Äußerungen des Arbeitgebers über die Erwerbsfähigkeit oder von ärztlichen Zeugnissen oder Bescheinigungen.

§ 96 *)[1].

Ein vom Kläger eingelegtes Rechtsmittel[2] hat aufschiebende Wirkung, wenn es sich um die Versagung der Rente nach § 19 des Reichsversorgungsgesetzes[3] oder um die Rückzahlung zu Unrecht erhobener Gebührnisse[4] handelt.

Der vom Reichsfiskus eingelegte Rekurs bewirkt keinen Aufschub, soweit es sich um Rente (§§ 24—30) und Pflegezulage (§ 31) oder Hinterbliebenenrente (§§ 36—50) nach dem Reichsversorgungsgesetz oder um Rente, Pension oder Hinterbliebenengebührnisse nach den früheren Militärversorgungsgesetzen für die Zeit nach Erlaß des angefochtenen Urteils handelt[5]. Im Falle der Bedürftigkeit können für die gleiche Zeit auf Antrag auch die sonstigen Gebührnisse gezahlt werden.

*) Fassung: Durch das Ges. vom 22. 12. 22 (RGBl. I S. 982 = RVBl. 23 Nr. 2), in Kraft seit dem 1. 1. 23, sind in Abs. 2 die Worte „soweit es sich um Grundrente, Schwerbeschädigtenzulage oder Hinterbliebenenrente" durch die jetzige Fassung ersetzt und ist der letzte Satz angefügt worden.

1. a) Es fehlt an einer allgemeinen Vorschrift, ob Rechtsmittel grundsätzlich aufschiebende Wirkung haben oder nicht. Aus § 96 folgt, daß Rechtsmittel des Klägers nur im Falle des Abs. 1 aufschiebende und daß Rechtsmittel des Fiskus nur im Falle des Abs. 2 keine aufschiebende Wirkung haben. Hieraus ergibt sich die praktische Folge, daß die Minderung oder Entziehung einer Rente in Übereinstimmung mit der Vorschrift des § 55 Abs. 3 RVG. — außer dem Falle des § 19 RVG. — vor Rechtskraft des Bescheides vollzogen und daß Leistungen des Fiskus außer dem Falle des § 96 Abs. 2 erst nach Eintritt der Rechtskraft bewirkt werden müssen. Die Zahlung der dem Kläger im Bescheide bereits zugesprochenen Gebührnisse erleidet durch seine Berufung keinen Aufschub.

b) Der Rekurs des Fiskus bewirkt Aufschub insoweit, als es sich um Vers.Gebührnisse handelt, die für die Zeit vor Erlaß des angefochtenen Urteils nachgezahlt werden sollen. Hinsichtlich der Ortszulage, der Teuerungszulage (§§ 51, 87 RVG.) und aller sonstigen im § 96 Abs. 2 nicht genannten Bezüge ist dem vom Fiskus eingelegten Rekurse auch insoweit aufschiebende Wirkung beigelegt worden, als diese Bezüge für die Zeit nach Erlaß des Urteils zu zahlen sind (vgl. die weitere Fassung bei der vorläufigen Leistung durch das Gericht auf Grund des § 128). Auch wenn dem Kläger durch das VGer. die Erstattung außergerichtlicher Kosten zugesprochen worden ist, sind diese, wenn der Fiskus gegen das Urteil Rekurs eingelegt hat, erst nach Rechtskraft der Entscheidung zu zahlen. Bei Festsetzung der gemäß § 96 Abs. 2 vor Rechtskraft des Urteils zu bewirkenden vorläufigen Leistungen sind die Ruhensvorschriften der §§ 63 ff. RVG. zu beachten, falls nicht das VGer. bereits ihre Anwendbarkeit verneint hat. Mit Aufhebung des Urteils und Zurückverweisung der Sache an eine Vorinstanz (§ 126) fällt die vorläufige Leistungspflicht fort, soweit nicht eine vorläufige Leistung nach § 128 angeordnet wird. Rückforderung der geleisteten Zahlungen kommt erst nach endgültiger Erledigung des Verfahrens in Frage.

c) Soweit der Rekurs des Fiskus endgültig Erfolg hat, sind die auf Grund des § 96 Abs. 2 vorläufig gezahlten Beträge zurückzuerstatten, da sie sich in solchen Fällen als zu Unrecht gezahlte Verf.Gebührnisse darstellen (vgl. § 74).†) Der Empfänger kann sich auf den Wegfall der Bereicherung (§ 818 Abs. 3 BGB.) nicht berufen (E. V, 120 = RVBl. 26 Nr. 4[1]). Das Gericht wird daher bei Aufhebung der Entscheidung den Kläger zugleich zur Rückerstattung dieser Beträge verurteilen können, obschon eine dem § 717 ZPO. entsprechende Vorschrift fehlt; denn auch beim Antrage des Beklagten auf Rückzahlung handelt es sich lediglich um die gesetzmäßige Abwicklung desselben Anspruchs, der Gegenstand des Verfahrens in den Vorinstanzen war. Das Bayer. LVGer. will in seiner Entscheidung vom 24. 9. 25 — II MV. 599/25 — aus § 74 Abs. 2, der aber nur von der Niederschlagung nach erfolgter Entscheidung handelt, das Gegenteil herleiten. — Zu beachten ist, daß für die Rückforderung der nach § 96 Abs. 2 gezahlten Gebührnisse nicht die Grundsätze des BGB. über die ungerechtfertigte Bereicherung, sondern der ZPO. über die vorläufige Zwangsvollstreckung maßgebend sind.

Über die Niederschlagung der nach § 96 Abs. 2 gezahlten Gebührnisse s. Anm. 9 zu § 74.

2. Im Falle des Abs. 1 hat sowohl die Berufung als auch der Rekurs des Klägers aufschiebende Wirkung.

3. Nach § 19 RVG. kann unter bestimmten Voraussetzungen dem Beschädigten, der eine die Heilbehandlung betreffende Anordnung ohne gesetzlichen oder sonst triftigen Grund nicht befolgt, die Rente auf Zeit ganz oder teilweise versagt, d. h. entzogen, gemindert oder, falls noch nicht bewilligt, abgelehnt werden. § 96 Abs. 1 besagt, daß die früher schon bewilligte Rente in

†) Behrend, Die Rückforderung...., MfA. 26 Sp. 328—37.

der alten Höhe weitergezahlt werden muß, solange nicht die vom Kläger gegen den Entziehungs- oder Minderungsbescheid eingelegten Rechtsmittel erledigt sind. Hat das VGer. den Bescheid aufgehoben und der Fiskus dagegen Rekurs eingelegt, so muß natürlich ebenfalls weitergezahlt werden, bis das RVGer. den Bescheid wiederhergestellt hat. Ist die erst noch zu bewilligende Rente auf Grund des § 19 RVG. zunächst abgelehnt worden, so folgt aus der aufschiebenden Wirkung der Berufung nicht, daß eine Rente nun vorläufig gezahlt werden müßte. Bei Bewilligung durch das VGer. und Rekurs des Fiskus findet in diesem Falle Abs. 2 des § 96 Anwendung.

4. Bei der Rückforderung zu Unrecht erhobener Gebührnisse ist die aufschiebende Wirkung der Rechtsmittel des Klägers, um Zweifel auszuschließen, hier nochmals betont, sie folgt schon aus § 74 Abs. 1.

5. Wenn das VGer. den Anspruch für begründet erklärt hat, wäre es unbillig, die zugesprochenen Gebührnisse dem Kläger bis zur Erledigung des Rekurses, der vielleicht nur eingelegt wurde, um die grundsätzliche Klärung einer Rechtsfrage herbeizuführen, ganz vorzuenthalten. Die im Abs. 2 genannten Gebührnisse, welche die Hauptbestandteile der Versorgung und für den Berechtigten die wirtschaftliche Grundlage bedeuten, sollen deshalb für die Zeit nach Erlaß des im Berufungsverfahren ergangenen Urteils, d. h. vom ersten des auf die Verkündung folgenden Monats ab, vorläufig gezahlt werden; enthält das Urteil keine Verurteilung zu einer Leistung, z. B. wenn es nur dem Grunde nach erkennt oder die Berufung zurückweist, so ist für eine vorläufige Leistung kein Raum. Über die Rückforderung der vorläufig gezahlten Gebührnisse vgl. Anm. 1c.

II. Vorbereitung der mündlichen Verhandlung.

§ 97.

Die Vorverhandlungen[1] sind alsbald einzufordern[2]. Sie umfassen sämtliche Akten und Schriftstücke, die über den Anspruch bei den Verwaltungs- und Spruchbehörden vorhanden sind, einschließlich derjenigen, die sich in Vorakten befinden. Neue Schriftstücke sind auch ohne Aufforderung unverzüglich nachzureichen.

Das Versorgungsgericht hat dem Reichsversorgungsgericht eine Abschrift des angefochtenen Urteils zu übersenden.

1. a) Der Begriff umfaßt sämtliche Schriftstücke, die über den Anspruch bei der Verwaltung entstanden sind, insbesondere

also die Akten der entscheidenden Behörde einschließlich aller Vorakten.

b) Nicht einzureichen sind die gelegentlich der Vertretung des Fiskus in einem — auch früheren — Spruchverfahren entstandenen Vorgänge (sog. „Handakten"), ferner nicht die Akten der Amtlichen Fürsorgestelle, doch wird die Beiziehung der letzteren zum Zwecke der Beweisaufnahme zulässig sein. Soweit man hierbei eine Ausnahme machen will bei den Vorgängen, die durch die Betätigung der Fürsorgestelle als Parteivertreterin entstanden sind, so ist zu beachten, daß die Fürsorgestelle eine solche Stellung nur im Spruchverfahren einnehmen kann; im Verwaltungsverfahren hat sie, auch wenn sie mit Vollmacht des Berechtigten Anträge stellt, diese Stellung nicht vermöge ihrer doppelten Aufgabe, einerseits staatlich bestellte Sachwalterin der Versorgungsberechtigten zu sein, andererseits die Versorgungsbehörden bei der Durchführung der Versorgung zu unterstützen (vgl. die Zuständigkeitsgrundsätze vom 6. 12. 19, Amtl. Nachr. des RAM., S. 85 ff. und RVBl. 22 Nr. 253 unter 10, jetzt auch § 27 der Reichsgrundsätze, Anm. 11 Abs. 2 zu § 37).

2. Der Beschleunigung halber ist angeordnet, daß das Ersuchen um Einsendung der Vorverhandlungen stets an die Stelle zu richten ist, die den angefochtenen Bescheid erlassen hat. Diese leitet es unter Beifügung der Akten an die zur Vertretung des Fiskus berufene Stelle (§ 49 und AB.) weiter; RVBl. 21 Nr. 1006.

§ 98.

Der Vorsitzende übersendet der Gegenpartei eine Abschrift der Rechtsmittelschrift[1]. Auf der Abschrift ist der Tag der Einlegung des Rechtsmittels zu vermerken.

Die Gegenpartei kann innerhalb einer vom Vorsitzenden zu bestimmenden Frist, die auf Antrag verlängert werden kann, eine Gegenschrift einreichen. Bei Bestimmung der Frist ist darauf hinzuweisen, daß nach ihrem Ablauf verhandelt und entschieden werden kann, wenn auch eine Gegenschrift nicht eingegangen ist.

1. Nichtmitteilung der Berufungsschrift ist ein „wesentlicher Mangel" des Verfahrens, der zur Zurückverweisung (§ 126) Veranlassung geben kann (vgl. E. I, 30).

§ 99.

Für die Gegenschrift und die weiteren Schriftsätze gelten die Vorschriften des § 95 entsprechend[1]; von ihrer

Anwendung kann bei Schriftsätzen, die neue und wesentliche Ausführungen nicht enthalten, abgesehen werden.

Von der Gegenschrift und den weiteren Schriftsätzen ist, wenn sie neue und wesentliche Ausführungen enthalten, eine Abschrift den Beteiligten mitzuteilen [2].

1. Beifügung von Abschriften für jeden Beteiligten.

2. Die Mitteilung der Gegenschrift und der weiteren Schriftsätze verfehlt ihren Zweck, wenn sie erst zusammen mit dem Urteil oder überhaupt so spät erfolgt, daß eine Gegenäußerung nicht mehr möglich ist.

§ 100 *).

Der Vorsitzende bestellt in den einzelnen Sachen einen oder mehrere Berichterstatter [1]. Beim Versorgungsgerichte kann er selbst die Berichterstattung übernehmen. In Fällen, in denen das Versorgungsgericht endgültig [2] entscheidet, soll er selbst die Berichterstattung nur übernehmen, wenn die Geschäftslage es erfordert.

Die Beisitzer aus den Versorgungsberechtigten [3] sind nicht verpflichtet, die Berichterstattung zu übernehmen.

Die Berichterstatter haben vor der Verhandlung sich zur Sache schriftlich zu äußern. Der Vorsitzende des Gerichts kann nähere Anordnungen treffen.

*) Fassung: Durch Art. 21 Ziff. V 8 der PAV. ist zum 31. 10. 23 der letzte Satz des Abs. 1 an die Stelle des Zusatzes „es sei denn, daß das Versorgungsgericht endgültig entscheidet" getreten.

1. a) Zu den Aufgaben des Berichterstatters gehören die schriftliche Äußerung vor und der Vortrag in der mündlichen Verhandlung (§ 100 Abs. 3, § 120 Abs. 1), die Zustimmung zu wichtigen Verfügungen oder Anordnungen des Vorsitzenden (§ 70 Abs. 1, § 101 Abs. 1, § 102 Abs. 1, § 103 Satz 2), die Ausführung der Beweisaufnahme (§ 103) und die Unterzeichnung des Urteils (§ 136). Auch hat der Berichterstatter nach allgemeinen Grundsätzen die Verpflichtung zum Entwerfen der Urteilsgründe.

b) Nach § 20 Abs. 2 und § 36 ist für die Tätigkeit als Berichterstatter eine besondere Vergütung zu gewähren.

2. Vgl. die Rekursausschließungsgründe des § 92.

3. Vgl. §§ 13, 30.

§ 101 *).

Ein unzulässiges oder verspätet eingelegtes Rechtsmittel [1] kann der Vorsitzende ohne mündliche Verhandlung durch eine mit Gründen versehene Verfügung verwerfen. Ist ein Beisitzer zum Berichterstatter bestellt[2], so ist sein Einverständnis erforderlich. In gleicher Weise kann in geeignet erscheinenden Fällen eine unbegründete[3] Berufung zurückgewiesen werden. Der Rekurs muß durch Verfügung zurückgewiesen werden, wenn der Vorsitzende in Übereinstimmung mit dem Berichterstatter das Rechtsmittel für offenbar ungerechtfertigt[3] hält.

Ist das Rechtsmittel als verspätet verworfen oder die Berufung als unbegründet zurückgewiesen, so kann der Antragsteller innerhalb einer Woche nach der Zustellung, bei Zustellung außerhalb Europas innerhalb sechs Monaten, die Entscheidung der Kammer oder des Senats anrufen[4]. Die Verfügung muß hierauf hinweisen. Die Vorschriften des § 93 finden entsprechende Anwendung.

Wird die Entscheidung der Kammer oder des Senats rechtzeitig beantragt, so gilt die Verfügung des Vorsitzenden als nicht ergangen[5]. Hält der Vorsitzende den Antrag für aussichtslos, so kann er die Bestimmung der mündlichen Verhandlung davon abhängig machen, daß der Antragsteller innerhalb einer angemessenen Frist einen Gebührenvorschuß[6] von bestimmter Höhe einzahlt. Nach fruchtlosem Ablauf der Frist gilt der Antrag als nicht gestellt.

*) Fassung: Durch Art. 21 Ziff. V 9 der PAV. ist zum 31. 10. 23 in Abs. 2 bei Verwerfung als unzulässig die Anrufung der Kammer oder des Senats beseitigt und in Abs. 3 die Möglichkeit, einen Gebührenvorschuß einzufordern, angefügt worden. — Durch Art. I Ziff. 3 der VO. vom 12. 2. 24 (RGBl. I S. 59 = RVBl. Nr. 85) ist mit Wirkung auch für die bereits anhängigen Rechtsmittel in Abs. 1 der Satz 3 auf Berufungen beschränkt und Satz 4 über Rekurse angefügt, ferner in Abs. 2 die Anrufung der Kammer oder des Senats bei Zurückweisung unbegründeter Rekurse beseitigt worden.

1. Unzulässigkeit der Berufung § 91, des Rekurses § 92. Verspätet ist ein Rechtsmittel, das erst nach Ablauf der Frist von 1 Monat, bei Zustellung außerhalb Europas von 6 Monaten (§ 90 Abs. 2), bei dem Gericht oder einer anderen deutschen amtlichen Stelle oder einem Träger der Reichsversicherung (§ 93) eingegangen ist.

2. Bestellung des Berichterstatters § 100.

3. a) Die Vorschrift, daß ein Rechtsmittel ohne mündliche

Verhandlung als unbegründet zurückgewiesen werden kann oder muß, bezweckt die Entlastung der Kammer oder des Senats. — Auch bei der Zurückweisung unbegründeter Rechtsmittel ist das Einverständnis des etwa bestellten Berichterstatters (§ 100) erforderlich.

b) Unbegründet waren z. B. Berufungen gegen die Festsetzung einer Abfindung gemäß § 103 Abs. 1 oder § 104 Abs. 1 RVG., da die Abfindung ohne Rücksicht auf die tatsächlich bestehende Minderung der Erwerbsfähigkeit festzusetzen war und der Abfindungsbescheid daher auch nicht mit der Behauptung einer Verschlimmerung der Folgen der DB. angefochten werden konnte. — „Offenbar ungerechtfertigt" ist ein Rekurs, dessen Aussichtslosigkeit auf Grund der in den Vorinstanzen getroffenen Feststellungen in Verbindung mit dem Vorbringen in der Rekursinstanz von vornherein klar und zweifelsfrei zutage liegt. Ergibt sich die Aussichtslosigkeit erst durch Erhebungen in der Rekursinstanz, so ist mündliche Verhandlung angezeigt.

c) Der Antrag auf Wiederaufnahme des Verfahrens kann ohne mündliche Verhandlung nur als unzulässig oder verspätet verworfen werden. Vgl. auch Anm. 1 und 6 zu § 70.

4. a) Der Anruf ist nicht möglich, wenn Berufung oder Rekurs als unzulässig verworfen sind oder der Rekurs als unbegründet zurückgewiesen ist.

b) Die entsprechende Anwendung des § 93 bedeutet, daß die Anrufung der Kammer auch dann rechtzeitig erfolgt ist, wenn ein solcher Antrag innerhalb der im Abs. 2 Satz 1 angegebenen Frist zwar nicht bei dem VGer. oder RVGer., wohl aber bei einer anderen deutschen amtlichen Stelle oder bei einem Träger der Reichsversicherung eingegangen ist.

5. Die Kammer (der Senat) darf sich nicht auf die Prüfung beschränken, ob die Verfügung des Vorsitzenden zulässig war. Die Sache ist, wenn die Frist eingehalten ist, so zu behandeln, als wäre die Verfügung des Vorsitzenden nicht ergangen (Abs. 3). Es ist daher gemäß § 117 über die Rechtmäßigkeit der Verwerfung des Rechtsmittels mündlich und öffentlich zu verhandeln (für das frühere Recht gleicher Ansicht E. I, 52). Das Urteil ist nach sachlicher Prüfung sachlich zu begründen, auch wenn es mit der Verfügung des Vorsitzenden übereinstimmt.

6. Die Einforderung eines Gebührenvorschusses soll das Stattfinden der mündlichen Verhandlung, die angesichts der Aussichtslosigkeit der Sache zwecklos wäre, verhindern.

§ 102.

Der Vorsitzende bestimmt Ort und Zeit der mündlichen Verhandlung. Er kann Zeugen und Sachverständige[1] laden und anderes anordnen, insbesondere auch das persönliche

Erscheinen eines Beteiligten; ist ein Beisitzer Berichterstatter[2], so ist, abgesehen von dringenden Fällen, sein Einverständnis erforderlich.

Von Ort und Zeit der mündlichen Verhandlung sind die Beteiligten nach Vorschrift der §§ 56 bis 58 zu benachrichtigen[3]; sie sind darauf hinzuweisen, daß auch im Falle ihres Ausbleibens verhandelt und entschieden werden kann[4]. Soweit das persönliche Erscheinen eines Beteiligten angeordnet wird[5], ist ihm zu eröffnen, daß aus seinem Nichterscheinen ungünstige Schlüsse für den geltend gemachten Anspruch gezogen werden können[6].

Zwischen der Benachrichtigung und dem Tage der mündlichen Verhandlung soll in der Regel ein Zeitraum von mindestens einer Woche liegen[7].

1. Vgl. §§ 105 ff.

2. Über die Bestellung von Berichterstattern vgl. § 100. Es ist das Einverständnis sämtlicher Berichterstatter erforderlich, falls mehrere bestellt sind.

3. Die Terminsbenachrichtigung ist also zuzustellen; es genügt nach § 56 Behändigung gegen schriftliches Empfangsbekenntnis oder Übersendung durch eingeschriebenen Brief. Sie ergeht für Personen, die einen gesetzlichen oder besonderen Vertreter haben, an diesen, falls vorhanden, nur an den Bevollmächtigten. 16-jährige Minderjährige, die das Verfahren selbständig betreiben, oder ihre Bevollmächtigten erhalten eine Abschrift der Nachricht. Im Falle des § 58 genügt Aushang in den Geschäftsräumen der Behörde.

4. Bleiben die Beteiligten aus, so verzichten sie damit lediglich darauf, persönlich gehört zu werden. Es findet dann nicht etwa ein der Zivilprozeßordnung ähnliches Versäumnisverfahren statt, vielmehr hat das Gericht trotzdem in vollem Umfange den Sachverhalt von Amts wegen aufzuklären.

5. Der Kläger, dessen persönliches Erscheinen angeordnet wird, ist neben der Benachrichtigung seines gesetzlichen Vertreters oder des Bevollmächtigten selbst zu laden. Über Ersatz der baren Auslagen und des entgangenen Arbeitsverdienstes vgl. § 144. Für die Anordnung des persönlichen Erscheinens, für Untersuchungen und Beobachtungen bestehen im Spruchverfahren keinerlei Beschränkungen. So gilt, um dem richterlichen Ermessen volle Freiheit zu lassen, Abs. 1 der AB. zu § 81 hier nicht, während Abs. 2 und 3 in den AB. zu § 144 für anwendbar erklärt sind.

6. Über die Möglichkeit, aus dem Nichterscheinen ungünstige

Schlüsse zu ziehen, und den Hinweis hierauf vgl. Anm. 7 und 8 zu § 81.

7. Nichteinhaltung der Ladungsfrist macht, da es sich nur um eine Sollvorschrift handelt, Vertagung an sich nicht notwendig. Ist aber die Benachrichtigung so spät zugestellt, daß der Kläger nicht mehr erscheinen konnte, so stellt das einen wesentlichen Mangel des Verfahrens dar, da alsdann einer der wichtigsten Grundsätze, der Anspruch auf rechtliches Gehör, nicht gewahrt ist (vgl. E. I, 34).

III. Beweisaufnahme vor der mündlichen Verhandlung.

Vorbemerkung: Eine im Spruchverfahren notwendige Beweisaufnahme soll in der Regel vor der mündlichen Verhandlung erfolgen, so daß nur spruchreife Sachen zur mündlichen Verhandlung angesetzt werden. Die Notwendigkeit einer Vertagung zum Zwecke der Beweisaufnahme sowie auch die Erhebung von Beweisen in der mündlichen Verhandlung, soweit es sich nicht um die Anhörung des Gerichtsarzts handelt, müssen auf Ausnahmefälle beschränkt bleiben. Um dies zu betonen, ist die „Beweisaufnahme vor der mündlichen Verhandlung" zum Gegenstande besonderer und ausführlicher Vorschriften gemacht; im Abschnitt „Mündliche Verhandlung" ist auf diese lediglich verwiesen.

§ 103.

Ist die Sache nicht genügend aufgeklärt, so soll der Vorsitzende vor der mündlichen Verhandlung weitere Ermittlungen anstellen und Beweis erheben[1]. Ist ein Beisitzer zum Berichterstatter bestellt, so ist sein Einverständnis erforderlich[2]; der Vorsitzende kann ihn mit der Ausführung beauftragen. Die Vorschriften der §§ 80, 81, 83 und 85 finden entsprechende Anwendung[3]. Die Verwaltungsbehörde, die den angefochtenen Bescheid erlassen hat oder den Reichsfiskus im Spruchverfahren vertritt, soll nur beim Vorliegen besonderer Gründe um die Ausführung der Beweisaufnahme ersucht werden[4].

1. a) Er kann also insbesondere Zeugen und Sachverständige vernehmen (§§ 105—108) sowie amtliche Auskünfte jeder Art einholen. Hinsichtlich der Beweismittel besteht gegenüber den für den Zivilprozeß geltenden Vorschriften nur insofern eine Beschränkung, als dem Verfahren in Versorgungssachen weder die Eideszuschiebung seitens einer Partei (§§ 445 ff. ZPO.) noch der gerichtlich aufzuerlegende Eid bekannt ist.

b) Beweisbeschlüsse, die im Laufe des Verfahrens ergehen, können nicht mit einem Rechtsmittel selbständig angefochten werden, da es sich um lediglich die Endentscheidung vorbereitende Anordnungen des Gerichts handelt. Beschwerden, die sich z. B. gegen die Beweiserhebung betreffende Maßnahmen richten, können daher nur mit dem Rekurs gegen das Urteil selbst geltend gemacht werden.

2. Ist Einverständnis über Notwendigkeit und Art einer Ermittelung oder einer Beweisaufnahme zwischen dem Vorsitzenden und dem Berichterstatter nicht zu erzielen, so muß die Kammer oder der Senat in der mündlichen Verhandlung hierüber Beschluß fassen.

3. Auch im Spruchverfahren ist also der Sachverhalt von Amts wegen aufzuklären und sind die Beteiligten verpflichtet, hierbei mitzuwirken (§ 80). Es besteht schon vor der mündlichen Verhandlung die Möglichkeit, den Kläger vorzuladen (§ 81), Zeugen und Sachverständige zu vernehmen, und sonstige Beweise zu erheben oder ihre Beibringung den Beteiligten aufzugeben (§§ 83, 85). An Stelle des nicht angeführten § 82 (Kosten des persönlichen Erscheinens) gelten im Spruchverfahren die §§ 143, 144. Der § 84 ist nicht erwähnt, weil der Vorsitzende oder der von ihm beauftragte Berichterstatter selbst das Erscheinen und die Aussage von Zeugen und Sachverständigen durch Geldstrafen erzwingen und ihre Vereidigung vornehmen können. Reichen Geldstrafen nicht aus, so kann das Amtsgericht um die Erledigung ersucht werden; dieses kann nach § 390 Abs. 2 ZPO. als weiteres Zwangsmittel Haftstrafe verhängen oder nach § 380 Abs. 2 ZPO. die zwangsweise Vorführung anordnen (vgl. § 107 Abs. 3 Satz 3).

4. Wird ein Versorgungskrankenhaus oder ein Beobachtungskrankenhaus um Begutachtung eines Klägers ersucht, so dürfen dem Gericht Kosten dafür nicht in Rechnung gestellt werden; es sind vom Gericht jedoch die jeweilig geltenden Durchschnittskosten zu erstatten, wenn zur Beobachtung des Klägers die Aufnahme in ein Versorgungskrankenhaus erfolgt ist. Ist ausnahmsweise ein bestimmter Arzt unmittelbar um Abgabe eines Gutachtens ersucht worden, so wird dessen Vergütungsanspruch durch seine Eigenschaft als Beamter oder Angestellter einer Versorgungsdienststelle nicht berührt. RVBl. 22 Nr. 235.

§ 104.

Soll dem Antrag des Klägers, einen bestimmten Arzt gutachtlich zu hören[1], stattgegeben werden, so kann die Anhörung davon abhängig gemacht werden, daß der Antragsteller die Kosten vorschießt[2] und vorbehaltlich einer anderen Entscheidung des Gerichts endgültig trägt.

1. Die Auswahl der zu hörenden ärztlichen Sachverständigen ist dem Ermessen des Gerichts überlassen. Der Kläger hat keinen Anspruch darauf, daß ein von ihm benannter Arzt gehört wird. Das Gericht kann jedoch dem Antrage des Klägers von sich aus und ohne einen Kostenvorschuß zu verlangen, stattgeben. Es wird die Anhörung des vom Kläger benannten Arztes in solchen Fällen von einem Kostenvorschuß abhängig machen, in denen es ein weiteres Gutachten nicht mehr für erforderlich hält. Dem Gericht steht es frei, dem vom Kläger benannten Gutachter, ebenso wie einem von ihm selbst ausgewählten, die Akten zu übersenden oder von ihm ein Gutachten ohne Berücksichtigung der — dem Kläger vielleicht ungünstigen — Akten einzufordern. Lehnt das Gericht die Anhörung eines von dem Kläger benannten Sachverständigen ab, so kann der Kläger von sich aus ein Gutachten dieses Arztes beibringen. Diesem Arzt kann dann mit Einwilligung des Klägers die Akteneinsicht gemäß §§ 59, 60 und den AB. gestattet werden.

2. Die vom Kläger vorgeschossenen Kosten der Anhörung eines bestimmten Arztes sind (außergerichtliche) „Kosten der Rechtsverfolgung im Spruchverfahren", die also nur beim Obsiegen des Klägers dem Beklagten auferlegt werden können (§ 143). Erstattung durch das Gericht auf Grund des § 144 Abs. 2 kommt nicht in Frage, weil hiernach nur die Kosten des Erscheinens in der mündlichen Verhandlung oder zu einer Beweisaufnahme, erstattet werden können.

§ 105.

Den Zeugen und Sachverständigen ist bei der Ladung der Gegenstand ihrer Vernehmung mitzuteilen. Aus besonderen Gründen, namentlich zur Herbeiführung einer unbeeinflußten Aussage, kann hiervon abgesehen werden. Die Gründe sind in den Akten zu vermerken.

§ 106.

Zeugen und Sachverständige können vereidigt[1] werden, wenn es zur Herbeiführung einer wahrheitsgemäßen Aussage für notwendig erachtet wird.

1. Aus § 107 Abs. 1 ergibt sich, daß der Eid in der in der ZPO. vorgeschriebenen Form zu leisten ist. Wegen der Eidesformel vgl. § 481 ZPO. Unter Weglassung der religiösen Eidesform kann der Zeuge den Eid aber auch in der Weise leisten, daß er erklärt „ich schwöre" (vgl. Art. 177 der Reichsverfassung vom 11. 8. 19).

§ 107.

Die Vorschriften der Zivilprozeßordnung[1] über die Pflicht, als Zeuge oder Sachverständiger zu erscheinen, auszusagen und den Zeugen- oder Sachverständigeneid zu leisten, sowie über die Ablehnung eines Sachverständigen finden entsprechende Anwendung. Die Aussage oder die Eidesleistung darf nicht deshalb verweigert werden, weil dieses Gesetz oder die Reichsversicherungsordnung eine Schweigepflicht[2] begründet.

Gegen Zeugen und Sachverständige, die sich auf Ladung ohne genügende Entschuldigung nicht einfinden, die Aussage oder die Eidesleistung ohne Angabe eines Grundes oder, nachdem der angegebene Grund rechtskräftig für unerheblich[3] erklärt ist, verweigern, kann eine Geldstrafe bis zu dreihundert Mark*) verhängt werden[4]. Außerdem können ihnen die durch das Ausbleiben oder die Weigerung entstehenden Kosten auferlegt werden. Die getroffenen Anordnungen sind wieder aufzuheben, wenn das Ausbleiben nachträglich genügend entschuldigt wird.

Über die Zulässigkeit der Verweigerung der Aussage oder der Eidesleistung sowie der Ablehnung eines Sachverständigen und über die Auferlegung von Strafe und Kosten entscheidet der Leiter der Beweisverhandlung[5]. Gegen die Entscheidung ist für die Parteien sowie für die Zeugen und Sachverständigen innerhalb einer Woche die Beschwerde[6] gegeben. Ist das Amtsgericht um die Vernehmung ersucht, so gilt die Vorschrift des § 84 Abs. 3[7].

*) Fassung: Statt „Geldstrafe bis zu 300 Mark" ist jetzt zu lesen: „Zwangsstrafe in Geld"; Näheres insbesondere auch wegen des Strafrahmens s. bei § 148.

1. In der ZPO. vgl. über die Pflicht, zu erscheinen: als Zeuge §§ 377, 382, 386 Abs. 3, als Sachverständiger §§ 402, 411 Abs. 2; auszusagen: als Zeuge §§ 376, 383—386, als Sachverständiger §§ 407, 408; den Zeugen- oder Sachverständigeneid zu leisten §§ 391, 392, 402. Über die Ablehnung von Sachverständigen vgl. § 406. Die nach § 406 ZPO. zulässigen Ablehnungsgründe (vgl. §§ 41, 42 ZPO.) decken sich im großen und ganzen mit den Ablehnungsgründen nach §§ 42, 43 VerfG. Jedoch kann ein Sachverständiger nicht abgelehnt werden, weil er früher in der Sache als Zeuge oder Sachverständiger vernommen worden ist (§ 42 Abs. 1 Nr. 6 VerfG.). — Über die Folgen unberechtigter Weigerung des Erscheinens, der Aussage oder der Eidesleistung gelten an Stelle der einschlägigen Vorschriften der ZPO. die des § 107 Abs. 2, 3 VerfG.

2. Das VerfG. begründet eine Schweigepflicht im § 2, die RVO. im § 141. In diesen Fällen ist die Aussage als Zeuge oder Sachverständiger nicht „unbefugt" im Sinne des § 150 VerfG. oder des § 141 RVO. Die Aussage darf dagegen von Geistlichen, Rechtsanwälten, Notaren, Ärzten usw. gemäß § 383 Nr. 4, 5 ZPO. und von öffentlichen Beamten gemäß § 376 ZPO. verweigert werden. Beisitzer der Spruchbehörden dürfen über den Hergang und das Stimmenverhältnis bei der Abstimmung (§ 131 Abs. 2) nur aussagen, wenn Beweis erhoben wird über die Behauptung, daß das vom Vorsitzenden verkündete Urteil nicht dem Abstimmungsergebnis entsprochen habe.

3. Welche Weigerungsgründe erheblich sind, bestimmt sich auf Grund des Abs. 1 nach den in Anm. 1 aufgeführten Vorschriften der ZPO. über die Verpflichtung zur Aussage und Eidesleistung.

4. Beitreibung der Geldstrafe s. § 74.

5. Leiter der Beweisverhandlung ist der Vorsitzende der Kammer oder des Senats oder der von ihm beauftragte Berichterstatter (§ 103 Satz 2).

6. Über die Beschwerde vgl. §§ 61—64. Die Frist beträgt hier, damit das Verfahren nicht über Gebühr aufgehalten wird, ausnahmsweise eine Woche. Zu entscheiden hat die Kammer oder der Senat durch Beschluß ohne mündliche Verhandlung (§ 64 Abs. 1 Nr. 4, Abs. 3 Satz 1).

7. Die Verweisung auf § 84 Abs. 3 bedeutet, daß der ersuchte Amtsrichter ausschließlich nach den ihm geläufigen Vorschriften der ZPO. zu verfahren hat und daß er als Zwangsmittel gegen Zeugen und Sachverständige nicht wie die Spruchbehörden nur Geldstrafe (§ 107 Abs. 2), sondern auch Haftstrafe verhängen und die zwangsweise Vorführung anordnen kann (vgl. § 380 Abs. 2 ZPO.). Über die Beschwerde entscheidet in diesem Fall das Landgericht nach den Vorschriften der §§ 568 ff. ZPO.

§ 108.

Bei Vernehmung von Zeugen und Sachverständigen ist den Beteiligten[1] Gelegenheit zur Teilnahme zu geben[2]. Die Vorschriften des § 102 Abs. 2 und 3[3] finden entsprechende Anwendung.

Die Beteiligten sind berechtigt, den Zeugen und Sachverständigen Fragen vorlegen zu lassen. Der Leiter der Beweisverhandlung kann ihnen die unmittelbare Fragestellung gestatten. Er entscheidet vorbehaltlich der Beschlußfassung durch das Gericht[4] über die Zulässigkeit einer Frage.

1. Über den Begriff „Beteiligte" vgl. Anm. 1 zu § 59.

2. Im Gegensatz hierzu besteht bei Vernehmungen durch die Verwaltungsbehörden für die Beteiligten kein Anspruch auf Teilnahme.

3. Über Benachrichtigung von Ort und Zeit der Vernehmung.

4. Hat der Leiter der Beweisverhandlung eine Frage als unzulässig zurückgewiesen und hält die Kammer oder der Senat sie für zulässig und erheblich, so ist die Vernehmung zu ergänzen.

§ 109.

Der Leiter der Beweisverhandlung kann Bevollmächtigte und Beistände zurückweisen, die das Verhandeln vor Behörden geschäftsmäßig[1] betreiben. Dies gilt nicht für Rechtsanwälte und solche Personen, denen das Verhandeln vor Gerichten oder Versicherungsbehörden gestattet ist[2], sowie für Vertreter gemeinnütziger Rechtsauskunftsstellen und gemeinnütziger oder wirtschaftlicher Organisationen[3].

Parteien, ihre Vertreter und Beistände, Zeugen, Sachverständige und nicht beteiligte Personen, die den zur Aufrechterhaltung der Ordnung erlassenen Anordnungen nicht Folge leisten, können vom Leiter der Beweisverhandlung entfernt werden.

Machen die genannten Personen sich einer Ungebühr[4] schuldig, so kann der Leiter der Beweisverhandlung gegen sie, soweit es sich nicht um Rechtsanwälte handelt, vorbehaltlich der strafgerichtlichen oder disziplinarischen Verfolgung, eine Ordnungsstrafe bis zu dreihundert Mark*) oder bis zu drei Tagen Haft festsetzen[5]. Gegen die Festsetzung ist innerhalb einer Woche nach der Bekanntgabe die Beschwerde[6] zulässig.

*) Fassung: Statt „Ordnungsstrafe bis zu 300 Mark" ist jetzt zu lesen: „Ordnungsstrafe in Geld"; Näheres, insbesondere auch wegen des Strafrahmens s. bei § 148.

1. „Geschäftsmäßig", auch wenn das Verhandeln nicht gegen Entgelt („gewerbsmäßig") erfolgt. — Die genannten Personen können nicht zurückgewiesen werden, wenn sie selbst Partei oder

gesetzliche Vertreter oder nahe Verwandte der Partei (vgl. § 48 Abs. 3) sind.

2. Durch Anordnung der Justizverwaltung kann gemäß § 157 Abs. 4 ZPO. für Gerichte, bei denen nicht genügend Rechtsanwälte vorhanden sind, sog. Prozeßagenten das Verhandeln gestattet werden; vgl. für Preußen Vfg. vom 25. 9. 99 (JustizminBl. S. 272), für Bayern Bek. vom 4. 1. 00 (JustizminBl. S. 115). Ebenso kann das Oberversicherungsamt Personen zur geschäftsmäßigen Rechtsvertretung vor den Versicherungsbehörden zulassen (§ 1663 RVO.).

3. Zu den gemeinnützigen und wirtschaftlichen Organisationen gehören insbesondere die Amtl. Fürsorge- und Hauptfürsorgestellen und die Verbände Versorgungsberechtigter (Begr.).

4. Es ist zur ordnungsmäßigen Durchführung der Ansprüche der Vers.Berechtigten in deren eigenstem Interesse erforderlich, daß die gerichtliche Verhandlung nicht gestört wird. Stört ein Beteiligter die Ruhe und Ordnung der gerichtlichen Verhandlung oder verletzt er die Würde des Gerichts, so liegt eine Ungebühr vor, die durch eine Ordnungsstrafe geahndet werden kann (vgl. E. II, 89).

5. Über die Beitreibung der Geldstrafe vgl. § 74. Um die Vollstreckung der Haftstrafe wird das Amtsgericht ersucht (vgl. § 75).

6. Über die Beschwerde vgl. Anm. 6 zu § 107.

§ 110.

Über das Ergebnis der Beweisverhandlung ist unter Zuziehung eines vereidigten oder vom Leiter der Beweisverhandlung durch Handschlag verpflichteten Schriftführers eine Niederschrift aufzunehmen[1]. Die Vorschriften der §§ 123 und 124[2] gelten entsprechend.

Über das Ergebnis eines Augenscheins[3] kann der Leiter der Beweisverhandlung in einfacheren Fällen allein eine Feststellung zu den Akten bringen.

1. Auch bei der mündlichen Verhandlung vor dem VGer. ist nach § 123 Abs. 1 durch einen Schriftführer eine Niederschrift aufzunehmen.

2. Die §§ 123, 124 enthalten Vorschriften über Form und Inhalt der Verhandlungsniederschrift.

3. Gegenstand der Augenscheinseinnahme kann insbesondere der Körper des Kriegsbeschädigten sein.

§ 111.

Den Beteiligten[1] ist der Inhalt und auf Verlangen eine Abschrift der Beweisverhandlungen[2] mitzuteilen.

Wieweit ärztliche Zeugnisse und Gutachten mitzuteilen sind, entscheidet der Vorsitzende. Das Gericht kann die Mitteilung nachholen.

1. Also den Parteien und den nach § 50 beteiligten Dritten.

2. Vgl. § 110.

IV. Unterbrechung und Aussetzung des Verfahrens.

Vorbemerkung: Die Unterbrechung tritt selbsttätig ein, die Aussetzung nur durch eine Anordnung des Vorsitzenden oder des Gerichts. Im Verwaltungsverfahren ist eine förmliche Unterbrechung oder Aussetzung des Verfahrens nicht vorgesehen.

§ 112.

Durch den Tod des Klägers wird das Verfahren bis zur Aufnahme durch den Rechtsnachfolger[1] unterbrochen[2].

Die Aufnahme erfolgt durch eine Erklärung gegenüber der zuständigen Spruchbehörde; die Vorschriften des § 93 finden entsprechende Anwendung[3]. Wird die Aufnahme verzögert, so kann der Vorsitzende auf Antrag oder von Amts[4] wegen dem Verfahren Fortgang geben[5].

1. Rechtsnachfolger sind nicht die Hinterbliebenen als solche, sondern die Erben. In dem aufgenommenen Verfahren kann auch nicht die Witwe, die Erbin ist, ihre Hinterbliebenenansprüche verfolgen (vgl. auch Anm. 7 zu § 38).

2. Unterbrechung wegen des Todes des Klägers tritt auch ein, wenn der Kläger im Spruchverfahren durch einen gesetzlichen oder besonderen Vertreter oder einen Bevollmächtigten vertreten ist. Die gegenteilige Stellungnahme in der 1. Aufl. kann nicht aufrechterhalten werden. Über die Wirkungen der Unterbrechung vgl. § 114.

3. Die Aufnahme des Verfahrens muß also schriftlich oder mündlich unter Aufnahme einer Niederschrift und nicht notwendig dem Gericht gegenüber erklärt werden.

4. Zur Fortsetzung des Verfahrens von Amts wegen wird das Gericht nur unter besonderen Voraussetzungen Anlaß haben.

5. Hierzu ist zunächst die Ermittelung der Rechtsnachfolger erforderlich.

§ 113.

Das Verfahren wird ferner unterbrochen, wenn der Kläger beschränkt geschäftsfähig oder geschäftsunfähig wird[1]. Das gleiche gilt, wenn der gesetzliche Vertreter des Klägers stirbt oder seine Vertretungsbefugnis verliert[2], ohne daß der Kläger geschäftsfähig geworden ist.

Die Unterbrechung endigt, wenn der Kläger geschäftsfähig oder ein gesetzlicher[3] Vertreter bestellt wird.

1. Über beschränkte Geschäftsfähigkeit und Geschäftsunfähigkeit vgl. Anm. 4 und 5 zu § 46.

2. Verlust der Vertretungsbefugnis tritt ein beim Vater, wenn er für tot erklärt oder wegen eines an dem Kinde verübten Verbrechens oder vorsätzlichen Vergehens zu schwerer Strafe rechtskräftig verurteilt wird (§§ 1679, 1680 BGB.), bei der Mutter als Inhaberin der elterlichen Gewalt außerdem, wenn sie eine neue Ehe eingeht (§§ 1686, 1697 a. a. O.), beim Vormund, wenn der Mündel vollgeschäftsfähig (z. B. volljährig) wird, die Vormundschaft vom Vormundschaftsgericht aufgehoben oder der Vormund entmündigt, für tot erklärt oder vom Vorm.Gericht entlassen wird (§§ 1790, 1882—1889 a. a. O.). Verheiratung des Kindes hat Geschäftsfähigkeit nicht zur Folge und läßt die Vertretungsbefugnis unberührt. Unterbrechung tritt nicht ein, wenn die elterliche Gewalt nur ruht (§§ 1676, 1677 a. a. O.), wenn dem elterlichen Gewalthaber nur die Vermögensverwaltung oder die Nutznießung nicht zusteht (§§ 1647, 1661, 1662, 1666, 1670 a. a. O.) oder wenn beim Wegfall eines Vormundes ein Mitvormund vorhanden ist. Vorhandensein eines Gegenvormundes (§ 1792 a. a. O.) hindert die Unterbrechung nicht.

3. Durch Bestellung eines besonderen Vertreters (§ 46 Abs. 2 Satz 2, § 47) endigt die Unterbrechung, ebenso durch Bestellung eines Vormundes (§ 1793 BGB.) oder eines Pflegers (§§ 1909 ff. BGB.).

§ 114.

Die Unterbrechung des Verfahrens hat die Wirkung, daß der Lauf einer jeden Frist aufhört und nach Beendigung der Unterbrechung die volle Frist von neuem zu laufen beginnt[1].

Durch die nach dem Schlusse einer mündlichen Verhandlung eintretende Unterbrechung wird die Verkündung[2] der auf Grund dieser Verhandlung zu erlassenden Entscheidung nicht gehindert.

1. Tritt also die Unterbrechung des Verfahrens (§ 112 Abs. 1, § 113 Abs. 1) nach der Zustellung des Urteils vor Ablauf der Berufungsfrist ein, so beginnt mit der Beendigung der Unterbrechung (§ 112 Abs. 2, § 113 Abs. 2), z. B. mit Eintritt der Volljährigkeit oder Bestellung eines Vormundes oder Pflegers, die Rekursfrist in vollem Umfang von neuem. Dasselbe gilt für alle sonstigen Verfahrensfristen, insbesondere auf Grund des § 115 auch für die Berufungsfrist. — Gegen den Fiskus laufen die Fristen trotz der Unterbrechung weiter.

2. Die Zustellung des Urteils kann in Fällen des § 112 an die Rechtsnachfolger sofort, in Fällen des § 113 erst erfolgen, wenn der Kläger geschäftsunfähig geworden oder ein gesetzlicher Vertreter bestellt worden ist.

Über die Frage, welche Bedeutung dem Urteil zukommt, wenn das Verfahren schon vor der mündlichen Verhandlung unterbrochen wurde, vgl. die widersprechenden Entscheidungen des RVA. in AN.RVA. 1911 S. 436 Nr. 1554; 1916 S. 775 Nr. 2924; 1924 S. 138 Nr. 3169 (Großer Senat).

§ 115.

Die Vorschriften der §§ 112, 113 und 114 Abs. 1 finden entsprechende Anwendung, wenn die Voraussetzungen der Unterbrechung nach Zustellung des Bescheids einer Verwaltungsbehörde vor Einlegung der Berufung eintreten[1].

1. Nach Zustellung des Bescheides und vor Einlegung der Berufung ist ein Spruchverfahren noch nicht anhängig, so daß von einer Unterbrechung des Verfahrens nicht gut gesprochen werden kann. Der Vorteil, das Aufhören des Fristablaufs infolge der Unterbrechung soll dem Kläger jedoch auch in solchen Fällen unter denselben Voraussetzungen zugute kommen. Ein Bescheid wird also, wenn die Voraussetzungen der Unterbrechung des Verfahrens während der Berufungsfrist eintreten, nicht rechtskräftig, bis nach Eintritt der Geschäftsfähigkeit oder Bestellung eines gesetzlichen Vertreters die Berufungsfrist erneut verstrichen ist. Im Falle des § 112 wird die Aufnahme in der Regel durch Einlegung der Berufung seitens der Rechtsnachfolger geschehen. Die Anwendung des § 112 Abs. 2 Satz 2 kommt nicht in Frage, statt dessen kann der Bescheid den Rechtsnachfolgern erneut zugestellt werden.

§ 116.

Hängt der Anspruch von einem familienrechtlichen oder erbrechtlichen Verhältnis ab, so kann das Gericht oder der Vorsitzende das Verfahren aussetzen und den Beteiligten aufgeben, das Verhältnis im ordentlichen Rechtswege feststellen zu lassen[1].

Bei der Aussetzung wird bestimmt, bis wann die Klage zu erheben ist[2]; die Frist kann auf Antrag verlängert werden.

1. Zwecks Feststellung, ob z. B. die Klägerin mit dem Verstorbenen durch eine gültige Ehe verbunden war, also als seine Witwe anzusehen ist, ob ein Kind ein eheliches Kind des Verstorbenen oder des Beschädigten (§ 30 RVG.) ist, ob die Kläger Erben des Versorgungsberechtigten sind usw., kann vor der mündlichen Verhandlung der Vorsitzende, in derselben die Kammer oder der Senat die Parteien an die ordentlichen Gerichte verweisen. Das Gericht kann hierüber auch selbst entscheiden; vgl. z. B. über die Unehelichkeit eines während der Ehe geborenen Kindes, die der Fiskus ohne Erhebung einer besonderen Anfechtungsklage im Spruchverfahren geltend machen kann, E. III, 11. Über die Aussetzung befindet der Vorsitzende oder das Gericht. Eine Vereinbarung der Parteien hierüber ist nicht bindend.

2. Nach fruchtlosem Ablauf der Frist nimmt das Verfahren seinen Fortgang; erneute Aussetzung, insbesondere, wenn die Klage nach Fristablauf wirklich erhoben wird, ist zulässig.

V. Mündliche Verhandlung.

§ 117.

Die von der Kammer oder dem Senate zu treffenden Entscheidungen[1] ergehen nach mündlicher Verhandlung[2], soweit nicht in diesem Gesetz ein anderes vorgeschrieben ist[3].

Die mündliche Verhandlung ist öffentlich[4]. Die Öffentlichkeit kann aus Gründen des öffentlichen Wohles oder der Sittlichkeit oder auf Antrag des Klägers[5] aus besonderen Gründen für die ganze Verhandlung oder einen Teil derselben[6] ausgeschlossen werden. Hierüber kann unter Ausschluß der Öffentlichkeit verhandelt werden[7].

1. Von der Kammer oder dem Senat zu treffen sind alle Entscheidungen der Spruchbehörden, soweit nicht im Gesetz bestimmt ist, daß der Vorsitzende oder der Leiter der Beweisverhandlung oder die Mitglieder des Gerichts, die das Urteil unterschrieben haben (§ 137), entscheiden oder entscheiden können, z. B. § 60 (Akteneinsicht), § 103 (Beweisaufnahme), § 107 (Weigerung von Zeugen usw.), § 116 (Aussetzung), § 144 (Entschädigung für persönliches Erscheinen). Insbesondere kann der Vorsitzende

im Einverständnis mit dem etwa bestellten Berichterstatter nach § 101 ein Rechtsmittel ohne mündliche Verhandlung verwerfen oder zurückweisen. In gleicher Weise kann er einen Antrag auf Wiederaufnahme des Verfahrens nach § 70 verwerfen.

2. Die mündliche Verhandlung setzt nicht notwendig die Anwesenheit der Parteien oder ihrer Vertreter voraus. Bei der Ladung werden sie vielmehr schon darauf hingewiesen, daß auch im Falle ihres Ausbleibens verhandelt und entschieden werden kann (vgl. § 102 Abs. 2). Der nicht erscheinende Kläger verzichtet durch sein Fernbleiben lediglich darauf, persönlich gehört zu werden, der Vorsitzende ist trotzdem verpflichtet, alles wesentliche von Amts wegen aufzuklären (vgl. §§ 120, 121).

3. Entscheidung der Kammer oder des Senats ohne mündliche Verhandlung ist vorgeschrieben bei Zuständigkeitsstreitigkeiten (§ 40), bei Ablehnungsgesuchen (§ 44) und bei der Beschwerde (§ 64) und zugelassen bei der Ergänzung eines Urteils bezüglich des Kostenpunktes (§ 138). Entscheidungen nach mündlicher Verhandlung ergehen, soweit sie die Hauptsache betreffen, durch Urteil mit Ausnahme der Abgabe der Sache an das RVGer. im Falle des § 129, Entscheidungen ohne mündliche Verhandlung ergehen durch Beschluß.

4. a) Es kann der Verhandlung also jedermann beiwohnen, auch soweit er weder als Partei oder Parteivertreter noch sonst als Beteiligter, Zeuge oder Sachverständiger mit der Sache befaßt ist.

b) Nicht öffentlich sind die Beweisaufnahme und die Beratung.

5. Zur Stellung des Antrages werden sich Vers.Berechtigte veranlaßt sehen, die aus der Bekanntgabe ihrer Krankheit oder aus den Erörterungen über die Entstehung ihres Leidens eine Beeinträchtigung ihres Ansehens oder ihres wirtschaftlichen Fortkommens befürchten.

6. Auch für die Verkündung der Gründe des Urteils kann die Öffentlichkeit ausgeschlossen werden.

7. Der Beschluß über die Ausschließung der Öffentlichkeit ist öffentlich zu verkünden.

§ 118.

Der Zutritt zur öffentlichen Verhandlung kann unerwachsenen und solchen Personen versagt werden, die sich nicht im Besitze der bürgerlichen Ehrenrechte[1] befinden oder in einer der Würde des Gerichts nicht entsprechenden Weise erscheinen.

Zu nichtöffentlichen Verhandlungen[2] kann das Gericht einzelnen Personen den Zutritt gestatten; einer Anhörung der Beteiligten bedarf es nicht.

1. Die bürgerlichen Ehrenrechte können neben Verurteilung zu einer Gefängnisstrafe von mindestens drei Monaten aberkannt werden, wenn entweder das Gesetz den Verlust der bürgerlichen Ehrenrechte ausdrücklich zuläßt oder die Gefängnisstrafe wegen Annahme mildernder Umstände an Stelle von Zuchthausstrafe ausgesprochen ist. Näheres vgl. § 32 StGB.

2. Über Zulassung dritter Personen zur Beratung vgl. § 131 Abs. 2.

§ 119.

Die Sachen werden in der Regel in der durch den Aushang vor dem Sitzungszimmer bekanntgemachten Reihenfolge verhandelt[1].

Dem Vorsitzenden liegt die Aufrechterhaltung der Ordnung in der Sitzung ob. Er eröffnet, leitet und schließt die Verhandlung, erteilt das Wort und kann es demjenigen, der seinen Anordnungen nicht Folge leistet, entziehen.

Die Vorschriften des § 109[2] finden entsprechende Anwendung mit der Maßgabe, daß die dort dem Leiter der Beweisverhandlung zustehenden Befugnisse vom Gericht ausgeübt werden und die Beschwerde nur im Verfahren vor dem Versorgungsgerichte zulässig ist.

War die Zurückweisung eines Bevollmächtigten oder Beistandes (§ 109 Abs. 1) dem Beteiligten nicht vorher rechtzeitig angedroht, so ist die Verhandlung zu vertagen, wenn der Beteiligte nicht erschienen ist oder es auf Befragen beantragt. Wird ein Beteiligter zur Aufrechterhaltung der Ordnung aus dem Sitzungszimmer entfernt (§ 109 Abs. 2), so wird in gleicher Weise verfahren, wie wenn er sich freiwillig entfernt hätte[3].

1. Von der Reihenfolge wird z. B. abgewichen werden, wenn die bestehenden Zugverbindungen dem Kläger erst ein späteres Erscheinen gestatten oder die Partei oder ihr Vertreter aus irgendeinem Grunde darum bitten.

2. § 109 betrifft die Zurückweisung von Bevollmächtigten und Beiständen und die Aufrechterhaltung der Ordnung (Sitzungspolizei) durch Entfernen wegen Ungehorsams und Bestrafung wegen Ungebühr.

3. War z. B. das persönliche Erscheinen des Klägers zwecks Untersuchung angeordnet, und wird er vor deren Vornahme wegen Ungehorsams entfernt, so können gemäß § 121 Abs. 2 in Verbindung mit §§ 103, 81 Abs. 2 ungünstige Schlüsse für den geltend gemachten Anspruch gezogen werden.

§ 120.

Die mündliche Verhandlung beginnt nach dem Aufruf der Sache mit der Darstellung des Sachverhalts[1] durch den Vorsitzenden oder den Berichterstatter[2].

Demnächst sind die Beteiligten zu hören[3]. Der Vorsitzende hat das Sach- und Streitverhältnis mit ihnen zu erörtern und dahin zu wirken, daß sie über alle erheblichen Tatsachen sich vollständig erklären sowie angemessene und sachdienliche Anträge stellen[4].

Die Anträge können ergänzt, berichtigt und geändert werden[5]. Der Vorsitzende hat den Beisitzern auf Verlangen zu gestatten, Fragen an die Beteiligten sowie die Zeugen und Sachverständigen zu stellen. Zweifel über die Zulässigkeit einer Frage entscheidet das Gericht.

1. Die Darstellung wird sich auf das in tatsächlicher und rechtlicher Beziehung Wesentliche beschränken müssen, damit auch der im Erfassen und Beurteilen rechtlicher Tatbestände weniger geschulte Beisitzer aus den Vers.Berechtigten dem Vortrag der zur Verhandlung stehenden Fälle zu folgen vermag.

2. Wegen Bestellung von Berichterstattern vgl. § 100.

3. Bei ihren Ausführungen für und gegen den erhobenen Anspruch sind die Parteien nicht an das gebunden, was sie im Verwaltungsverfahren geltend gemacht haben; so kann der Fiskus Nichtinnehaltung der Anmeldefrist (§ 2 MVG., § 52 RVG.) noch geltend machen, wenn er auch im Bescheide nur sachliche Ablehnungsgründe angeführt hat (E. III, 244). Die Ausführungen der Parteien sind auch dann beachtlich, wenn sie nicht vorher in einem Schriftsatz schriftlich niedergelegt sind.

4. Wie die Verwaltungsbehörden nach § 79 Abs. 2 auf die Stellung sachdienlicher Anträge hinzuwirken haben, so legt das Gesetz zum Schutze der geschäftsungewandten Vers.Berechtigten die gleiche Verpflichtung den Vorsitzenden der Kammern und Senate auf.

5. Der Kläger kann daher sowohl wegen nach Erlaß des Bescheides eingetretener Änderung der Verhältnisse den Antrag erhöhen, wie er sich zur Begründung des Rentenanspruchs auf

einen anderen tatsächlichen Hergang oder auf ein Leiden berufen kann, das er im Verwaltungsverfahren noch nicht geltend gemacht hatte (vgl. auch E. I, 79); da der Versorgungsanspruch als einheitliches Ganzes aufzufassen ist, ist es nicht erforderlich, daß auch die einzelnen zur Begründung angeführten Tatsachen Gegenstand des Verwaltungsverfahrens und des Bescheides gewesen sind. Im übrigen sei auf Anm. 1d zu § 125 verwiesen.

§ 121.

Hält das Gericht die Sache noch nicht für genügend aufgeklärt, so beschließt es den erforderlichen Beweis[1]. Die Ausführung des Beweisbeschlusses kann einem Mitglied der Kammer oder des Senats übertragen werden.

Für die Beweisaufnahme durch das Gericht und das beauftragte Mitglied gelten die Vorschriften der §§ 103 bis 111 entsprechend[2].

Findet die Beweisaufnahme durch das Gericht statt, so entscheidet dieses in den Fällen des § 107 Abs. 3[3]. Gegen die Entscheidung des Versorgungsgerichts findet innerhalb einer Woche die Beschwerde[4] statt.

1. Beweis darf nur beschlossen und erhoben werden, soweit er erforderlich ist. Tatsachen, die bei Gericht offenkundig sind, bedürfen, was im § 291 ZPO. ausdrücklich bestimmt ist, aber auch hier gilt, keines Beweises, ebensowenig Tatsachen, von deren Vorliegen das Gericht nach dem Zusammenhang oder den glaubwürdigen Angaben einer Partei mit guten Gründen überzeugt ist. Als offenkundig können aber Tatsachen bei einer Kammer oder einem Senat nur dann bezeichnet werden, wenn mindestens die Mehrzahl der Richter sie als offenkundig kennt. Unzulässig ist eine Beweiserhebung, deren Ergebnis an der Entscheidung nichts mehr ändern kann. Es ist z. B. unzulässig, über das Vorliegen von DB. Beweis zu erheben, wenn das Gericht der Überzeugung ist, daß die Minderung der Erwerbsfähigkeit weniger als 25 v. H. beträgt oder daß das Rechtsmittel unzulässig oder verspätet ist. Andererseits muß das Gericht, wenn es Zweifel hegt, auch Tatsachen, über die beide Parteien einig sind, auf ihre Richtigkeit prüfen und nötigenfalls durch Beweisaufnahme klarstellen. Die Entscheidung darüber, ob und in welchem Umfange Beweis zu erheben ist, trifft das Gericht nach eigenem Ermessen. Das Gericht kann über die von den Parteien gegebenen Anregungen hinaus Beweis erheben, wie es auch Beweisanträge unbeachtet lassen kann, wenn es von ihrer Zwecklosigkeit überzeugt ist (vgl. auch Anm. 1a zu § 125).

2. Für die in der mündlichen Verhandlung beschlossene und entweder sofort durch das Gericht oder nachher durch das beauftragte Mitglied ausgeführte Beweisaufnahme gelten also dieselben Vorschriften wie für eine vor der mündlichen Verhandlung vom Vorsitzenden angeordnete Beweisaufnahme mit der aus Abs. 3 sich ergebenden Abweichung; s. Anm. 3.

3. Bei Beweisaufnahme durch das Gericht entscheidet also an Stelle des „Leiters der Beweisverhandlung" das Gericht (nicht der Vorsitzende allein) über die Zulässigkeit der Verweigerung der Aussage oder der Eidesleistung, über die Ablehnung eines Sachverständigen sowie über die Auferlegung von Strafe und Kosten.

4. Über Beschwerde vgl. §§ 61—64, über den Grund für die abweichende Bemessung der Frist Anm. 6 zu § 107.

§ 122.

Ist eine Partei bei der Beweisaufnahme nicht zugegen und nicht vertreten[4], so darf in dieser Verhandlung ein ihr ungünstiges Urteil nur erlassen werden, wenn über das Stattfinden der Beweisaufnahme der Partei vor der Verhandlung Mitteilung gemacht ist[2] oder die Beweisaufnahme lediglich in der Anhörung eines ärztlichen Sachverständigen[3] besteht.

1. Im übrigen aber kann, trotzdem eine Partei in der mündlichen Verhandlung nicht vertreten war, auch über Tatsachen verhandelt und entschieden werden, die von der anderen Partei in der Verhandlung zum ersten Male vorgebracht worden sind.

2. Es soll die Partei Gelegenheit haben, sich zu dem Ergebnis der Beweisaufnahme zu äußern (vgl. §§ 108, 111).

3. Die Anhörung eines ärztlichen Sachverständigen wird besonders bei den Vers.Gerichten vorkommen, wo nach § 22 Gerichtsärzte bestellt werden.

§ 123 *).

Über die Verhandlung ist durch einen vereidigten Schriftführer, an dessen Stelle beim Reichsversorgungsgericht die Beisitzer treten können, eine Niederschrift aufzunehmen.

Die Niederschrift enthält Ort und Tag der Verhandlung, die Bezeichnung der Kammer oder des Senats, Namen und Dienststellung oder Beruf des Vorsitzenden, der Beisitzer und des Schriftführers unter Angabe der Eigenschaft, in der sie mitwirken, den Namen des etwa zugezogenen Dolmetschers, die Bezeichnung der Streitsache, die Namen der erschienenen Beteiligten[1] und Vertreter sowie die Angabe, daß öffentlich verhandelt oder die Öffentlichkeit für die ganze Verhandlung oder einen Teil derselben ausgeschlossen ist[2].

*) Fassung: Der Zwischensatz in Abs. 1 ist durch Art. I Ziff. 4 der VO. vom 12. 2. 24 (RGBl. I S. 59 = RVBl. Nr. 85) eingefügt.

1. Über den Begriff der Beteiligten vgl. Anm. 1 zu § 59.

2. Über Ausschluß der Öffentlichkeit vgl. § 117 Abs. 2.

§ 124.

In der Niederschrift ist der Gang der Verhandlung im allgemeinen anzugeben.

Ferner sind aufzunehmen:

1. Erklärungen der Beteiligten über die Zurücknahme eines Rechtsmittels[1], Anerkenntnisse[1] sowie andere Erklärungen, deren Feststellung angezeigt erscheint[2],
2. Anträge und erhebliche Erklärungen der Beteiligten, die von dem Inhalt der Schriftsätze abweichen,
3. die wesentlichen Aussagen der Zeugen[2] und die Feststellung, ob sie beeidigt sind oder nicht,
4. die wesentlichen Ausführungen der Sachverständigen[2],
5. das Ergebnis eines Augenscheins[3],
6. Beschlüsse, die Urteilsformel und deren Verkündung.

Der Aufnahme in die Niederschrift steht die Aufnahme in eine Schrift gleich, die der Niederschrift als Anlage beigefügt, als solche von dem Vorsitzenden und dem Schriftführer gekennzeichnet und in der Niederschrift aufgeführt ist.

Die Niederschrift ist vom Vorsitzenden und vom Schriftführer, wenn sie jedoch eine Urteilsformel enthält, auch von dem etwa bestellten Berichterstatter[4] zu unterschreiben. Ist dieser Berichterstatter verhindert, so genügt die Unterschrift des Vorsitzenden. Ist dieser verhindert, so unterschreibt für ihn der Berichterstatter oder ein anderer Beisitzer. Die Tatsache der Verhinderung des Vorsitzenden oder des Berichterstatters ist in der Niederschrift zu vermerken.

1. Durch die Zurücknahme und das Anerkenntnis gilt der Streit als erledigt (§ 125 Abs. 3).

2. Zu den anderen Erklärungen gehören auch Verzichte und Vergleiche, soweit sie überhaupt zulässig sind. Über Zulässigkeit und Wirkung eines Verzichts vgl. RVBl. 23 Nr. 413. Die Aufnahme der Aussagen und Ausführungen der Zeugen und Sachverständigen kann sich auf die Wiedergabe ihres Inhalts beschränken (Begr.).

3. Die Aufnahme des Ergebnisses des Augenscheins ist insbesondere erforderlich, wenn der Kläger im Termin zur mündlichen Verhandlung erschienen ist. Ist das Ergebnis des Augenscheins weder in der Niederschrift noch im Urteil enthalten, so leidet das Verfahren an einem wesentlichen Mangel, der das RVGer. zur Zurückverweisung der Sache an das Vers.Gericht berechtigen würde.

4. Vgl. § 100. — Die Vorlesung der Eintragungen zu Ziff. 1 bis 4 ist entgegen § 80 der Bestimmungen vom 18. 2. 19 nicht vorgeschrieben.

§ 125 *).

Das Gericht trifft die Entscheidung auf Grund freier Beweiswürdigung [1].

Die angefochtene Entscheidung kann auch aus anderen als den von den Beteiligten geltend gemachten Gründen geändert oder bestätigt werden [2].

Soweit die Parteien den Anspruch anerkennen oder das Rechtsmittel zurücknehmen, gilt der Streit als erledigt [3].

*) Fassung: In Abs. 2 ist der Satz: „Änderungen sind auch zuungunsten der Partei zulässig, die das Rechtsmittel eingelegt hat", durch Art. 21 Ziff. V 10 der PAV. zum 31. 10. 23 angefügt worden und durch Art. I Nr. 2 des Ges. vom 4. 8. 24 (RGBl. I S. 677 = RVBl. Nr. 334) zum 1. 9. 24 wieder gestrichen; vgl. dazu Anm. 4 zu § 65 und Anm. 1c zu § 125.

1. a) Die Ergebnisse der Verhandlung sind von dem Gericht frei zu werten. Abgesehen von Sonderfällen (vgl. Anm. 1f) liegt den Parteien nicht die Beweislast für die ihnen günstigen Tatsachen ob, sie müssen aber die Angaben machen, die notwendig sind, um das Gericht in die Lage zu versetzen, die erforderlichen Tatsachen feststellen zu können. Die Anträge der Parteien begrenzen nicht die Prüfungs- und Entscheidungsbefugnis des Gerichts; es kann über diese Anträge hinausgehen, z. B. neben Rente auch die nicht besonders beantragte Ausgleichszulage bewilligen (vgl. auch Anm. 3 zu § 94). Auch Tatsachen, die von den Parteien nicht vorgebracht worden sind, hat das Gericht zu berücksichtigen; andererseits muß es unter Umständen Tatsachen nachprüfen, über die beide Parteien einig sind (vgl. auch Anm. 1 zu § 121).

b) Über die Würdigung der erhobenen Beweise, d. h. darüber, ob ein Beweis als erbracht anzusehen ist, enthält das VerfG. keine Vorschriften. Jedenfalls dürfen aber die Spruchbehörden an die Beweisführung nicht einen ähnlich strengen Maßstab anlegen, wie etwa die ordentlichen Gerichte im Zivil- oder Strafprozeß. Zum Beweise der rechtsbegründenden Tatsachen genügt es, wenn für sie ein solcher Grad von Wahrscheinlichkeit besteht, daß sich vernünftigerweise die richterliche Überzeugung darauf gründen kann. Im § 2 Abs. 2 RVG. ist das für den Hauptanwendungsfall (Zusammenhang des Leidens mit einer DB.) besonders hervorgehoben (vgl. E. I, 228; III, 47).

c) Ärztliche Gutachten†) sind nicht bindend, sondern wie andere Beweismittel frei zu würdigen. Sie bilden auch nicht die einzige, sondern nur eine der Quellen, aus denen das Gericht seine Überzeugung schöpft. Allerdings wird z. B. in Heilbehandlungsangelegenheiten, wenn es sich um Art und Umfang der erforderlichen Heilmaßnahmen (§ 5 RVG.) oder die Art der zu gewährenden orthopädischen Hilfsmittel (§ 7 RVG.) handelt, die Ansicht des ärztlichen Sachverständigen ausschlaggebend sein müssen. Die freie Beweiswürdigung verbietet es, etwa dem Gutachten eines beamteten Arztes oder eines Facharztes grundsätzlich den Vorzug vor anderen Gutachten zu geben, wenngleich fachärztlichen Gutachten naturgemäß eine besondere Bedeutung zukommt. Mehrere in einer Versorgungssache erstattete Gutachten sind vielmehr nach ihrer Überzeugungskraft gegeneinander abzuwägen; einer ärztlichen Stellungnahme ohne Begründung kann daher gegenüber begründeten Gutachten keine Bedeutung zukommen. Auch das Gutachten des Gerichtsarztes (§ 22) nimmt keine Sonderstellung ein; es ist jedoch mit besonderer Vorsicht zu bewerten, wenn es im Gegensatz zu Gutachten steht, die auf Grund längerer Beobachtung erstattet sind. Über die Bedeutung von Äußerungen des Referats „Ärztlicher Dienst" des Vers.Amts vgl. Anm. 5b zu § 83.

Über die Bedeutung vom Beklagten im Spruchverfahren beigebrachter ärztlicher Gutachten und die Stellung des Fiskus im Spruchverfahren vgl. E. II, 165 = RVBl. 22 Nr. 361.

d) Das Gericht ist nicht darauf beschränkt, seiner Entscheidung die Verhältnisse bis zum Erlaß des Verwaltungsbescheids

---

†) Behrend, Die ärztl. Gutachten und ihre Bedeutung für die Rechtsprechung der Spruchbehörden, Zeitschr. f. ärztl. soz. Versorgungswesen 23 Sp. 325—33; Döllner, Gerichtsärztl. Erfahrungen aus dem Mil.Vers.Wesen, Ärztl. Sachverst.Ztg. 24 S. 92—94 und S. 104—07; Silberschmidt, Die Wertung ärztl. Gutachten in der Versicherung, insbes. der Sozialversicherung, Zeitschrift für die ges. Versich.Wiss. 24 S. 31—42.

zugrunde zu legen, kann vielmehr auch nach der Bescheiderteilung eingetretene Veränderungen der für die Bewilligung maßgebend gewesenen Verhältnisse berücksichtigen, soweit sie nicht etwa eine Schlechterstellung des Vers.Berechtigten gegenüber der Vorinstanz bedingen würden. Ob dies zweckmäßig ist, hängt namentlich davon ab, ob unter Berücksichtigung der Veränderung der Verhältnisse, z. B. der Verschlimmerung im Gesundheitszustande, eine Entscheidung ohne umfangreichere Beweiserhebung möglich ist (vgl. z. B. E. I, 121, 130). Die Einheitlichkeit des VersAnspruchs zwingt nicht zur Berücksichtigung aller eingetretenen Änderungen (Anm. 2c).

e) Gewisse Schranken für die Prüfungs- und Entscheidungsbefugnis des Gerichts ergeben sich aus dem Begriffe der Rechtskraft. Näheres vgl. Anm. 3 zu § 65. Bescheid oder Urteil dürfen nicht zuungunsten der Partei geändert werden, die allein das Rechtsmittel eingelegt hat (sog. Verbot der reformatio in peius).†) Eine Abänderung zuungunsten liegt aber dann nicht vor, wenn das Gericht von der Vorinstanz angenommene Voraussetzungen des Anspruchs verneint, sofern nur im Ergebnis der Kläger nicht schlechter gestellt ist als durch die von ihm angefochtene Entscheidung (E. I, 144).

f) In Sonderfällen ergeben sich Bindungen aus gesetzlichen Vermutungen, die aber durch Gegenbeweis widerlegt werden können. In solchen Fällen kann man von einer Art Beweislast sprechen. Nach dem Gesetz über Fürsorge für Kriegsgefangene vom 15. 8. 17 (RGBl. S. 725) und § 2 Abs. 3 RVG. sind die Angaben des Beschädigten über Vorgänge bei der Gefangennahme und in der Gefangenschaft der Entscheidung zunächst zugrunde zu legen. Das gleiche gilt nach § 2 Abs. 3 RVG., wenn Akten verloren gegangen sind. Die Vermutung spricht gegen absichtliche Herbeiführung der Beschädigung (§ 3 Abs. 2 MVG.); die Entscheidung im kriegsgerichtlichen Verfahren enthebt die Versorgungsbehörden nicht der selbständigen Prüfung des Falles (E. I, 179). — Das Zugeständnis einer Tatsache seitens des Fiskus in einem Bescheide hat die Beweislast für das Gegenteil zur Folge; vgl. Anm. 3c zu § 65. Auch für die Unrichtigkeit eines Bescheides (§ 65 Abs. 2) trifft den Fiskus die Beweislast.

Bei Verschollenen wird bis zu dem Tage, der als Todestag festzusetzen ist, das Fortleben und, sobald die Todeserklärung gerichtlich ausgesprochen ist, von dem genannten Tage ab der Tod vermutet (§§ 18, 19 BGB.). Über Todeserklärung Kriegsverschollener vgl. VO. vom 18. 4. 16 (RGBl. S. 296) in der Fassung der Bek. vom 9. 8. 17 (RGBl. S. 703) und des Ges. vom 20. 2. 25 (RGBl. I S. 15), im übrigen §§ 13 ff. BGB. und

†) Lehmann, Zur Lehre vom Verbot der reformatio in peius (in der Reichsversicherung) MfA. 23 Sp. 25—33.

§§ 960 ff. ZPO. — Vermutet wird auch die Vaterschaft des Ehemanns der Mutter (§ 1591 BGB.).

2. a) Das Gericht muß unabhängig von den seitens der Parteien gegen die angefochtene Entscheidung oder das Rechtsmittel erhobenen Einwendungen alle Voraussetzungen des Anspruchs nachprüfen. Das RVGer. hat z. B. auf den Rekurs des Fiskus unter Aufhebung der verurteilenden Entscheidung den ablehnenden Bescheid wiederherzustellen, wenn es zwar den vom Fiskus allein geltend gemachten Ablehnungsgrund, daß DB. nicht vorliege oder daß der Anspruch durch Fristablauf erloschen sei (§§ 52 ff. RVG.), als unrichtig ansieht, aber zu der Überzeugung kommt, daß der Kläger nicht der deutschen Wehrmacht (§ 1 RVG.) und auch nicht dem Kreise der im § 96 RVG. genannten Personen angehört habe. Es darf jedoch nicht gegen das Verbot der reformatio in peius verstoßen werden (Anm. 1 e). Da die Begründung nicht an der Rechtskraft teilnimmt, liegt in der Bestätigung der Entscheidung unter Änderung der Gründe ein solcher Verstoß nicht (vgl. E. I, 144).

b) Die Spruchbehörden dürfen prüfen, ob ein Gesetz verfassungsmäßig zustandegekommen ist (E. IV, 188). — Für die Verjährung von Rückständen sind die Grundsätze des bürgerlichen Rechtes anwendbar. Die Verjährung ist nur auf Einrede zu berücksichtigen (E. II, 74 = RVBl. 21 Nr. 1254[4]).

c) Wesentliche Gesichtspunkte für den Umfang der zu treffenden Entscheidung ergeben sich aus der *Einheitlichkeit des Versorgungsanspruchs* †) und der *Selbständigkeit der einzelnen Versorgungsarten*.

Die im § 3 RVG. in einer Nummer zusammengefaßten Leistungen bilden je eine *selbständige Versorgungsart*. Heilbehandlung (Nr. 1) und Rente (Nr. 3) sind z. B. selbständige Hauptansprüche. Krankengeld und Hausgeld (Nr. 1) sind Nebenansprüche zur Heilbehandlung, Pflegezulage und Zusatzrente (Nr. 3) Nebenansprüche zur Rente. Für jede Versorgungsart wird die Anmeldefrist (§ 52 RVG.) bezüglich sämtlicher Nebenansprüche durch ein und denselben Antrag gewahrt. Da der Beamtenschein als selbständige Versorgungsart aufgeführt ist (Nr. 4), konnte E. V, 38 (keine besondere Anmeldefrist für den Beamtenschein) nicht mit der Einheitlichkeit des Versorgungsanspruchs, wohl aber damit begründet werden, daß der Zweck der Anmeldefrist, die anspruchsbegründenden Tatsachen der behördlichen Nachprüfung zu unterbreiten, bevor sie im Dunkel der Vergangenheit versunken sind, nach Bewilligung von Rente für den Beamtenschein nicht

---

†) Vgl. die Zusammenstellung der Rechtsprechung des RVGer. von *Noa* im RABl. 26 nichtamtl. Teil S. 292*—94*; ferner vom RVGer. abweichend *Christoph*, über die Einheitlichkeit usw., a. a. O. S. 294*—96*. Über Schäden während mehrerer Dienstleistungen vgl. v. Olshausen-Dorn S. 184/85.

mehr in Frage kommt. Jede selbständige Versorgungsart ist hinsichtlich der Rechtskraft (§ 65) gesondert zu behandeln und für sich innerhalb der Frist des § 52 RVG. anzumelden. Wenn eine Versorgungsart, z. B. der Beamtenschein oder Heilbehandlung infolge Verschlimmerung, erst nach Fristablauf notwendig wird, kann der Antrag nach § 53 RVG. noch nachträglich gestellt werden. — In der Rechtsprechung des RVGer. ist die Selbständigkeit der Versorgungsarten bisher nicht zum Ausdruck gekommen; vgl. z. B. für Rente und Zivilversorgungs- bzw. Beamtenschein E. I, 140; V, 38.

Innerhalb der einzelnen Versorgungsarten folgt aus dem jeweils vorliegenden Tatbestand, soweit er Gegenstand des Verfahrens ist, d. h. aus der Gesamtheit der jeweils gegebenen anspruchsbegründenden Tatsachen (z. B. bestimmte MdE. als Folge von DB.), nur ein einheitlicher Anspruch. So ist eine einheitliche Rente festzusetzen, auch wenn mehrere Leiden als Folge einer DB. bestehen oder mehrere DB.en den Gesundheitszustand beeinträchtigt haben oder endlich eine Beeinträchtigung der körperlichen Unversehrtheit (§ 25 Abs. 3 RVG.) mit einer durch ein weiteres Leiden hervorgerufenen MdE. zusammentrifft (E. I, 79; IV, 115). In solchen Fällen sind weder mehrere Renten festzusetzen, noch kann die MdE. durch einfaches Zusammenrechnen der auf die einzelnen Leiden entfallenden MdE. bestimmt werden (E. I, 185). Aus demselben Grunde sind auch mehrere Kriegszulagen selbst bei Teilnahme an mehreren Kriegen nicht möglich (E. II, 103). — Hat eine Änderung des Sachverhalts (z. B. eine Verschlimmerung nach § 57 RVG.) eine Erweiterung der Haupt- und Nebenansprüche zur Folge, so entfällt die Einheitlichkeit mit dem Erfolge, daß die Erweiterung von der Rechtskraft der früheren Entscheidung nicht mit umfaßt wird (Anm. 3 g—i zu § 65) und für den Erhöhungsantrag wieder die Anmeldefristen (§ 52 RVG.) eingehalten werden müssen, zumal deren Zweck (s. oben) auch bei der Änderung des Sachverhalts Bedeutung hat. — Macht der Kläger im Spruchverfahren geltend, daß noch ein weiteres, bisher nicht geltend gemachtes Leiden bestehe, so kann er damit nicht auf ein besonderes Verfahren verwiesen werden, weil darin nur eine weitere Begründung des erhobenen Anspruchs liegt (E. I, 79; II, 235). Behauptet er aber, daß erst im Laufe des Verfahrens sein Leiden sich verschlimmert habe oder ein weiteres Leiden hinzugetreten sei, so behauptet er damit eine Änderung des anspruchsbegründenden Sachverhalts und damit eine Erweiterung seines Anspruchs, die von der Spruchinstanz im selben Verfahren berücksichtigt werden kann, aber nicht muß (vgl. Anm. 1 d zu § 125). — Durch Teilurteil (Anm. 5 zu § 127) oder Teilbescheid (Anm. 4 zu § 86) kann wohl die Entscheidung über eine selbständige Versorgungsart (z. B. den Beamtenschein) oder auch über einen Nebenanspruch (z. B. auf die Ausgleichszulage) vorbehalten werden, aber nicht die Berücksichtigung eines

Tatbestandsteils, z. B. eines Lungenleidens, während für eine Kopfverletzung bereits Rente festgesetzt wird. — Aus der Einheitlichkeit der Rente folgt weiter, daß die Schätzung der auf die einzelnen Leiden entfallenden MdE., die der Gesamtschätzung zugrunde liegt, nur Rechnungsgrundlage ist und deshalb weder in Rechtskraft übergeht (Anm. 3d zu § 65), noch auch für das Rekursgericht bindend ist, wenn dieses den Kreis der zu berücksichtigenden Leiden weiter oder enger zieht und deshalb den Gesamtgrad neu schätzen darf (Anm. 2 zu § 92). Im übrigen besteht keine prozessuale Einheitlichkeit des Versorgungsanspruchs in dem Sinne, daß der Kläger alle bestehenden Leiden auf einmal geltend machen müßte (keine Eventualmaxime); er kann auf ein Leiden, das während eines rechtskräftig abgeschlossenen früheren Verfahrens schon bestand, später noch zurückkommen, wenn es nicht in dem früheren Verfahren auf irgend eine Weise auf Antrag oder von Amts wegen in die Erörterung gezogen und zum Gegenstand der Entscheidung gemacht ist.

3. a) Wird das Rechtsmittel zurückgenommen, so ergeht ein Urteil nicht mehr. Das Verfahren findet damit seinen Abschluß, daß die abgegebene Erklärung in die Niederschrift aufgenommen wird (§ 124 Abs. 2 Nr. 1). Auf Antrag ist noch über die Erstattung der außergerichtlichen Kosten zu entscheiden. Näheres vgl. zu § 143. — Wird der Anspruch anerkannt, so ergeht dem Anerkenntnis gemäß ein Urteil ohne weitere Prüfung. Über Anerkenntnis der Kostenpflicht vgl. zu § 143.

b) Das Anerkenntnis und die Zurücknahme des Rechtsmittels können nicht widerrufen werden. Darüber, daß unter Umständen die Zurücknahme eines Rechtsmittels angefochten werden kann, vgl. E. II, 67; III, 117.

§ 126.

Hebt das Gericht die angefochtene Entscheidung auf[1], so kann[2] es die Sache an eine Vorinstanz[3] zurückverweisen[4]. Das Versorgungsgericht ist zur Zurückweisung nur befugt, wenn das Verfahren an einem wesentlichen Mangel[5] leidet.

Die Stelle, an welche die Sache vom Reichsversorgungsgerichte zurückverwiesen wird, ist an die rechtliche Beurteilung[6] gebunden, die der Aufhebung des angefochtenen Urteils zugrunde liegt[7].

1. Die Entscheidung muß aufgehoben werden, wenn sie unrichtig ist oder das Verfahren der Vorinstanzen aus sachlichen oder formellen Gründen nicht als die ordnungsmäßige Grundlage der getroffenen Entscheidung anzusehen ist. Während das VGer. im

Falle der Aufhebung zur Zurückverweisung nur dann befugt ist, wenn das Verfahren an einem wesentlichen Mangel leidet, besteht diese Einschränkung für das RVGer. nicht.

2. Ob das Gericht von der Befugnis zurückzuverweisen Gebrauch machen will, hängt von seinem Ermessen ab; es kann einen erforderlichen Beweis selbst erheben oder die erforderlichen Erhebungen unter Zurückverweisung durch die untere Instanz vornehmen lassen. Dabei ist es unerheblich, ob der Kläger die Zurückverweisung selbst beantragt hat; andererseits kann er die Zurückverweisung auch nicht etwa erzwingen. Auch wesentliche Verfahrensmängel zwingen nicht zur Zurückverweisung. Ist die Sache spruchreif, empfiehlt es sich, daß das Gericht selbst entscheidet (E. I, 30).

3. Die Sache kann an jede Vers.Behörde zurückverwiesen werden, die für die Behandlung und Entscheidung zuständig gewesen ist. Dem RVGer. steht es daher z. B. frei, ob es die Sache an das VGer. oder an das Vers.Amt zurückverweisen will.

4. Auch im Falle der Zurückverweisung besteht das Verbot der reformatio in peius (vgl. Anm. 3e zu § 125); wie das entscheidende Gericht den Berufungs- oder Rekurskläger nicht selbst schlechter stellen kann, so darf es auch eine solche Schlechterstellung nicht durch die Zurückverweisung ermöglichen. Es darf also weder das RVGer. der Aufhebung eine — nach Abs. 2 bindende — Rechtsauffassung zugrunde legen, die zu einem ungünstigeren Ergebnis führen würde, noch auch dürfen das VGer. oder die Verwaltungsbehörde bei ihrer erneuten Entscheidung den Berufungs- oder Rekurskläger schlechter stellen als in dem aufgehobenen Urteil.

5. a) Ein wesentlicher Mangel des Verfahrens liegt stets vor, wenn es sich um einen Verstoß gegen eine zwingende Vorschrift zum Schutze öffentlicher Interessen handelt; dient die verletzte zwingende Vorschrift lediglich zum Schutze der Parteien oder einer Partei, so kommt es darauf an, welchen Wert das zu schützende Recht für diese hat, und in welchem Maße die verletzte Vorschrift diesen Schutz zu sichern bestimmt und geeignet ist (vgl. E. II, 111).

b) Als wesentliche Mängel des Verfahrens sind hiernach u. a. die Verletzung der amtlichen Ermittelungspflicht (§ 80), ungenügende Begründung des Bescheides (§ 86), zu späte Benachrichtigung von der mündlichen Verhandlung (vgl. Anm. 7 zu § 102) sowie die Nichtgewährung der Möglichkeit, sich zu dem Gutachten des Sachverständigen zu äußern (§ 122), anzusehen. Auch wird ein wesentlicher Mangel des Verfahrens stets dann anzunehmen sein, wenn einer der im § 66 Nr. 1—9 aufgeführten Verfahrensmängel gegeben ist.

6. Eine Bindung besteht nur bezüglich der „rechtlichen Beurteilung", d. h. der Anwendung des Gesetzes auf den festgestellten

Sachverhalt. Es können jedoch weitere Beweise erhoben, auch die früher erhobenen anders gewürdigt werden. Auf diese Weise kann u. U. ein anderer Sachverhalt festgestellt werden, so daß auch andere Rechtssätze anzuwenden sind und deshalb die vom RVGer. ausgesprochene Rechtsauffassung für den Fall bedeutungslos ist. Hat z. B. das RVGer. eine Sache zurückverwiesen mit der Begründung, daß der vom Kläger ausgeübte Beruf — entgegen der Ansicht der Vorinstanzen — die Gewährung der Ausgleichszulage rechtfertigte (§ 28 RVG.), so kann diese trotzdem wieder abgelehnt werden, wenn sich nunmehr ergibt, daß der Kläger einen anderen Beruf ausgeübt hat.

Eine beschränkte Bindung an die Entscheidungen des RVGer. ist ferner im § 129 vorgesehen.

7. Rechtsausführungen im Urteil des RVGer., die nur nebenbei geäußert sind, also für die Zurückverweisung nicht ausschlaggebend waren, sind nicht bindend.

§ 127.

Hält das Gericht den Anspruch für begründet[1], so stellt es in der Regel zugleich Betrag und Beginn der Leistung fest[2]). Soweit über den Betrag entschieden wird, muß aus der Entscheidung die Art der Berechnung[3] ersichtlich sein.

Das Gericht kann unter Angabe von Gründen sich darauf beschränken, über den Grund des Anspruchs[4] und über alle oder einzelne Grundlagen für die Berechnung der Leistungen zu entscheiden.

In gleicher Weise kann das Gericht sich auf die Entscheidung der Punkte beschränken, die von den Parteien bemängelt werden[5].

1. Ein Anspruch ist begründet, wenn diejenigen Tatsachen erwiesen sind, von deren Vorliegen das Gesetz das Bestehen des Anspruchs abhängig macht; darüber, wann eine Tatsache erwiesen ist, vgl. Anm. 1b zu § 125.

2. Die Vorschrift des Abs. 1 über die Feststellung der Leistung entspricht im wesentlichen der für den Bescheid im Verwaltungsverfahren im § 86 Abs. 2 gegebenen, da die Spruchbehörden zutreffendenfalls an Stelle der Verwaltungsbehörden die Rente feststellen. Wenn das Gericht aber den Anspruch des Klägers für begründet hält, ist es nicht angängig, lediglich den Bescheid der Verwaltungsbehörde aufzuheben, ohne eine sachliche Entscheidung zu fällen, vielmehr muß in solchen Fällen stets zum mindesten dem Grunde nach entschieden werden. Anders als die Verwaltungsbehörde braucht das Gericht aber nicht stets den Be-

trag der Leistung festzusetzen, weil es hierzu nicht selten eingehender Ermittlungen bedarf, die besser durch die Verwaltungsbehörden vorgenommen werden. Wird in Ausführung des Urteils ein Bescheid oder eine Benachrichtigung erlassen, so ist dagegen die Berufung nur bezüglich der im Urteil nicht entschiedenen Punkte zulässig. Näheres s. RVBl. 22 Nr. 663 Ziff. II. — Über Festsetzung eines Endtermins für die Rentenzahlung vgl. E. I, 107, 113, 132.

3. Wegen der Art der Berechnung vgl. Anm. 5 zu § 86.

4. a) Das Gericht darf dem Grunde nach, aber nicht allein über einzelne Voraussetzungen des Anspruchs, z. B. das Vorliegen von DB., die frühere Zugehörigkeit zur Wehrmacht usw., entscheiden. Die Zuerkennung dem Grunde nach kann deshalb nur erfolgen, wenn sämtliche Voraussetzungen des Anspruchs feststehen und nur noch die zahlenmäßige Höhe zweifelhaft ist. Es ist nicht angängig, einen Anspruch in bedingter Weise, also unter Vorbehalt der Entscheidung über eine oder mehrere Voraussetzungen zuzuerkennen. Bei Klagen von Beschädigten nach dem RVG. muß deshalb z. B. vorher festgestellt sein, daß die als Folge einer DB. aufzufassende Minderung der Erwerbsfähigkeit mindestens 25 v. H. beträgt (vgl. § 24 RVG.). Aus der Fassung des Abs. 2 ergibt sich ferner, daß die Entscheidung dem Grunde nach darüber hinaus mindestens auch noch den der Berechnung zugrunde liegenden Grad der Minderung der Erwerbsfähigkeit festlegen muß. Hat das VerfGer. nicht zum Ausdruck gebracht, daß und weshalb es ausnahmsweise nur dem Grunde nach erkannt hat, so ist das ein wesentlicher Verfahrensmangel (E. I, 51).

b) Feststellungsklage und Feststellungsurteil,†) d. h. die Entscheidung nur über einzelne Voraussetzungen eines Anspruchs, der infolge Fehlens anderer Voraussetzungen nicht besteht, sind unzulässig (E. I, 147). Sie sind nur insoweit zulässig, als ein rechtliches Interesse (hierüber vgl. z. B. JW. 1916, 843, 15) besteht. Das ist der Fall, wenn Heilbehandlung wegen Nichtvorliegens von DB. abgelehnt ist (E. III, 95; IV, 203 = RVBl. 24 Nr. 109[1]; 25 Nr. 65[4]). Es ist nicht zulässig, festzustellen, daß noch ein weiteres Leiden auf DB. beruht, wenn die Höhe der Rente dadurch nicht beeinflußt wird (E. IV, 136).

Für das Verwaltungsverfahren ist als Ersatz für das fehlende Beweissicherungsverfahren die möglichst weitgehende Klärung der DB.-Frage auch im Falle der Ablehnung vorgeschrieben; vgl. RVBl. 25 Nr. 95, 171. — Über Bescheinigungen über den Grad der Erwerbsfähigkeit für kriegsbeschädigte Offiziere vgl. RVBl. 24 Nr. 409.

---

†) Vgl. Schulte-Holthausen in MfA. 21 Sp. 575; Behrend im RABl. nichtamtl. Teil S. 437*; Fechner a. a. O. S. 106*.

5. a) Der Gesetzgeber ist davon ausgegangen, daß es genügt, wenn das Gericht über die Punkte entscheidet, deren Entscheidung notwendig ist, um den Streit der Parteien endgültig und möglichst ohne Anhängigmachen eines weiteren Spruchverfahrens zu schlichten. Im Urteil kann insbesondere auch die Berücksichtigung bereits geleisteter Vorschüsse oder sonstiger Zahlungen ausdrücklich oder stillschweigend vorbehalten werden (Begr.). Wenn weder im Tenor noch in der Begründung des Urteils hierauf eingegangen ist, so folgt daraus, daß das Gericht die Entscheidung über diese Punkte hat vorbehalten wollen. Es kann z. B. eine Entscheidung lediglich über die Ausgleichszulage nach § 28 RVG. ergehen, wenn allein darüber Streit besteht.

b) Voraussetzung für die Beschränkung des Gerichts auf die Entscheidung einzelner Punkte ist, daß das Bestehen eines Anspruchs feststeht (vgl. Anm. 4). Ist z. B. nur die DB. streitig, so darf das Gericht nicht lediglich das Vorliegen einer DB. verneinen oder bejahen, vielmehr ist im ersten Falle die Berufung zurückzuweisen, im letzten nach Abs. 2 mindestens über den Grund des Anspruchs und alle oder einzelne Voraussetzungen für die Berechnung der Leistungen zu entscheiden.

§ 128 *) [1].

Wird nach § 126 die Sache an eine Vorinstanz zurückverwiesen oder nach § 127 Abs. 2 nur über den Grund des Anspruchs entschieden, so kann das Gericht auf Antrag eine vorläufige Leistung von bestimmter Höhe anordnen [2], wenn der Kläger bedürftig ist. Die Anordnung ist nicht anfechtbar [3].

*) Fassung: Durch Ziff. III des Ges. vom 22. 12. 22 (RGBl. I S. 982 und RVBl. 23 Nr. 2) ist zum 1. 1. 23 in Satz 1 ein Zusatz gestrichen worden, der die vorläufige Leistung auf bestimmte Rententeile beschränkte.

1. Die Vorschrift des § 128 trifft dagegen Vorkehrung, daß der Vers.Berechtigte wegen der Zurückverweisung und der damit verbundenen Verzögerung des Verfahrens Not leidet.

2. Die Anordnung und die Festsetzung der Höhe der Leistung erfolgt im Urteil.

3. Ein Rechtsmittel gegen die Anordnung ist mithin nicht gegeben. Der Kläger kann aber nicht unter allen Umständen damit rechnen, daß ihm die als vorläufige Leistung gezahlten Beträge auf alle Zeit verbleiben. Ergibt sich nachträglich, daß die vorläufige Leistung z. B. zu hoch war, so muß der Empfänger die überzahlten Beträge nach allgemeinen Grundsätzen zurückerstatten.

§ 129.

Will das Versorgungsgericht in einem Falle, in dem Rekurs ausgeschlossen ist (§ 92)[1] von einer amtlich veröffentlichten grundsätzlichen Entscheidung des Reichsversorgungsgerichts[2] abweichen[3], oder handelt es sich in einem solchen Falle um eine noch nicht feststehende Auslegung gesetzlicher Vorschriften von grundsätzlicher Bedeutung, so hat es die Sache an das Reichsversorgungsgericht abzugeben[4]. Der Abgabebeschluß[5] muß die Rechtsauffassung des Gerichts begründen und den Beteiligten zugestellt[6] werden. Das Reichsversorgungsgericht entscheidet an Stelle des Versorgungsgerichts[7].

1. Darüber, ob der Rekurs nach § 92 ausgeschlossen ist und deshalb die Abgabe zulässig war, entscheidet das RVGer. (vgl. auch RVA. 12. 11. 13, AN. das RVA. S. 822 Nr. 1782).

2. Eine amtlich veröffentlichte grundsätzliche Entscheidung liegt nur vor, wenn sie von dem Senat für grundsätzlich erklärt und gemäß dem Beschlusse des Präsidiums (vgl. § 33) in den Entscheidungen des RVGer. veröffentlicht worden ist (vgl. § 141).

3. Die Abweichung von einer amtlich veröffentlichten grundsätzlichen Entscheidung des RVGer. steht dem VGer. in allen rekursfähigen Sachen frei. Trotzdem pflegen sich die Versorgungsgerichte solchen grundsätzlichen Entscheidungen des obersten Gerichtshofs anzuschließen, da nach § 130 selbst ein anderer Senat des RVGer. von einer grundsätzlichen Entscheidung eines anderen Senats nicht abweichen kann, ohne die Sache an den Großen Senat zu verweisen.

4. a) Das VGer. hat von Amts wegen über die Abgabe zu befinden; den Parteien steht ein Antragsrecht nicht zu. Es braucht nicht die Abgabe der Sache in ihrer Gesamtheit erfolgen, vielmehr ist es auch zulässig, nur einen Teil an das RVGer. abzugeben. Abgabe allein wegen der außergerichtlichen Kosten ist aber unzulässig (E. IV, 36).

b) Die Verpflichtung zur Abgabe der Sache an das RVGer. beim Vorliegen der im Satz 1 angegebenen Voraussetzungen gilt auch für die bayerischen Verf.Gerichte. Will ein bayer. VGer. von einer amtlich veröffentlichten grundsätzlichen Entscheidung des LVGer. abweichen, so hat es die Sache gemäß § 154 Abs. 1 Satz 2 an das LVGer. abzugeben (vgl. Anm. 3 zu § 154).

c) Ein Abgabebeschluß ist aufzuheben, wenn zur Zeit der Entscheidung durch das RVGer. infolge nach Erlaß des Beschlusses eingetretener Änderung der Verfahrensvorschriften ein Fall, in dem der Rekurs ausgeschlossen ist, nicht mehr vorliegt (E. II, 172).

5. Der Abgabebeschluß hat in einem Termin zur mündlichen öffentlichen Verhandlung zu ergehen, von dem die Parteien zu benachrichtigen sind. Abgabe durch Verfügung des Vorsitzenden ohne mündliche Verhandlung ist nicht möglich (vgl. auch AN.RVA. 25 S. 246).

6. Die Zustellung des Abgabebeschlusses an die Beteiligten ist vorgeschrieben, damit diese in der Lage sind, im Verfahren vor dem RVGer. Einwendungen gegen die Rechtsauffassung der verweisenden Kammer des VGer. geltend zu machen.

7. Das RVGer. hat die Zulässigkeit einer vom VersGer. zugelassenen Wiederaufnahme das Verfahrens nachzuprüfen (E. V, 79).

§ 130.

Will ein Senat des Reichsversorgungsgerichts in einer grundsätzlichen Rechtsfrage[1] von einer früheren Entscheidung eines anderen Senates abweichen, so hat er die Sache zur Entscheidung an den Großen Senat (§ 34) zu verweisen[2]. Das gleiche gilt, wenn ein Senat von einer Entscheidung des Großen Senats selbst abweichen will.

Der verweisende Senat hat in dem Verweisungsbeschlusse die Entscheidung, von der er abweichen will, zu bezeichnen und seine eigene Rechtsauffassung zu begründen[3].

1. Die frühere Entscheidung, von der abgewichen werden soll, braucht von dem erkennenden Senat nicht gemäß § 141 für grundsätzlich erklärt worden zu sein; daß sie von dem Präsidium (§ 33) auch zur Veröffentlichung in den „Entscheidungen des RVGer." bestimmt worden ist, ist gleichfalls nicht erforderlich. Voraussetzung für die Verweisung an den Großen Senat ist aber, daß die frühere Entscheidung auf der grundsätzlichen Rechtsfrage beruht, in welcher der verweisende Senat abweichen will. Die Verweisung ist daher nicht erforderlich, wenn die abweichende Rechtsansicht in der früheren Entscheidung nur nebenher in den Gründen geäußert worden ist.

2. Der verweisende Senat bestimmt eins seiner Mitglieder, das für die Entscheidung der Sache in den Großen Senat eintritt (vgl. § 34 Abs. 4). Vom Präsidium bestimmte Mitglieder des Großen Senats (§ 34 Abs. 3), die am Verweisungsbeschlusse mitgewirkt haben, sind weder von der Mitwirkung im Großen Senat nach § 42 Abs. 1 Nr. 7 ausgeschlossen, noch befangen im Sinne des § 43 (vgl. Anm. 3 zu § 43). Die Zurücknahme der Verweisung durch den verweisenden Senat erscheint zulässig, wenn die Voraussetzungen für die Verweisung nicht mehr für gegeben erachtet werden.

3. Das im § 130 geregelte Verfahren greift auch Platz, wenn ein Senat des bayer. LVGer. von einer früheren Entscheidung eines anderen Senats oder von einer des Großen Senats des LVGer. abweichen will. Über die Bindung des bayer. LVGer. an das RVGer. vgl. § 154 Abs. 1 Satz 3.

VI. Beratung und Abstimmung. Verkündung der Entscheidungen.

§ 131.

Bei Entscheidungen auf Grund einer Verhandlung dürfen nur Mitglieder mitwirken, die an der Verhandlung teilgenommen haben[1].

Die Beratung und Abstimmung schließen sich an die Verhandlung an[2] und sind nicht öffentlich[3]. Die Anwesenden sind verpflichtet, den Hergang und das Stimmenverhältnis geheimzuhalten[4]. Außer den zur Entscheidung Berufenen und dem Schriftführer dürfen nur die bei dem Gerichte zu ihrer Ausbildung beschäftigten Personen zugegen sein[5], soweit der Vorsitzende ihnen die Anwesenheit gestattet.

Der Vorsitzende leitet die Beratung, stellt die Fragen und sammelt die Stimmen.

1. Tritt vor Abschluß der Abstimmung eine Verhinderung eines Mitgliedes ein, so kann wegen Beschlußunfähigkeit des Gerichts eine Entscheidung nicht ergehen. Wenn während oder nach Abschluß der Verhandlung ein anderer als Mitglied eintritt, muß zunächst die ganze Verhandlung wiederholt werden.

2. In der Regel wird jede Sache sogleich nach der Verhandlung beraten werden. Es ist jedoch nicht unzulässig, gegebenenfalls mehrere Sachen hintereinander zu verhandeln und dann erst die Beratung vorzunehmen, da das Gesetz nicht mehr vorschreibt, daß sie sich „unmittelbar" anschließen muß.

3. Findet die Beratung und Abstimmung statt, ohne daß das Gericht sich in das Beratungszimmer zurückgezogen oder die Beteiligten und die etwaigen Zuhörer hat abtreten lassen, so liegt darin ein Verstoß gegen Abs. 2 Satz 1 und ein wesentlicher Mangel des Verfahrens (RVA. 16. 2. 17, Entsch. Bd. 11 S. 387). Die Anwesenheit der Parteien im Beratungszimmer ist zulässig, sofern sie nur wesentliche Teile der Beratung nicht wahrzunehmen vermögen. Ein wesentlicher Verfahrensmangel liegt aber vor, wenn das Gericht die eine Partei abtreten läßt, der anderen aber die Anwesenheit im Sitzungssaale, in dem die Beratung stattfindet, gestattet (E. II, 273). Die Beratung muß den Gerichts-

mitgliedern Gelegenheit zur freien Aussprache geben. Wenn es auch in Ausnahmefällen zulässig ist, so widerspricht es doch im Regelfalle dem Sinne des § 131, wenn das Gericht sich nur dann zur Beratung zurückzieht, wenn ein Beisitzer eine Aussprache wünscht oder die Frage des Vorsitzenden, ob Bedenken bestehen, bejaht oder die Sache „nicht einfach" liegt (E. IV, 260). In der Praxis wird es für zulässig erachtet, daß der Vorsitzende in ganz zweifelsfreien Sachen ohne Ausschluß der Öffentlichkeit sich der Übereinstimmung sämtlicher Beisitzer vergewissert. Stimmt ein Beisitzer nicht zu, so ist eine besondere Beratung unerläßlich. Es ist unberechtigt, in solchen Fällen anzunehmen, daß das Gericht die Sache nicht mit der gebührenden Sorgfalt prüfe oder gar nach einer vorgefaßten Meinung entscheide.

4. Auf die Verpflichtung, den Hergang und das Stimmenverhältnis geheimzuhalten, werden die Beisitzer bei ihrer Verpflichtung ausdrücklich hingewiesen (§§ 19, 31). Wegen der allgemeinen Verschwiegenheitspflicht vgl. § 2. Auch darf die Abstimmung der einzelnen Mitglieder nach § 133 Abs. 3 keinen schriftlichen Ausdruck finden. Bekanntgabe der Abstimmung in der Niederschrift ist ein wesentlicher Verfahrensmangel (E. II, 110).

5. Auch der Gerichtsarzt darf während der Beratung nicht anwesend sein; seine Anwesenheit könnte, auch wenn er in die Beratung nicht eingreift, die Meinungsäußerung der Beisitzer beeinträchtigen.

§ 132.

Das Gericht entscheidet nach Stimmenmehrheit[1].

Bilden sich in bezug auf Beträge, über die zu entscheiden ist, mehr als zwei Meinungen, deren keine die Mehrheit für sich hat, so werden die für den größeren Betrag abgegebenen Stimmen den für den zunächst geringeren Betrag abgegebenen Stimmen so lange hinzugerechnet, bis sich eine Mehrheit ergibt[2].

Es stimmen in nachstehender Reihenfolge:

1. die Berichterstatter mit Ausnahme des Vorsitzenden, der die Berichterstattung selbst übernommen hat[3],
2. der Beisitzer aus den Versorgungsberechtigten,
3. der Beisitzer aus der sozialen Fürsorge[4],
4. das richterliche Mitglied eines ordentlichen Gerichts,
5. das Mitglied des Reichsversorgungsgerichts oder der an seiner Stelle mitwirkende Hilfsrichter,
6. der Vorsitzende.

Beim Großen Senate[5] richtet sich die Reihenfolge der Stimmabgabe innerhalb derselben Gruppe nach dem Dienstalter[6], bei gleichem Dienstalter nach dem Lebensalter. Der dem Dienstalter oder Lebensalter nach Jüngere stimmt zuerst.

1. Für eine Entscheidung im bewilligenden wie im ablehnenden Sinne sind beim VGer. zwei Stimmen, beim RVGer. drei Stimmen erforderlich.

2. Wollen z. B. beim RVGer. zwei Mitglieder des Senats die Rente nach einer Minderung der Erwerbsfähigkeit um 30 v. H. bewilligen, während die übrigen Mitglieder je 50, 60 und 70 v. H. zugrunde legen wollen, so lautet das Urteil auf 50 v. H., weil die für 60 und 70 v. H. abgegebenen Stimmen der für 50 v. H. abgegebenen zugezählt werden.

3. Dies ist nach § 100 Abs. 1 nur bei dem VGer. zulässig.

4. Diese Reihenfolge gilt auch für die in der Übergangszeit nach § 10 Abs. 4, § 159 Abs. 2 statt der Beisitzer aus der sozialen Fürsorge mitwirkenden Personen.

5. Vgl. §§ 34, 130.

6. Maßgebend ist, abgesehen von den beiden Mitgliedern des RVGer., das Dienstalter als Beisitzer beim RVGer.

§ 133.

Niemand darf die Abstimmung über eine Frage verweigern, weil er bei der Abstimmung über eine vorhergehende Frage in der Minderheit geblieben ist.

Meinungsverschiedenheiten über Gegenstand, Fassung und Reihenfolge der Fragen und über das Ergebnis der Abstimmung entscheidet das Gericht.

Die Abstimmung der einzelnen Mitglieder darf keinen schriftlichen Ausdruck finden[1].

1. a) Schriftliche Aufzeichnungen über die Abstimmung würden die im § 131 Abs. 2 Satz 2 vorgeschriebene Geheimhaltung sowohl den Beteiligten, die nach § 52 Einsicht in die Akten nehmen können, als auch der Aufsichtsbehörde gegenüber gefährden. Das Stimmenverhältnis darf weder in der Niederschrift über die Verhandlung noch in der Urteilsbegründung zum Ausdruck kommen (vgl. auch E. II, 110).

b) Nach § 59 Abs. 4 dürfen Schriftstücke, welche Abstimmungen betreffen, den Beteiligten zur Einsicht weder vorgelegt noch abschriftlich mitgeteilt werden. Vgl. Anm. 9 zu § 59.

§ 134.

Die Entscheidungen werden durch den Vorsitzenden öffentlich verkündet[1]. Dabei werden die Gründe mitgeteilt[2], soweit es für erforderlich erachtet wird.

1. Die Verkündung der Entscheidung erfolgt auch dann öffentlich, wenn die Öffentlichkeit für die Verhandlung oder einen Teil derselben gemäß § 117 Abs. 2 ausgeschlossen war. Öffentlich zu verkünden sind nicht nur Urteile, sondern auch die nach mündlicher Verhandlung gefaßten Beschlüsse über Vertagung, Beweiserhebung usw.

2. Über den Ausschluß der Öffentlichkeit bei Verkündung der Gründe vgl. Anm. 6 zu § 117.

VII. Urteil.

§ 135.

Das Urteil wird schriftlich abgefaßt[1]. Es enthält eine gedrängte Darstellung des Sachverhalts unter Hervorhebung der Anträge (Tatbestand), die Entscheidungsgründe[2] und die hiervon äußerlich zu sondernde Urteilsformel. Bei endgültigen Urteilen[3] genügt neben der Urteilsformel die Angabe der Gründe.

Im Eingang des Urteils sind die Parteien und ihre gesetzlichen Vertreter, das Gericht, welches die Entscheidung gefällt hat, und die Mitglieder, welche bei ihr mitgewirkt haben, diese nach § 123 Abs. 2, aufzuführen. Auch ist der Sitzungstag, an dem die Entscheidung ergangen ist, zu bezeichnen und anzugeben, daß mündlich verhandelt ist.

Das Urteil hat einen Hinweis über die Zulässigkeit des Rekurses zu enthalten[4].

Zu § 135.*)

Der Hinweis über die Zulässigkeit des Rekurses soll[4]) Angaben darüber enthalten, innerhalb welcher Frist und bei welcher Stelle der Rekurs einzulegen ist. Es soll weiter darauf hingewiesen werden, daß die Rekursschrift, die als Beweismittel dienenden Schriftstücke und etwaige weitere Schriftsätze mit je einer Abschrift, also doppelt, einzureichen sind.

***) Fassung: Die AB. zu § 135 sind durch die Weiteren AB. vom 30. 10. 22 (Zentralbl. S. 1018 = RVBl. Nr. 931) erlassen.**

1. Wer das Urteil abzufassen hat, ist im Gesetz nicht bestimmt, um nicht in die bisherige, aus den Bedürfnissen der Praxis hergeleitete Übung der Gerichte einzugreifen. In der Regel wird es vom Berichterstatter, in dessen Ermangelung vom Vorsitzenden abgefaßt werden. Der obersten Landesverwaltungsbehörde oder dem Vorsitzenden des Gerichts bleibt es unbenommen, hierüber nötigenfalls nähere Anordnungen zu treffen (Begr.).

2. Die Begründung des Urteils hat sich auf das zur Rechtfertigung der Entscheidung Notwendige zu beschränken. Besonderer Begründung wird es z. B. bedürfen, warum das Gericht unter mehreren widersprechenden ärztlichen Gutachten sich gerade dem einen angeschlossen hat.

3. Endgültig sind alle Urteile des RVGer. und diejenigen Urteile der VGer., gegen die nach § 92 Rekurs nicht zulässig ist.

4. Bei der Beratung des Gesetzes im 19. Ausschuß des Reichstages erklärte ein Regierungsvertreter zu Protokoll: „In den AB. wird bestimmt werden, daß in dem Urteil anzugeben ist, ob, innerhalb welcher Frist und wo der Rekurs einzulegen ist.“ Daraufhin wurde ein Antrag, eine Vorschrift dieses Inhalts ins Gesetz aufzunehmen, zurückgezogen (Nr. 3226 der Reichstagsdrucks. 1920/21 S. 25). Fehlt der Hinweis auf die Frist, so wird, obschon die AB. nur eine Sollvorschrift dieses Inhalts enthalten, entsprechend § 87 Abs. 1 Satz 2 die Rekursfrist nicht in Lauf gesetzt, im übrigen aber die Rechtswirksamkeit des Urteils nicht beeinträchtigt (so auch Urteil des RVGer. vom 23. 2. 26 — M 13702/25[6]). Im Regelfall wird dem Hinweis auf die Rekursfrist hinzuzufügen sein: „Soweit es sich um den Grad der MdE. handelt, ist der Rekurs ausgeschlossen.“

§ 136.

Die Urteile des Versorgungsgerichts sind von dem Vorsitzenden der Kammer und dem Berichterstatter zu unterschreiben[1]. Hat der Vorsitzende die Berichterstattung selbst übernommen oder ist der Berichterstatter verhindert, so unterschreibt der Vorsitzende allein. Ist der Vorsitzende verhindert, so unterschreibt für ihn ein Beisitzer.

Die Urteile des Reichsversorgungsgerichts werden von dem Vorsitzenden des Senats und den Berichterstattern, falls jedoch nur ein Berichterstatter bestellt ist, noch von einem weiteren Mitglied des Senats unterschrieben. Ist der Vorsitzende oder ein Berichterstatter verhindert, so unterschreibt für das verhinderte Mitglied ein anderes Mitglied des Senats.

1. § 136 bezieht sich nur auf die bei den Akten verbleibende Urschrift des Urteils. Über die Vollziehung der Ausfertigungen vgl. § 140. Die Urschrift muß von den in Abs. 1 und 2 genannten Personen mit dem vollen Namen unterzeichnet werden.

§ 137.

Schreib- und Rechenfehler, sowie ähnliche offenbare Unrichtigkeiten[1], die im Urteil vorkommen, sind jederzeit auf Antrag oder von Amts wegen zu berichtigen.

Ob zu berichtigen ist, entscheiden ohne mündliche Verhandlung die Mitglieder des Gerichts, die das Urteil unterschrieben haben. Bei Stimmengleichheit ist die Berichtigung abzulehnen.

Die Verfügung, die ein Urteil berichtigt, ist auf die Urschrift des Urteils und die Ausfertigungen zu setzen oder mit diesen urkundlich zu verbinden[2].

Die Verfügung, die eine Berichtigung ablehnt, ist unanfechtbar. Gegen die Verfügung, welche die Berichtigung eines Urteils des Versorgungsgerichts ausspricht, ist die Beschwerde[3] an das Reichsversorgungsgericht gegeben.

1. a) Eine „ähnliche offenbare Unrichtigkeit" liegt nur dann vor, wenn infolge eines Versehens bei der Abfassung des Tenors zwischen dem, was das Urteil aussprechen sollte, und dem, was es tatsächlich ausgesprochen hat, ein Widerspruch besteht und sich aus dem gesamten Urteilsinhalt dieser Mangel und das wirklich Gewollte mit Gewißheit einwandfrei ergibt (vgl. E. II, 87). Im übrigen vgl. Anm. 1 zu § 89 über die Berichtigung von Fehlern eines Bescheides. Eine sachliche Änderung, wie im § 65 Abs. 2 für Bescheide zugelassen, ist bei Urteilen nur unter den Voraussetzungen der Wiederaufnahme des Verfahrens (§§ 66 ff.) möglich.

b) Die Beseitigung von Unrichtigkeiten, Auslassungen, Widersprüchen im Tatbestand eines Urteils (vgl. § 320 ZPO.) kann nicht verlangt werden. Auch bei Widersprüchen zwischen den mündlich verkündeten und den schriftlichen Urteilsgründen kommt eine Berichtigung nicht in Frage; die schriftlichen Gründe sind maßgebend (E. V, 69).

2. a) Ist die berichtigende Verfügung nicht der Vorschrift des Abs. 3 entsprechend auf das Urteil gesetzt oder mit diesem verbunden worden, so berührt dies die Wirksamkeit der Berichtigung nicht (vgl. auch RVA. 5. 11. 20, Amtl. Nachr. des RVA. 1920 S. 183).

b) Die Zusendung des berichtigten Urteils bezweckt nur, dem Kläger von der Berichtigung Kenntnis zu geben. War demnach das Urteil bereits vor der Berichtigung zugestellt worden, so wird durch die Übersendung des berichtigten Urteils keine neue Rechtsmittelfrist eröffnet. (E. I, 124), es kann aber die Wiedereinsetzung in den vorigen Stand (§§ 54 ff.) erteilt werden (E. III, 23).

3. Über die Beschwerde vgl. §§ 61—64.

§ 138.

Hat das Urteil einen von einer Partei erhobenen Haupt- oder Nebenanspruch oder den Kostenpunkt ganz oder teilweise übergangen, so wird es auf Antrag nachträglich ergänzt[1]. Über den Antrag kann ohne mündliche Verhandlung entschieden werden, wenn es sich nur um den Kostenpunkt[2] handelt.

Die ergänzende Entscheidung[3] wird auf der Urschrift des Urteils und den Ausfertigungen vermerkt oder mit diesen urkundlich verbunden[4].

1. Auch nach § 138 kann das Urteil nicht geändert, sondern nur hinsichtlich derjenigen Punkte, die übergangen sind, ergänzt werden, wie das Gericht auch über einzelne Ansprüche ausdrücklich durch Teilurteil und alsdann über die übrigen durch ein weiteres Urteil entscheiden kann. Die Ergänzung des Urteils kann, anders die Berichtigung nach § 137, nur auf Antrag einer Partei erfolgen. Eine Frist für den Antrag ist nicht vorgesehen.

2. a) Eine Ergänzung allein bezüglich des Kostenpunktes ist nur möglich im Falle des § 143 (außergerichtliche Kosten), weil im Falle des § 144 Abs. 1 über die Vergütung für persönliches Erscheinen eine Entscheidung der Kammer oder des Senats überhaupt nicht ergeht und im Falle des § 144 Abs. 2 die Vergütung endgültig als abgelehnt gilt, wenn das Gericht in der mündlichen Verhandlung über die Hauptsache diesen Punkt nicht berührt (vgl. § 144 Abs. 2 Satz 2).

b) Ist die Ergänzung des Urteils unterblieben, so kann das Rekursgericht den Kostenpunkt, wenngleich er das Berufungsverfahren betrifft, in seiner Entscheidung mitberücksichtigt.

3. Die ergänzende Entscheidung erfolgt durch Urteil, wenn sie jedoch nur den Kostenpunkt betrifft und ohne mündliche Verhandlung ergeht, durch Beschluß. Gegen ein ergänzendes Urteil des VGer. ist Rekurs zulässig, soweit nicht § 92 entgegensteht. Die Frist beginnt mit der Zustellung des ergänzenden Urteils. Gegen einen ergänzenden Beschluß ist ein Rechtsmittel nicht gegeben, wie auch die durch Urteil getroffene Kostenentscheidung für sich allein nicht anfechtbar ist (vgl. § 92 Abs. 3). Schwebt jedoch ein Rekurs gegen das ergänzte Urteil, so kann in diesem Verfahren auch der ergänzende Beschluß geändert werden.

4. Für den Fall, daß der Vermerk oder die urkundliche Verbindung unterbleibt, vgl. Anm. 2a zu § 137.

§ 139.

Eine Ausfertigung des Urteils soll spätestens drei Wochen nach der Verkündung den Beteiligten zugestellt werden[1].

Das Versorgungsgericht, dessen Urteil angefochten war, erhält eine Abschrift des vom Reichsversorgungsgericht erlassenen Urteils.

1. Wie und an wen zuzustellen ist, besagen die §§ 56—58.

§ 140.

Ausfertigungen[1] und Abschriften sind als solche zu bezeichnen.

Die Ausfertigungen erhalten bei den Versorgungsgerichten die Überschrift, die für die Urteile der ordentlichen Gerichte vorgesehen, oder, sofern der Bezirk des Versorgungsgerichts sich über das Gebiet eines Landes hinaus erstreckt, von den beteiligten Regierungen vereinbart ist. Am Schlusse wird die Ausfertigung mit dem Siegel des Versorgungsgerichts versehen und von dem Vorsitzenden der Kammer, im Falle seiner Behinderung von seinem Stellvertreter unterschrieben.

Hat die oberste Landesverwaltungsbehörde bestimmt, daß die Ausfertigungen von einem Büro- oder Kanzleibeamten des Versorgungsgerichts unterzeichnet werden, so ist unter die einschließlich der Unterschriften gefertigte Abschrift zu setzen:

„Die Übereinstimmung dieser Ausfertigung mit der Unterschrift wird hiermit beglaubigt.“

Der Beamte unterschreibt diesen Zusatz unter Beifügung seiner Amtseigenschaft.

Beim Reichsversorgungsgerichte werden die Ausfertigungen der Urteile mit der Überschrift versehen:

„Im Namen des Reichs!"

Sie enthalten neben dem Siegel des Reichsversorgungsgerichts die Schlußformel:

„Urkundlich unter Siegel und Unterschrift
Das Reichsversorgungsgericht
der ..... Senat."

Die Ausfertigungen vollzieht der Vorsitzende, bei seiner Behinderung ein Mitglied des Senats, das bei der Entscheidung mitgewirkt hat.

Zu § 140.

Das Versorgungsgericht führt ein Siegel, das die Bezeichnung des Versorgungsgerichts unter Angabe des Sitzes enthält und im übrigen durch die oberste Landesverwaltungsbehörde bestimmt wird.

Das Reichsversorgungsgericht führt zwei Siegel:

1. ein großes, das dem Siegel des Reichsgerichts entspricht und nur bei förmlichen Ausfertigungen, insbesondere der Urteile, gebraucht wird,
2. ein kleineres, das den bei den Gesandtschaften des Deutschen Reiches eingeführten Siegeln entspricht, mit der Umschrift „Reichsversorgungsgericht".

1. Ausfertigungen unterscheiden sich von Abschriften dadurch, daß sie unter Beobachtung der in den Abs. 2—5 vorgeschriebenen Förmlichkeiten gefertigt werden; sie vertreten die Urschrift, die bei den Akten des Gerichts verbleibt, in jeder Beziehung.

§ 141.

Grundsätzliche Entscheidungen des Reichsversorgungsgerichts werden amtlich veröffentlicht[1]. Der Senat entscheidet darüber, ob die Entscheidung grundsätzlich ist; über die Veröffentlichung beschließt das Präsidium (§ 83)[2].

1. Die amtlichen Veröffentlichungen erfolgen in den „Entscheidungen des Reichsversorgungsgerichts", die im Verlage von Behrend u. Co. in Berlin erscheinen. Der erste Band ist 1921 erschienen.

2. Wegen Vorlegung der Sache an das RVGer., falls das VGer. von einer amtlich veröffentlichten grundsätzlichen Entscheidung des RVGer. abweichen will, vgl. § 129.

VIII. Gebühren und Kosten†).

§ 142*).

Das Gericht hat dem Kläger eine Gebühr aufzuerlegen, wenn er unterliegt[1]. Von der Auferlegung einer Gebühr kann abgesehen werden, wenn das Rechtsmittel verspätet eingelegt ist oder zurückgenommen wird.

Die Gebühr wird in der Entscheidung zur Hauptsache oder, wenn eine solche nicht ergeht, durch besonderes Urteil festgesetzt, das ohne mündliche Verhandlung ergehen kann. Die Höchst- und Mindestsätze der Gebühr setzt der Reichsarbeitsminister im Einvernehmen mit dem Reichsminister der Finanzen fest[2].

*) Fassung: Nach der ursprünglichen Fassung war das Verfahren gebührenfrei. Die jetzige Fassung beruht auf Art. 21 Ziff. V 11 der PAV.

1. Dem Kläger ist eine Gebühr nur aufzuerlegen, wenn er in vollem Umfange unterliegt (E. V, 94). Es macht keinen Unterschied, ob das Rechtsmittel des Klägers keinen Erfolg hat oder auf den Rekurs des Beklagten der Bescheid in vollem Umfange wiederhergestellt wird. Letzterenfalls ist dem Kläger auch für die Berufungsinstanz eine Gebühr aufzuerlegen (E. I, 2; IV, 23). Es genügt Festsetzung einer Gesamtgebühr für beide Instanzen, Trennung ist im Hinblick auf § 8 Satz 2 nicht einmal zweckmäßig. Das RVGer. muß auch dann eine Gebühr für die Berufungsinstanz auferlegen, wenn das Vers.Ger. die Auferlegung zu Unrecht unterlassen hat und das Urteil bestehen bleibt. Das ist aber nicht möglich, wenn nur der Kläger Rekurs eingelegt hat (E. I, 3). Hat das Verfahren durch die PAV. seine Erledigung gefunden und deshalb zur Abweisung des Klägers geführt ohne Entscheidung darüber, ob der Anspruch an sich zu Recht erhoben war, so ist der Kläger nicht „unterlegen" (E. IV, 41).

2. Durch Bekanntmachung vom 9. 11. 23 (Reichsmin.Blatt S. 1031 und RVBl. Nr. 905 hat der RAM. im Einvernehmen mit dem Reichsminister der Finanzen „die dem Kläger im Verfahren vor den Spruchbehörden der Reichsversorgung im Falle seines Unterliegens aufzuerlegende Gebühr für jede Instanz auf eine halbe bis zwanzig Goldmark festgesetzt". Statt „Goldmark" heißt es jetzt „Reichsmark" nach § 2 der VO. vom 12. 12. 24 (RGBl. I S. 775).

†) Über Gebühren und Kosten vgl. Breme im Zentralbl. der Reichsversicherung 20 Sp. 102—113 und 142—148; Huber in MfA. 19 Sp. 706.

§ 143.

Bei der Verhandlung[1] wird von Amts wegen geprüft, ob und in welchem Betrage die unterlegene Partei[2] dem Gegner die Kosten[3] der Rechtsverfolgung im Spruchverfahren zu erstatten hat.

Die Höhe der zu erstattenden Kosten wird in der Entscheidung festgesetzt. Wird die Sache ohne Entscheidung zur Hauptsache erledigt[4], so wird auf Antrag[5] über die Erstattung durch Urteil[6] entschieden.

1. Es besteht kein allgemeiner Grundsatz, nach dem der unterliegende Teil die außergerichtlichen Kosten des andern zu tragen hat, vielmehr ist in jedem Einzelfalle von Amts wegen bei der Verhandlung die Frage der Kostentragung frei zu prüfen. Maßgebend wird sein, ob die Maßnahmen, durch welche die Kosten entstanden sind, zur zweckentsprechenden Rechtsverfolgung notwendig waren. — Über Ergänzung des Urteils vgl. § 138.

2. a) In der Regel wird nur Kostentragung seitens des unterlegenen Fiskus in Frage kommen. Es kann jedoch auch dem unterlegenen Kläger die Erstattung von Kosten an den Fiskus auferlegt werden, wenn dieser z. B. mit Rücksicht auf die besondere Lage des Falles ausnahmsweise sich veranlaßt gesehen hat, einen Anwalt mit seiner Vertretung zu beauftragen (vgl. E. I, 20). Dagegen sind Kosten, die dem Fiskus durch die Durchführung des Verfahrens im allgemeinen entstehen, nicht nach § 143 erstattungsfähig, weil sie zu den sachlichen Ausgaben der Behörden zählen, die diese für ihre Tätigkeit innerhalb ihres Aufgabenkreises aus Reichsmitteln zu bestreiten haben (E. V, 1).

b) Erledigt sich ein nachträglich unzulässig gewordener Rekurs ohne sachliche Entscheidung, so ist der Rekurskläger nicht „unterlegen" (vgl. E. IV, 41), er kann aber zur Kostenerstattung verurteilt werden, wenn er mit der Zurücknahme säumig gewesen ist und dadurch dem Gegner Kosten entstanden sind (E. IV, 104).

3. a) Die zu erstattenden Kosten — außergerichtliche Kosten im Gegensatz zu den gerichtlichen Kosten des § 144 — umfassen insbesondere alle Aufwendungen, die zur zweckentsprechenden Rechtsverfolgung oder Rechtsverteidigung notwendig waren. Hierher gehören insbesondere die Kosten eines vom Kläger beigebrachten ärztlichen Gutachtens, die Aufwendungen für Reisen und der Ausfall an Arbeitsverdienst, der durch Wahrnehmung von Terminen entstanden ist, sowie die Kosten eines besonderen Vertreters gemäß § 47. Zu den aufzuerlegenden Kosten rechnen auch die eines geeigneten Beistandes, insbesondere eines Rechtsanwalts. Kosten für einen auswärtigen Vertreter sind bis zur Höhe der durch Annahme eines Rechtsanwalts am Sitze des Gerichts entstehenden Kosten erstattungsfähig. Auch die Kosten für die Vertretung durch einen Angestellten einer Kriegsbeschädigtenorganisation können erstattet werden, sofern durch diese Vertretung dem Kläger tatsächlich Kosten entstanden sind. Darüber, daß auch Kosten, die einer Partei durch die Tätigkeit ihres Vertreters vor der Zustellung der Rechtsmittelschrift und nach der Zurücknahme des Rechtsmittels erwachsen sind, u. U. als außergerichtliche Kosten erstattungsfähig sein können, vgl. E. II, 84. Die Kosten für bare Auslagen und entgangenen Arbeitsverdienst sind jedoch dann nicht von der unterlegenen Partei zu erstatten, wenn der Kläger auf Anordnung persönlich erschienen ist, weil sie in diesem Falle als gerichtliche Kosten von dem Gericht erstattet werden (§ 144). Näheres, insbesondere über ein Anerkenntnis der Kostenpflicht seitens des Hpt.Vers.Amts bei Anerkenntnis des Hauptanspruchs und Erstattungsfähigkeit der Auslagen, vgl. RVBl. 23 Nr. 498.

b) Etwaige im Verwaltungsverfahren durch die Rechtsverfolgung erwachsene Kosten können nicht erstattet werden.

4. Wenn z. B. das Rechtsmittel zurückgenommen worden ist.

5. Der Antrag kann von beiden Parteien gestellt werden. Das bisherige Recht, Art. II § 17 der VO. vom 1. 2. 19, war in dieser Beziehung enger, indem es nur die Entscheidung über die Kosten des Gegners der das Rechtsmittel zurücknehmenden Partei zuließ, nicht aber umgekehrt die Feststellung der Verpflichtung des Gegners zur Erstattung der Kosten der das Rechtsmittel zurücknehmenden Partei.

6. Also nach öffentlicher und mündlicher Verhandlung. Das ist vorgeschrieben, weil in solchen Fällen die Entscheidung über die Kostentragung davon abhängt, welche Partei im Falle der Durchführung des Rechtsstreits unterlegen sein würde.

§ 144.

Ist der Kläger auf Anordnung[1] des Vorsitzenden oder des Gerichts in der mündlichen Verhandlung oder zu einer Beweisaufnahme[2] erschienen, so werden ihm bare Auslagen und entgangener Arbeitsverdienst auf Antrag in angemessenem Umfang[3] als gerichtliche Kosten[4] vergütet. Der Reichsarbeitsminister kann Näheres bestimmen und insbesondere anordnen, daß die Vergütung nach den für Zeugen geltenden Vorschriften erfolgt.

Ist der Kläger ohne Anordnung in der mündlichen Verhandlung erschienen, so finden die Vorschriften des Abs. 1 Anwendung, sofern ihm keine außergerichtlichen Kosten

(§ 143) zugesprochen sind, und das Gericht feststellt, daß sein Erscheinen für die Entscheidung von wesentlicher Bedeutung war[5]. Wird diese Feststellung in der mündlichen Verhandlung über die Hauptsache nicht ausdrücklich getroffen, so gilt die Verfügung endgültig[6] als abgelehnt.

Die Vergütung nach Abs. 1 und 2 wird durch den Vorsitzenden festgesetzt[7]. Gegen seine Verfügung ist innerhalb einer Woche nach der Bekanntgabe die Beschwerde[8] zulässig.

Zu § 144.

Abs. 2 und 3 der Ausführungsbestimmungen zu § 81 sowie Ziff. I und II der Ausführungsbestimmungen zu § 82 finden entsprechende Anwendung[9].

1. Vgl. § 102.

2. In Frage kommt insbesondere eine zur Aufklärung der Sache vor der mündlichen Verhandlung gemäß § 103 angeordnete Beweisaufnahme. Über die Kosten einer ärztlichen Begutachtung auf Veranlassung der Spruchbehörden vgl. RVBl. 22 Nr. 235.

3. Wegen der baren Auslagen, des Arbeitsverdienstes und der Erstattung „in angemessenem Umfange" vgl. Anm. 3—5 zu § 82.

Bei Einweisung in Krankenanstalten kommen nur die Kosten der für Krankenkassenmitglieder ortsüblichen Verpflegungsklasse, bei Eisenbahnfahrten die Kosten der 3. Wagenklasse in Frage; vgl. im übrigen die AB.

4. Die Kosten des Erscheinens *auf Anordnung* können, da sie einen Teil der gerichtlichen Kosten bilden, niemals nach § 143 der unterlegenen Partei auferlegt werden.

5. Ist der Kläger *ohne Anordnung* erschienen und siegt er ob, so wird die Erstattung der Kosten, soweit das Erscheinen zur zweckentsprechenden Rechtsverfolgung notwendig war, nach § 143 dem Fiskus als der unterlegenen Partei auferlegt. Unterliegt der ohne Anordnung in der mündlichen Verhandlung — nicht auch zu einer Beweisaufnahme außerhalb der mündlichen Verhandlung — erschienene Kläger, so werden ihm die durch das Erscheinen entstandenen baren Auslagen und etwaiger entgangener Arbeitsverdienst auf Antrag als gerichtliche Kosten erstattet, sofern sein Erscheinen für die Entscheidung des Gerichts von wesentlicher Bedeutung war und das Gericht dies festgestellt hat. In diesem Falle handelt es sich also gewissermaßen um eine nachträgliche Anordnung des persönlichen Erscheinens, weshalb die Kostenerstattung gemäß § 144 Abs. 1 erfolgt.

6. Die Vergütung gilt in diesem Falle dem Grunde nach

als endgültig abgelehnt; es kommt mithin eine Verfügung des Vorsitzenden aus Abs. 3 überhaupt nicht in Frage.

7. Voraussetzung für die Festsetzung der Vergütung durch den Vorsitzenden ist im Falle des Abs. 2, daß das Gericht ausdrücklich die Feststellung getroffen hat, daß das Erscheinen des Klägers für die Entscheidung von wesentlicher Bedeutung war.

8. Die Beschwerde kann sich dagegen richten, daß in der Verfügung des Vorsitzenden der Kostenbetrag zu gering angesetzt oder die Entstehung von Auslagen zu Unrecht verneint worden ist. Im übrigen vgl. §§ 61 ff.

9. Abs. 1 der AB. zu § 81 ist nicht für anwendbar erklärt, um dem Gericht oder dem Vorsitzenden volle Freiheit darüber zu lassen, ob das persönliche Erscheinen anzuordnen ist. Aus den angezogenen Vorschriften der AB. zu §§ 81, 82 ergibt sich, daß die Vorladung den Hinweis enthalten soll, daß der Vorgeladene ihr nicht ohne vorherige Rückfrage Folge leisten darf, wenn er verzogen oder vorübergehend ortsabwesend ist und infolgedessen durch das Erscheinen größere Kosten entstehen würden, ferner daß, wenn Erstattung begehrt werden soll, Belege beizubringen sind, und endlich, daß auch die Kosten eines angeordneten Erscheinens vor einer Amtl. Fürsorgestelle, einer anderen Behörde oder einem Arzt in Frage kommen. Ziff. I, II der AB. zu § 82 regeln den Umfang der Ersatzleistung.

IX. Gebühren der Rechtsanwälte.†)

Vorbemerkung: Die Vergütung und die Entschädigung, die dem Rechtsanwalt im einzelnen Falle von seinem Auftraggeber zu zahlen ist, wird nicht etwa durch die Spruchbehörden der Reichsversorgung festgesetzt. Zu der Höhe der Gebühren eines Rechtsanwalts kann im Spruchverfahren nur Stellung genommen werden, wenn es sich darum handelt, ob und in welchem Betrage z. B. der Fiskus dem obsiegenden Vers.Berechtigten für die Annahme des Rechtsanwalts, wenn sie zur zweckentsprechenden Rechtsverfolgung nötig war, Kosten zu erstatten hat (vgl. Anm. 3 zu § 143). Diese durch die Vers.Gerichte erfolgende Festsetzung gilt naturgemäß nur im Verhältnis des Klägers zu dem Fiskus (vgl. auch E. I, 58. Über das Verhältnis des Rechtsanwalts zu seinem Auftraggeber vgl. Anm. 9 zu § 145.

§ 145*).

Die Vergütung[1] für die Berufstätigkeit eines Rechtsanwalts im Verfahren vor den Spruchbehörden[2] beträgt für jede Instanz[3] eine bis hundert Reichsmark[4].

†) Müller, Die Anwaltsgebühren im Militärversorgungsverfahren, JW. 19 S. 297.

Für die Teilnahme an Beweisverhandlungen außerhalb des Sitzes der Spruchbehörde[5] kann der Rechtsanwalt, wenn seine Anwesenheit notwendig war, außer der Vergütung eine angemessene Entschädigung[6] beanspruchen.

Werden mehrere Streitfälle zwischen denselben Parteien zu gemeinsamer Verhandlung und Entscheidung verbunden[7], so werden die Vergütung und die Entschädigung für die Instanz nur einmal gewährt.

Auslagen, wie Schreib- und Postgebühren und Reisekosten[8] werden nicht besonders erstattet, sind jedoch bei der Bemessung der Vergütung und der Entschädigung zu berücksichtigen.

Eine Vereinbarung, nach der Vergütung, Entschädigung oder Auslagen über diese Vorschriften hinaus zu zahlen sind, ist nichtig[9].

*) Fassung: Durch die nach § 153 Abs. 3 ergangene VO. des RAM. über die Gebühren usw. vom 21. 12. 23 (RVBl. Nr. 990 und Volkswohlfahrt 24 S. 71) sind in Abs. 1 die Worte „zwanzig bis fünfhundert Mark" ersetzt durch „eine bis hundert Goldmark". Die gleichzeitig getroffene Bestimmung für den Fall der Zahlung in Papiermark ist als überholt anzusehen. Statt „Goldmark" heißt es jetzt „Reichsmark" nach § 2 der VO. vom 12. 12. 24 (RGBl. I S. 775).

1. a) Die Tätigkeit des Rechtsanwalts wird in einer Summe vergütet, die innerhalb der im Abs. 1 gesetzten Grenzen je nach Art und Umfang der geleisteten Dienste verschieden hoch bemessen werden kann. Bei Bemessung der Vergütung sind Schreib- und Postgebühren sowie Kosten für Reisen des Rechtsanwalts nach Abs. 4 mit zu berücksichtigen.

b) Soweit der Umfang der von dem Anwalt entfalteten Tätigkeit nicht aus den Akten hervorgeht, ist ihm die Möglichkeit zu geben, darüber nähere Angaben zu machen, wenn das Gericht nach § 143 prüfen muß, in welchem Umfange die Erstattung der vom Auftraggeber zu zahlenden Gebühren der Gegenpartei aufzuerlegen ist.

2. Über die Höhe der einem Rechtsanwalt für seine Tätigkeit im Verwaltungsverfahren zustehenden Vergütung fehlt Bestimmung. Erstattungsfähig ist diese Vergütung nicht; vgl. Anm. 3b zu § 143.

3. Auch wenn die Instanz durch ein unzulässiges Rechtsmittel (§§ 91, 92) eingeleitet wurde.

4. Die Mindest- und Höchstsätze der Vergütung sind für die Tätigkeit vor den Versorgungsgerichten und vor dem RVGer. die gleichen.

5. Hat die Beweisverhandlung außerhalb des Wohnsitzes des Rechtsanwalts am Sitze der Spruchbehörde stattgefunden, so rechtfertigt dies die Gewährung der Entschädigung nicht.

6. Auch bei der Entschädigung sind nach Abs. 4 Schreib- und Postgebühren sowie Reisekosten zu berücksichtigen.

7. Verbindung kommt z. B. in Betracht, wenn die Witwe eines Vers.Berechtigten die diesem zustehenden aber noch nicht festgestellten Ansprüche als Erbin geltend macht und gleichzeitig auch den Bescheid über die Hinterbliebenengebührnisse anficht.

8. Es kommen in erster Linie Kosten für Reisen zu mündlichen Verhandlungen oder zu Beweisaufnahmen in Frage.

9. Für die Beziehungen zwischen dem Vers.Berechtigten und seinem Anwalt sind stets die zwischen diesen getroffenen Vereinbarungen ohne Rücksicht auf eine abweichende Festsetzung des zu erstattenden Betrages durch die Spruchbehörde (vgl. Vorbem. vor § 145) maßgebend; diese Vereinbarnug muß sich jedoch innerhalb der Grenzen des § 145 halten. Sollte ein Vers.Berechtigter z. B. einem Anwalt eine Vergütung von über 100 Reichsmark zugesagt haben, so ist die Abrede in vollem Umfange nichtig. Nach allgemeinen Grundsätzen kann in solchem Falle sowie in Fällen, in denen eine Vereinbarung nicht getroffen ist, eine angemessene Vergütung und Entschädigung gefordert werden, die sich aber ebenfalls in den Grenzen der Abs. 1—4 halten müssen. Im Streitfalle werden über die Höhe die ordentlichen Gerichte entscheiden müssen (E. I, 58).

X. Besonderes Verfahren beim Zusammentreffen von Versorgungsansprüchen und Ansprüchen aus der Unfallversicherung nach der Reichsversicherungsordnung[1].

§ 146.

Kommt wegen desselben Schadens[2] oder eines Teiles desselben entweder nur die Versorgung nach den Versorgungsgesetzen[3] oder nur die Entschädigung nach den Vorschriften der Reichsversicherungsordnung über Unfallversicherung[4] in Betracht, und haben sowohl die Versorgungsbehörden[5] wie die Träger oder Spruchbehörden der Unfallversicherung[6] den Anspruch rechtskräftig anerkannt, so hebt, wenn die zuletzt ergangene Entscheidung von einer

Versorgungsbehörde erlassen war, das Reichsversorgungsgericht[7] die zu Unrecht ergangene Entscheidung auf und erkennt zugleich über die Rückerstattung der zu Unrecht geleisteten Zahlungen.

Zur Verhandlung und Entscheidung sind zwei vom Präsidenten des Reichsversicherungsamts bezeichnete nichtständige Mitglieder dieses Amtes, und zwar ein Arbeitgeber und ein Versicherter aus dem entsprechenden Bereiche der Unfallversicherung (§ 87 Abs. 1, §§ 89 bis 91 der Reichsversicherungsordnung), als weitere Beisitzer[8] zuzuziehen.

Das Verfahren wird auf Antrag eines Beteiligten eingeleitet. Als Parteien[9] gelten der Versorgungsberechtigte, der Reichsfiskus und der Träger der Unfallversicherung.

1. Ein solches Zusammentreffen, das nur verhältnismäßig selten sein wird, kommt sowohl dann in Frage, wenn ein Heeresangehöriger im Wege der Kommandierung einer bestimmten Arbeitsstelle zur Verfügung gestellt worden oder während eines Urlaubs in einem unfallversicherten Betrieb tätig gewesen ist (vgl. z. B. E. II, 34), als auch, wenn jemand eine DB. und außerhalb der Militärdienstzeit einen Betriebsunfall erlitten hat und zweifelhaft ist, ob die DB. und der Betriebsunfall oder eines von beiden für die bestehende Minderung der Erwerbsfähigkeit ursächlich ist. Die Vorschrift des § 146 soll unberechtigte Doppelversorgungen, die des § 147 unberechtigte Doppelablehnungen beseitigen oder vermeiden.

2. Unter dem „Schaden" ist die Gesundheitsstörung oder der Tod zu verstehen. Es handelt sich nicht um „denselben" Schaden, wenn vom Träger der Unfallversicherung der Anspruch der Hinterbliebenen auf Entschädigung aus Anlaß eines tödlich verlaufenen Unfalls und von der Versorgungsbehörde der Anspruch der Erben auf die Militärrente des Verstorbenen anerkannt ist (E. III, 101).

3. Wegen des Begriffs der Vers.Gesetze vgl. Anm. 1 zu § 1.

4. Vgl. §§ 537 ff. RVO.

5. Die Verwaltungsbehörden oder die Spruchbehörden.

6. Träger der Unfallversicherung sind nach § 623 RVO. die Berufsgenossenschaften. Vgl. aber auch §§ 624 ff. RVO.

Spruchbehörden der Unfallversicherung sind die Oberversicherungsämter und das Reichsversicherungsamt.

7. Die gleiche Befugnis hat auf Grund des § 154 das bayer. LVGer.

8. Diese Erweiterung des Senats erfolgt, weil sich die Rechtsprechung des RVGer. in diesem Falle — wie auch in dem des

§ 147 — auch auf Ansprüche gegen die Träger der Unfallversicherung erstreckt.

9. Sie sind mithin zu laden und haben alle Befugnisse einer Partei, insbesondere also das Recht, Anträge zu stellen.

§ 147.

Kommt statt der Versorgung nach den Versorgungsgesetzen[1] oder neben ihr wegen desselben Schadens[2] eine Entschädigung nach den Vorschriften der Reichsversicherungsordnung über Unfallversicherung[3] in Frage, so können die mit der Sache befaßten Versorgungsbehörden in jeder Lage des Verwaltungs- oder Spruchverfahrens dem Träger der Unfallversicherung[4] die Verhandlungen mitteilen und ihn zur Anerkennung oder Entschädigungspflicht auffordern. Lehnt dieser die Entschädigungspflicht ab oder erklärt er sich nicht innerhalb eines Monats, so ist die Sache durch das Reichsversorgungsgericht[5] zu entscheiden. Das Reichsversorgungsgericht entscheidet über die erhobenen Ansprüche in ihrem vollen Umfang[6]. Es kann dabei den Träger der Unfallversicherung zur Entschädigung verurteilen, auch wenn der Anspruch gegen ihn bereits rechtskräftig abgelehnt worden ist.

Die Vorschriften des § 146 Abs. 2[7] und 3 Satz 2[8] finden Anwendung.

1. Wegen des Begriffs vgl. Anm. 1 zu § 1.

2. Vgl. Anm. 2 zu § 146.

3. Vgl. §§ 537 ff. RVO.

4. Vgl. Anm. 6 zu § 146.

5. Ist ein bayer. VGer. beteiligt, so ergeht die Entscheidung nach § 154 durch das bayer. LVGer.

6. Das RVGer. entscheidet nicht nur, ob das Reich oder der Träger der Unfallversicherung zur Leistung verpflichtet ist, sondern setzt auch zugleich die von dem einen oder anderen geschuldete Leistung fest.

7. Erweiterung des Senats durch zwei nichtständige Mitglieder des Reichsversicherungsamts.

8. Parteien sind der Vers.Berechtigte, der Reichsfiskus und der Träger der Unfallversicherung.

Dritter Teil.

Erster Abschnitt.

Schutz- und Strafvorschriften.

§ 148.

Beisitzer der Spruchbehörden[1], die ohne genügende Entschuldigung nicht rechtzeitig zu den Sitzungen sich einfinden oder der Erfüllung ihrer Obliegenheiten in anderer Weise sich entziehen, werden mit einer Ordnungsstrafe bis zu dreißig Mark, im Wiederholungsfalle bis zu dreihundert Mark*) und mit Auferlegung der durch ihr Verhalten verursachten Kosten bestraft[2].

Die Strafe wird beim Versorgungsgerichte durch den Vorsitzenden, beim Reichsversorgungsgerichte durch den Präsidenten ausgesprochen. Erfolgt nachträglich genügende Entschuldigung, so ist sie aufzuheben oder zu ermäßigen. Gegen die Verfügung des Vorsitzenden des Versorgungsgerichts ist die Beschwerde[3] an die oberste Landesverwaltungsbehörde zulässig. Die Vorschrift des § 74 Abs. 1 findet Anwendung[4].

*) Fassung: Statt „Ordnungsstrafe bis zu 30 Mark, im Wiederholungsfalle bis zu 300 Mark" ist jetzt zu lesen: „Ordnungsstrafe in Geld"; vgl. Art. II, VIII und XIV der VO. über Vermögensstrafen und Bußen vom 6. 2. 24 (RGBl. I S. 44). Der Strafrahmen beträgt nach Art. II a. a. O. und § 2 der VO. vom 12. 12. 24 (RGBl. I S. 775) 1—1000 Reichsmark.

1. Also der Versorgungsgerichte, des RVGer. und des bayer. LVGer.

2. Wenngleich der Ausdruck „werden bestraft" für die Auffassung spricht, daß die Bestrafung erfolgen muß, wird der Vorsitzende nach pflichtgemäßem Ermessen zu prüfen haben, ob sich der Fall zur Bestrafung eignet. Ist das verspätete Erscheinen zur Sitzung von vornherein ausreichend entschuldigt, so darf eine Strafe nicht ausgesprochen werden. Erfolgt nachträglich genügende Entschuldigung, so muß die Strafe aufgehoben oder ermäßigt werden (vgl. Abs. 2 Satz 2).

3. Vgl. §§ 61 ff.

4. Die Strafe wird, wenn die Verfügung unanfechtbar geworden ist, wie eine Gemeindeabgabe beigetrieben (vgl. Anm. 6 zu § 74).

§ 149.

Macht ein Beisitzer aus den Versorgungsberechtigten seinem Arbeitgeber von der Einladung zu Sitzungen der Spruchbehörden ohne schuldhaftes Zögern Mitteilung, so gibt diesem das Fernbleiben keinen Grund[1], das Arbeitsverhältnis ohne Einhaltung einer Kündigungsfrist zu lösen.

Arbeitgeber und ihre Vertreter, die vorsätzlich einen bei ihnen beschäftigten Beisitzer aus den Versorgungsberechtigten in der Ausübung des Amtes beschränken oder wegen der Übernahme oder der Art der Ausübung benachteiligen[2], werden mit Geldstrafe bis zu eintausend Mark*) oder mit Haft bestraft[3].

*) Fassung: Statt „Geldstrafe bis zu 1000 Mark" ist jetzt zu lesen: „Geldstrafe"; vgl. Art. I (Neufassung des § 27 RStGB.), VIII und XIV der VO. über Vermögensstrafen und Bußen vom 6. 2. 24 (RGBl. I S. 44). Da ursprünglich Geldstrafe bis zu 1000 Mark oder Haft vorgesehen war, betrifft § 149 nach der am 1. 1. 22 in Kraft getretenen damaligen Fassung des § 2 RStGB. (Ges. vom 21. 12. 21 — RGBl. S. 1604) eine Übertretung. Der Strafrahmen für die Geldstrafe beträgt deshalb nach Art. I der genannten VO. vom 6. 2. 24 und § 2 der VO. vom 12. 12. 24 (RGBl. I S. 775) 1—150 Reichsmark.

1. Ob das Unterlassen der Anzeige einen Grund bildet, das Arbeitsverhältnis ohne Einhaltung einer Kündigungsfrist zu lösen, kann nur an der Hand des einzelnen Falles auf Grund der für das Dienstverhältnis geltenden Vorschriften (BGB., Handelsgesetzbuch, Gewerbeordnung) entschieden werden.

2. Die Mitwirkung als Beisitzer einer Spruchbehörde ist ein öffentliches Ehrenamt, das von den Versorgungsberechtigten übernommen werden muß, sofern nicht die im § 16 aufgeführten Gründe für die Ablehnung des Amtes vorliegen. Die Arbeitgeber sind deshalb verpflichtet, den zur Ausübung des Amtes erforderlichen Urlaub zu erteilen.

3. Die Strafen des § 149 Abs. 2 sind Strafen im Sinne des Strafgesetzbuchs und werden nicht von den Spruchbehörden, sondern von den ordentlichen Strafgerichten verhängt.

§ 150.

Wer unbefugt offenbart, was ihm vermöge seiner dienstlichen Tätigkeit bei einer Versorgungsbehörde über die gesundheitlichen und wirtschaftlichen Verhältnisse eines

Beteiligten, in Hinterbliebenenangelegenheiten auch des Verstorbenen, bekannt geworden ist, wird, soweit nicht nach den allgemeinen Strafgesetzen eine härtere Strafe verwirkt ist, mit Geldstrafe bis zu dreihundert Mark*) oder mit Gefängnis bis zu drei Monaten bestraft[1]. Die Verfolgung tritt nur auf Antrag des Versorgungsberechtigten oder der Dienstaufsichtsbehörde[2] ein.

*) Fassung: Statt „Geldstrafe bis zu 300 Mark" ist jetzt zu lesen: „Geldstrafe"; vgl. Art. I (Neufassung des § 27 RStGB.), VIII und XIV der VO. vom 6. 2. 24 (RGBl. I S. 44). Da Gefängnis angedroht ist, betrifft § 150 ein Vergehen. Der Strafrahmen für die Geldstrafe beträgt deshalb nach Art. I a. a. O. und § 2 der VO. vom 12. 12. 24 (RGBl. I S. 775) 3—10000 Reichsmark.

1. Die Strafvorschrift des § 150 soll die Beachtung der zum Schutze der Vers.Berechtigten im § 2 für alle bei den Verwaltungs- und Spruchbehörden tätigen Personen vorgesehenen Pflicht zur Verschwiegenheit sichern.

Für die Strafen des § 150 gilt Anm. 3 zu § 149.

2. Dienstaufsichtsbehörde ist für die Verwaltungsbehörden und das RVGer. der RAM., für die Vers.Gerichte die zuständige oberste Landesverwaltungsbehörde (vgl. zu § 7).

Zweiter Abschnitt.

Schluß- und Übergangsvorschriften.

§ 151.

Die §§ 1703a und 1737a der Reichsversicherungsordnung werden aufgehoben.

In die Reichsversicherungsordnung werden folgende Vorschriften eingestellt[1]:

§ 1706a.

Kommt wegen desselben Schadens oder eines Teiles desselben entweder nur die Unfallentschädigung oder nur die Versorgung nach dem Reichsversorgungsgesetz oder einem vor seinem Inkrafttreten ergangenen Militärversorgungsgesetz in Betracht, und haben sowohl die Träger oder Spruchbehörden der Unfallversicherung wie die Versorgungsbehörden den Anspruch endgültig anerkannt, so hebt, wenn die zuletzt ergangene Entscheidung von einem Träger oder einer Spruchbehörde der Unfallversicherung erlassen war, ein Spruchsenat des Reichsversicherungsamts die zu Unrecht ergangene Entscheidung auf und erkennt zugleich über die Rückerstattung der zu Unrecht geleisteten Zahlungen.

Zur Verhandlung und Entscheidung sind zwei vom Präsidenten des Reichsversorgungsgerichts bezeichnete Beisitzer dieses Gerichts, und zwar je eine in der sozialen Fürsorge erfahrene, mit dem Versorgungswesen vertraute Person und ein Versorgungsberechtigter (§§ 29 und 30 des Gesetzes über das Verfahren in Versorgungssachen vom 10. Januar 1922) als weitere Beisitzer zuzuziehen. Ihre Teilnahme gilt für ihre Vergütung als Teilnahme an einer Sitzung des Reichsversorgungsgerichts.

Das Verfahren wird auf Antrag eines Beteiligten eingeleitet. Als Parteien gelten der Verletzte, der Reichsfiskus und der Träger der Unfallversicherung.

§ 1738 a.

Kommt statt der Unfallentschädigung oder neben ihr wegen desselben Schadens die Versorgung nach dem Reichsversorgungsgesetz oder einem vor seinem Inkrafttreten ergangenen Militärversorgungsgesetz in Frage, so können die mit der Sache befaßten Träger oder Spruchbehörden der Unfallversicherung in jeder Lage des Feststellungs- oder Spruchverfahrens der nach dem Gesetz über das Verfahren in Versorgungssachen vom 10. Januar 1922 zuständigen Verwaltungsbehörde die Verhandlungen mitteilen und sie zur Anerkennung der Versorgungspflicht auffordern. Lehnt diese die Versorgung ab oder erklärt sie sich nicht innerhalb eines Monats, so ist durch einen Spruchsenat des Reichsversicherungsamts zu entscheiden. Der Senat entscheidet über die erhobenen Ansprüche in vollem Umfang. Er kann dabei den Reichsfiskus zur Gewährung der Versorgung verurteilen, auch wenn der Anspruch gegen ihn bereits rechtskräftig abgelehnt worden ist.

Die Vorschriften des § 1706a Abs. 2 und 3 Satz 2 finden Anwendung.

1. Die Ergänzung der RVO. ist notwendig geworden, um entsprechend dem in den §§ 146, 147 geregelten Verfahren für das Versorgungswesen auch die Befugnisse des RVA. zu erweitern, damit eine unberechtigte Doppelversorgung auf beiden Rechtsgebieten vermieden wird. Im übrigen vgl. oben zu §§ 146, 147.

§ 152.

Bei dem Streite zwischen einer Krankenkasse und dem Reiche über Ersatzansprüche[1] (§ 17 des Reichsversorgungsgesetzes) finden die Vorschriften des § 49 über die Vertretung des Reichsfiskus im Spruchverfahren Anwendung.

Zu § 152.

Für die Vertretung des Reichsfiskus in einem Streit zwischen einer Krankenkasse und dem Reich gelten die Ausführungsbestimmungen zu § 49 entsprechend*).

1. Die Krankenkassen erhalten vom Reich vollen Ersatz der Kosten, die ihnen durch die Durchführung eines Heilverfahrens bei einem Kriegsbeschädigten erwachsen, wenn die Kasse im Einzelfalle nur nach dem RVG. zur Durchführung des Heilverfahrens verpflichtet war, und eine teilweise Entschädigung ihrer Aufwendungen, wenn schon die Vorschriften der RVO. sie verpflichteten, die Heilbehandlung zu übernehmen (vgl. §§ 14, 15 RVG.). Entsteht in solchen Fällen ein Streit zwischen einer Krankenkasse und dem Reich über Ersatzansprüche, so wird dieser nach § 17 RVG. durch das Versicherungsamt und in zweiter Instanz durch das Oberversicherungsamt (vgl. §§ 1636, 1675 RVO.), wenn aber das Vorliegen von DB. streitig ist, durch die Spruchbehörden der Reichsversorgung entschieden. Für die Fälle der erstgenannten Art mußte das Gesetz über die Vertretung des Reichsfiskus besondere Vorsorge treffen. Diese Regelung ist dahin erfolgt, daß die Vorschriften über die Vertretung des Fiskus im Spruchverfahren für anwendbar erklärt worden sind. Handelt es sich darum, ob die Krankheit mit einer Gesundheitsstörung zusammenhängt, die als Folge einer Dienstbeschädigung anerkannt ist, so findet § 49 hinsichtlich der Vertretung ohne weiteres Anwendung, da über diesen Streit in dem Spruchverfahren vor den Versorgungsgerichten zu entscheiden ist.

2. Für den Geschäftsbereich des RAM. erfolgt die Vertretung des Fiskus durch die Hpt.Vers.Ämter. Im übrigen vgl. die Anm. 1 und 2 zu § 49 und die AB. zu § 49.

§ 153*).

Weitere Bestimmungen erläßt der Reichsarbeitsminister[1]. Für die Versorgung der in den auf Grund des Friedensvertrages vom 28. Juni 1919 (RGBl. S. 1329) vom Deutschen Reich abgetrennten Gebieten und im Saargebiet wohnenden oder wohnhaft gewesenen Personen kann er mit Zustimmung des Reichsrats auch von den Vorschriften dieses Gesetzes abweichende Anordnungen treffen[2].

Die oberste Landesverwaltungsbehörde kann die ihr durch dieses Gesetz zugewiesenen Aufgaben auf andere Stellen übertragen[3].

Der Reichsarbeitsminister wird ermächtigt, die im § 145 vorgesehenen Grenzen der Vergütung für die Berufstätigkeit eines Rechtsanwalts im Verfahren vor den Spruchbehörden[4] und die in den §§ 148—150 angedrohten Geldstrafen[5] nach dem jeweiligen Stande der Geldentwertung abzuändern.

*) Fassung: Abs. 3 ist durch Ziff. IV des Ges. vom 22. 12. 22 (RGBl. I S. 982 und RVBl. 24 Nr. 2) angefügt. Durch Art. 21 Ziff. V 12 der PAV. sind die Worte „Die Reichsregierung wird ermächtigt, mit Zustimmung des Reichsrats" ersetzt durch die Worte „Der RAM. wird ermächtigt".

1. Der RAM. hat Ausführungsbestimmungen vom 30. 1. 22 (Zentralbl. S. 79 und RVBl. Nr. 121) und Weitere Ausführungsbestimmungen vom 30. 10. 22 (Zentralbl. S. 1013 und RVBl. Nr. 931) erlassen, sowie Änderungen und Ergänzungen unter dem 15. 7. 22 (RVBl. 22 Nr. 634) und 27. 2. 24 (RBesoldBl. S. 49 und RVBl. 23 Nr. 926; 24 Nr. 122) angeordnet. Die mehrfachen Änderungen der örtlichen Zuständigkeit (AB. zu § 38) sind schließlich im RVBl. 24 Nr. 136/351 zusammengefaßt. Die AB. sind dem Gesetzestext jeweils in lateinischem Druck angefügt.

2. a) Die VO. vom 13. 6. 22 (RGBl. S. 507 und RVBl. Nr. 583) über den Eingang von Anträgen und Rechtsbehelfen bei amtlichen Stellen der abgetrennten Gebiete ist in Anm. 7 zu § 93 abgedruckt.

b) Für Danzig ist die VO. des RAM. vom 5. 7. 22 (RGBl. S. 562 und RVBl. Nr. 632) ergangen. Sie lautet:

„**Das Reichsversorgungsgericht entscheidet über Rekurse gegen Urteile des Militärversorgungsgerichts in Danzig, auch wenn sie nach dem 9. Januar 1920 ergangen sind**".

Im übrigen vgl. über Danzig Anm. 20 zu AB. zu § 38.

c) Gemäß einer Vereinbarung mit der Regierungskommission des Saargebiets hat der RAM. ferner folgende VO. über das Verfahren in Versorgungssachen bezüglich des Saargebiets vom 23. 9. 22 (RGBl. I S. 754 und RVBl. Nr. 858) erlassen:

„1. Die Entscheidung über Rekurse gegen Urteile des VersGer. des Saargebiets erfolgt durch einen vom Präsidium des RVGer. zu bestimmenden Senat dieses Gerichts. Soweit dieser Senat beim RVGer. nach Maßgabe dieser VO. tätig wird, bestellt die Regierungskommission des Saargebiets den Beisitzer aus der sozialen Fürsorge.

2. Im Spruchverfahren in Versorgungssachen bezüglich des Saargebiets werden der Reichsfiskus und die Regierungskommission des Saargebiets vorbehaltlich der Ziffer 3 gemeinschaftlich durch die Regierungskommission des Saargebiets vertreten.

3. Rechtsmittel gegen Bescheide der Versorgungsbehörden im Saargebiet und gegen Urteile des VersGer. des Saargebiets kann auch der „Deutsche Finanzkommissar für das Versorgungswesen im Saargebiet" einlegen. Er hat in diesem Falle den Reichsfiskus im Spruchverfahren zu vertreten. Ihm wird nach näherer Anordnung der Regierungskommission des Saargebiets eine Ausfertigung von sämtlichen Urteilen des Versorgungsgerichts des Saargebiets zugestellt.

4. Ein von der Regierungskommission des Saargebiet oder von dem „Deutschen Finanzkommissar für das Versorgungswesen im Saargebiet" eingelegter Rekurs kann nur im Einverständnis der Regierungskommission und des deutschen Finanzkommissars zurückgenommen werden."

Im übrigen vgl. über das Saargebiet Anm. 23 zu AB. zu § 38.

3. Vgl. die in Anm. 1 zu § 6 erwähnten AB. der Länder.

4. Vgl. die jetzige Fassung des § 145.

5. Von der Befugnis, die Geldstrafen den jeweiligen Währungsverhältnissen anzupassen, ist nie Gebrauch gemacht worden. Sie ist jetzt durch die Umstellung der Vorschriften über Geldstrafen auf Goldmark und Reichsmark (vgl. bei den §§ 148—150) gegenstandslos geworden.

§ 154.

Bis auf weiteres tritt das beim Bayerischen Landesversicherungsamt errichtete Bayerische Landesversorgungsgericht für Versorgungssachen, die zur Zuständigkeit eines bayerischen Versorgungsgerichts gehören[1], als oberste Spruchbehörde an die Stelle des Reichsversorgungsgerichts[2].

Für die bayerischen Versorgungsgerichte steht einer amtlich veröffentlichten grundsätzlichen Entscheidung des Reichsversorgungsgerichts im Sinne des § 129 eine amtlich veröffentlichte grundsätzliche Entscheidung des Landesversorgungsgerichts gleich[3]; soll von einer Entscheidung des Reichsversorgungsgerichts abgewichen werden, so entscheidet dieses. Für die Verweisung an den großen Senat gelten die Vorschriften des § 130 entsprechend[4]; will ein Senat oder der Große Senat des Landesversorgungsgerichts von einer amtlich veröffentlichten Entscheidung des Reichsversorgungsgerichts in einer grundsätzlichen Rechtsfrage abweichen, so entscheidet der Große Senat des Reichsversorgungsgerichts, zu dessen Verhandlung der verweisende Senat des Landesversorgungsgerichts in diesem Falle zwei seiner Mitglieder als Beisitzer entsendet[5].

Für die Bildung und Zusammensetzung der Senate des Landesversorgungsgerichts finden die für das Reichsversorgungsgericht geltenden Vorschriften entsprechende Anwendung. Die nach diesem Gesetze dem Reichsarbeitsminister zustehenden Befugnisse einschließlich der Dienstaufsicht übt für das Landesversorgungsgericht die bayerische Regierung aus[6]. Diese erläßt auch, soweit erforderlich, Vorschriften über die Zusammensetzung des Gerichts und die Abhaltung von Gesamtsitzungen. Die Beisitzer aus der sozialen Fürsorge werden vom Reichsarbeitsminister auf Vorschlag der bayerischen Regierung, die Beisitzer aus den Versorgungsberechtigten von der bayerischen Landeshauptfürsorgestelle im Benehmen mit ihrem Beirat bestellt.

Die Kosten des Landesversorgungsgerichts trägt der Freistaat Bayern. Auf Antrag der bayerischen Regierung werden die Geschäfte des Landesversorgungsgerichts auf das Reichsversorgungsgericht übertragen; die Einzelheiten regelt der Reichsarbeitsminister[7].

Zu § 154.*)

Die Ausführungsbestimmungen zu den §§ 27 bis 31 finden für das Bayerische Landesversorgungsgericht entsprechende Anwendung, soweit nicht die bayerische Regierung ein anderes bestimmt.

*) **Fassung:** Ein 2. Abs. über die Vorlage der Rekursbegründungen durch die Landesdienststelle (§ 155) ist durch die Weiteren AB. vom 30. 10. 22. (RGBl. Nr. 931) gestrichen.

1. Vor Erlaß des Gesetzes war das bayerische Landes-Militärversorgungsgericht zuständig für die Entscheidung über Ansprüche von Personen, die zuletzt dem bayerischen Kontingent angehört hatten und von Hinterbliebenen solcher Personen (vgl. Art. II § 8 VO. vom 1. 2. 19, RGBl. S. 149, § 24 der Bek. der bayer. Regierung über die bayer. Militärversorgungsgerichte und das Landes-Militärversorgungsgericht vom 13. 3. 19, GVBl. S. 69). Da die frühere Kontingentszugehörigkeit für das Versorgungsrecht keine Bedeutung mehr hat, ist die Zuständigkeit des bayer. LVGer. jetzt so geregelt, daß sie mit der Zuständigkeit der bayer. VGer. im Berufungsverfahren zusammenfällt. Ohne Bedeutung ist, ob der Kläger zur Zeit der Einlegung des Rekurses in Bayern wohnt.

2. Das bayer. LVGer. entscheidet nicht nur auf Rekurs, sondern auch auf Beschwerde an Stelle des RVGer. Die für dieses geltenden Vorschriften über die Zusammensetzung der Senate und das einzuhaltende Verfahren gelten in gleicher Weise, jedoch mit den aus Abs. 2 sich ergebenden Besonderheiten, auch für das bayer. LVGer. Über die Bildung des Gerichts, insbesondere die Amtsbezeichnung des obersten Beamten, die Ernennung der Beamten usw., trifft die bayer. Regierung Bestimmung (vgl. Abs. 2 Satz 3). Hinsichtlich der AB. vgl. Anm. 6.

3. Die bayer. Vers.Gerichte haben somit in Fällen, in denen der Rekurs nach § 92 ausgeschlossen ist, die Sache an das LVGer. abzugeben, sofern sie von einer amtlich veröffentlichten Entscheidung des LVGer. abweichen wollen. Vgl. im übrigen zu § 129. Handelt es sich in einer nicht rekursfähigen Sache um eine noch nicht feststehende Auslegung gesetzlicher Vorschriften von grundsätzlicher Bedeutung, so muß die Abgabe an das RVGer. erfolgen.

4. Es findet Verweisung an den Großen Senat des bayerischen LVGer. statt, wenn ein Senat dieses Gerichtshofs in einer grundsätzlichen Rechtsfrage von einer früheren Entscheidung eines anderen Senats oder des Großen Senats des LVGer. abweichen will. Im übrigen vgl. zu § 130.

5. Der Große Senat des RVGer. entscheidet also in solchen Fällen in einer Besetzung von 11 Mitgliedern.

6. Für das LVGer. erläßt mithin die bayer. Regierung die AB. (§ 153), weshalb die AB. zu § 154 nur eine vorläufige Anordnung enthalten, die einen ungehinderten Fortgang der Geschäfte sicherstellen sollte. Die bayer. Regierung bestimmt z. B. die Zahl der Senate (§ 26), bestellt die richterlichen Mitglieder ordentlicher Gerichte und setzt die Vergütung der Beisitzer nach § 36 in Verbindung mit § 20 Abs. 2 fest; sie hat dagegen für die bayer.

Vers.Gerichte nur diejenigen Befugnisse, die im Gesetz der „obersten Landesverwaltungsbehörde" übertragen sind (Begr.). Darüber hinaus kann sie für jene AB. nicht erlassen.

7. Beantragt die bayer. Regierung die Übertragung der Geschäfte auf das RVGer., so muß der RAM. die Übertragung anordnen. Er bestimmt hierbei die Einzelheiten der Überleitung, insbesondere auch, ob die bereits beim LVGer. anhängigen Sachen noch von diesem zu Ende zu führen sind.

§ 155.

In Bayern besteht bis auf weiteres eine Landesdienststelle für das Rentenversorgungswesen. Der Reichsarbeitsminister bestimmt ihre Aufgaben und kann sie mit Zustimmung des Reichsrats auflösen[1].

1. Der Landesdienststelle verbleibt vom 1. 4. 22 an nur noch die Bearbeitung von Beamten-Personalangelegenheiten der bayer. Versorgungsbehörden, nachdem mit diesem Zeitpunkt die Verwaltung der bayer. vormals militärischen Stiftungen und Fonds auf den bayer. Staat übergegangen ist. Als Landesdienststelle ist vom 1. 4. 24 ab das Hpt.Vers.Amt München bestimmt (RVBl. 24 Nr. 157).

§ 156.

Dieses Gesetz tritt am 1. Februar 1922 in Kraft. In den an diesem Tage anhängigen[1] Sachen sind für das weitere Verfahren die Vorschriften dieses Gesetzes maßgebend[2]. Angelegenheiten, die vor dem 1. Februar 1922 bei der bisher örtlich und sachlich zuständigen Stelle anhängig geworden sind, werden von dieser Stelle weiter bearbeitet und entschieden.

Die Vorschriften des § 8 Abs. 2 und 3 über die Kosten der Versorgungsgerichte gelten rückwirkend vom 1. März 1919 ab[3].

1. Die neuen Vorschriften gelten vom 1. 2. 22 ab sowohl für die im Verwaltungs- wie auch für die im Spruchverfahren anhängigen Sachen. Über Inkrafttreten im besetzten Oberschlesien, in Danzig und im Saargebiet vgl. Anm. 18, 20 und 23 zu AB. zu § 38.

2. Die Zulässigkeit eines vor dem 1. 2. 22 eingelegten, aber erst nach diesem Zeitpunkt zur Entscheidung kommenden Rekurses

richtet sich daher nach den Vorschriften des neuen Gesetzes. Jedoch bleibt ein Rekurs gegen ein vor dem 1. 2. 22 verkündetes Urteil, gegen das er nach den bisherigen Vorschriften unzulässig war, auch nach diesem Zeitpunkt unzulässig, da das Gesetz in die mit der Verkündung eingetretene Rechtskraft nicht eingreifen wollte (vgl. E. I, 266; II, 162).

3. Abs. 2 bezieht sich auf die ursprüngliche Fassung des § 8, die durch Art. I des Ges. vom 4. 8. 24 (RGBl. I S. 677 und RVBl. Nr. 334) zum 1. 4. 24 durch die jetzige Fassung ersetzt ist, und ist als gegenstandslos zu betrachten, weil nach Art. II a. a. O. ein Ausgleich für die Zeit vor dem 1. 4. 24 nicht stattfand.

§ 157.

Gegen Bescheide über die Regelung[1] von Versorgungsgebührnissen, die vor dem 1. Februar 1922 zugestellt sind, ist von diesem Tage ab statt der Klage im ordentlichen Rechtsweg bis zum Ablauf der für sie gegebenen Frist die Berufung an das Versorgungsgericht zulässig. Eine nach diesem Tage innerhalb der Frist erhobene Klage gilt als Berufung.

Ist am 1. Februar 1922 ein Rechtsstreit über die Regelung von Versorgungsgebührnissen vor einem ordentlichen Gericht anhängig, so wird er nach den bisher geltenden Vorschriften erledigt.

1. Die früher von den Pensionsregelungsbehörden ausgeübte Tätigkeit ist seit dem 1. September 1921 auf die Hpt.Vers.-Ämter und Vers.Ämter übergegangen. Näheres über die Bildung der Regelungsabteilungen und Regelungszweigabteilungen bei den Hpt.Vers.Ämtern und die Übernahme von Obliegenheiten der Pensionsregelungsbehörden durch die Vers.Ämter s. RVBl. 21 Nr. 897, geändert und ergänzt durch RVBl. 22 Nr. 75, 242, 283, 428, 614, 702, 752, 804, 905, 1043; 23 Nr. 324, 327, 375, 401, 460. Zum 31. 3. 24 sind die Regelungsabteilungen aufgehoben (RVBl. 24 Nr. 48). Seitdem gelten für die Regelung, d. h. das Ruhen der Gebührnisse, die Anrechnung von Vorschüssen usw., soweit darüber überhaupt ein getrennter Bescheid ergeht, keine Besonderheiten mehr. Dem Verfahren nach dem RVG. ist ein besonderes Regelungsverfahren von vornherein unbekannt gewesen.

§ 158.

Mit dem Inkrafttreten dieses Gesetzes treten außer Kraft[1, 2]:

1. die Zuständigkeits- und Verfahrensvorschrift der vor dem Inkrafttreten des Reichsversorgungsgesetzes[3] ergangenen Militärversorgungsgesetze, soweit es sich nicht um die im § 160 Abs. 1 bezeichneten Angelegenheiten[4] handelt,
2. die Verordnung der Reichsregierung über Änderung des Verfahrens in Militärversorgungssachen vom 1. Februar 1919 (RGBl. S. 149) und das Gesetz, betreffend Abänderung dieser Verordnung vom 15. Mai 1920 (RGBl. S. 1064),
3. das Gesetz über die Versorgungsbehörden vom 15. Mai 1920 (RGBl. S. 1063).

Soweit in gesetzlichen und sonstigen Bestimmungen auf die aufgehobenen Vorschriften verwiesen ist[5], treten die entsprechenden Vorschriften dieses Gesetzes an ihre Stelle.

1. Außer den im § 158 aufgeführten gesetzlichen Vorschriften sind auch die auf Grund dieser ergangenen Bestimmungen außer Kraft getreten. Es kommen insbesondere in Betracht:

a) Die Bestimmungen über die Militärversorgungsgerichte und das Reichs-Militärversorgungsgericht sowie über das Verfahren von ihnen vom 18. 2. 19 (RGBl. S. 217).

b) Die VO. über die Gebühren der Rechtsanwälte im Verfahren vor den Militärversorgungsgerichten und dem Reichs-Militärversorgungsgericht vom 1. 3. 19 (RGBl. S. 266).

c) Die VO. betr. Änderung der Bestimmungen über die Militärversorgungsgerichte vom 18. 2. 19. Vom 7. 5. 19 (RGBl. S. 522).

d) Die Weiteren Bestimmungen des RAM. vom 21. 5. 20 (RGBl. S. 1099).

e) Die VO. zur Ausführung des Gesetzes über die Versorgungsbehörden vom 22. 6. 20 (AN. RAM. S. 173).

f) Die VO. betr. Änderung der VO. zur Ausführung des Gesetzes über die Versorgungsbehörden vom 17. 12. 20 (AN. RAM. S. 370).

g) Die VO., betr. Änderung der Bestimmungen des RAM. vom 18. 2. 19. Vom 8. 6. 21, RVBl. S. 354.

2. Die Pensionierungsvorschrift für das preuß. Heer vom 16. 3. 12 und die entsprechenden Vorschriften der anderen Kontingentsverwaltungen und der Marine- und Schutztruppenverwaltung, die Erlasse der früheren Kriegsministerien, des Reichsmarineamts und des Reichskolonialamts enthalten zum großen Teil Bestimmungen, die sich auf die Erledigung der Verwaltungsaufgaben, den Dienstbetrieb der Behörden und Ähnliches beziehen oder aus anderen Gründen zur Aufnahme in das VerfG. oder die AB. nicht geeignet waren. Sie stellen sich in vielen Punkten dar als Niederschlag langjähriger Verwaltungserfahrung und enthalten wertvolle Fingerzeige für zweifelhafte Fälle. Insofern sind sie auch heute noch maßgebend, soweit sie nicht durch das VerfG. nebst AB., durch neuere Erlasse usw. des RAM. (insbesondere die Dienstanweisung), durch die Rechtsprechung der Spruchbehörden oder durch die veränderten Verhältnisse (z. B. Auflösung des Heeres, Entmilitarisierung der Behörden) als überholt zu betrachten sind. Die Dienstanweisung zur Beurteilung der Militärdienstfähigkeit (DA. Mdf.) ist ersetzt durch die vom RAM. herausgegebenen Anhaltspunkte für die Beurteilung der Minderung der Erwerbsfähigkeit nach dem RVG.; vgl. Anm. 3 zu § 3.

3. Das RVG. und das ARG. enthalten, nachdem auch der ursprüngliche § 58 im Hinblick auf § 82 VerfG. fortgefallen ist, keine Zuständigkeits- und Verfahrensvorschriften.

4. Hinsichtlich der im § 160 Abs. 1 bezeichneten Angelegenheiten, vor allem also hinsichtlich der Pensionsfragen der aktiven Offiziere der alten Wehrmacht und deren Hinterbliebenen, gelten seit dem 1. 4. 24 in verfahrensrechtlicher Beziehung keine Besonderheiten mehr mit Ausnahme der Vertretung des Reichsfiskus im Rekursverfahren (vgl. Anm. 2 zu § 49). Im übrigen vgl. Anm. 6 zu § 160.

5. Es verwies z. B. das Wehrmachtversorgungsgesetz vom 4. 8. 21 (RGBl. S. 993) in seiner ursprünglichen Fassung im § 85 auf das Ges. über die Versorgungsbehörden vom 15. 5. 20 und im § 90 auf den Rechtszug im Spruchverfahren der Militärversorgung nach der VO. vom 1. 2. 19. Vgl. auch § 17 Abs. 2 des Kapitulantenentschädigungsgesetzes vom 13. 9. 19 (RGBl. S. 1654) und § 14 Abs. 2 des Offizierentschädigungsgesetzes vom 13. 9. 19 (RGBl. S. 1659) hinsichtlich des Spruchverfahrens.

§ 159*).

Die auf Grund der bisherigen Vorschriften[1] zu Senatsvorsitzenden oder Beisitzern des Reichs-Militärversorgungsgerichts bestellten ständigen Mitglieder des Reichsversicherungsamts sind vom Inkrafttreten dieses Gesetzes ab[2] Mitglieder des Reichsversorgungsgerichts. Sie können mit Genehmigung des Reichsarbeitsministers gleichzeitig ständige Mitglieder des Reichsversicherungsamts bleiben; den Umfang ihrer Tätigkeit bei beiden Behörden bestimmt der Reichsarbeitsminister[3].

Bis 1. Januar 1924 können beim Reichsversorgungsgericht an die Stelle der Beisitzer aus der sozialen Fürsorge die beim Inkrafttreten des Gesetzes bestellten Beisitzer aus dem Versorgungswesen treten[4].

Die auf Grund der bisherigen Vorschriften erfolgte Wahl von Gerichtsärzten (Vertrauensärzten) wird durch das Inkrafttreten dieses Gesetzes nicht berührt[5].

*) Fassung: Durch Ziff. V des Ges. vom 22. 12. 22 (RGBl. I S. 982 und RVBl. 23 Nr. 2 ist „1923" durch „1924" ersetzt und zur Klarstellung „beim Reichsversorgungsgericht" eingefügt.

1. Auf Grund der VO. vom 1. 2. 19 (RGBl. S. 149) in Verbindung mit den Bestimmungen des RAM. vom 18. 2. 19 (RGBl. S. 217) und der Weiteren Bestimmungen vom 21. 5. 20 (RGBl. S. 1099).

2. Vom 1. Februar 1922 ab (vgl. § 156) sind sie also ohne weiteres Mitglieder des RVGer. (vgl. § 24 Abs. 2).

3. Nach der Begr. wird der RAM. den Wünschen der Verbände der Vers.Berechtigten entsprechend die gleichzeitige Beschäftigung bei beiden Behörden nur solange und insoweit genehmigen, als es unbedingt erforderlich ist.

4. Über die Beisitzer aus der sozialen Fürsorge vgl. § 27 Abs. 3, § 29 VersG., über die Beisitzer aus dem Versorgungswesen vgl. Art. II § 5 VO. vom 1. 2. 19 in der Fassung des Ges. vom 15. 5. 20 (RGBl. S. 1064).

5. Die gemäß § 23 der Bestimmungen des RAM. vom 18. 2. 19 gewählten Vertrauensärzte wurden auch nach dem 1. 2. 22 als Gerichtsärzte im Sinne des § 22 von den Versorgungsgerichten zugezogen.

§ 160*).

Dieses Gesetz findet im Verwaltungsverfahren keine Anwendung[1], soweit es sich handelt

1. um Pensionsfragen der aktiven Offiziere der alten Wehrmacht und der auf Grund des § 32 des Offizierpensionsgesetzes vom 31. Mai 1906 (RGBl. S. 565) Pension beanspruchenden Personen und deren Hinterbliebenen nach den vor dem Inkrafttreten des Reichsversorgungsgesetzes ergangenen Militärversorgungsgesetzen[2],
2. um den Vollzug des Offizierentschädigungsgesetzes und

des Kapitulantenentschädigungsgesetzes vom 13. September 1919 (RGBl. S. 1654 und S. 1659)[3].

Es gilt uneingeschränkt[4] für die Angelegenheiten der Kapitalabfindung[5].

Der Reichsarbeitsminister kann die uneingeschränkte Anwendung dieses Gesetzes auch für die in Abs. 1 bezeichneten Angelegenheiten anordnen[6].

*) Fassung: Abs. 3 ist durch Art. 21 Ziff. V 13 der PAV. eingefügt.

1. Die Nichtanwendung des Gesetzes im Verwaltungsverfahren hatte zur Folge, daß das Reichspensionsamt für die ehemalige Wehrmacht zuständig blieb und die bisherigen Verfahrensvorschriften (vgl. § 158 Abs. 1 Nr. 1) anzuwenden hatte. Das Reichspensionsamt war auf Grund der VO. vom 17. 7. 22 (RGBl. I S. 600 und RVBl. Nr. 661) durch Vereinigung der Pensionsabteilungen des ehemaligen Heeres und der ehemaligen Marine entstanden. Es unterstand zunächst dem Reichsminister des Innern und seit dem 1. 7. 23 dem RAM. (RGBl. 23 I S. 512 und RVBl. 23 Nr. 524). Über Auflösung und Überleitung der Geschäfte vgl. unten Anm. 6.

2. Vgl. die Aufzählung dieser Gesetze in Anm. 1 zu § 1.

3. Vgl. die Ausführungsverordnungen der Reichsregierung zum OffEntschG. und zum KapEntschG. vom 4. 12. 19 (RGBl. S. 1944 und 1947).

4. Uneingeschränkt, d. h. auch für die Kapitalabfindungsangelegenheiten der im Abs. 1 genannten Personen.

5. Wegen der einzelnen Kapitalabfindungsgesetze und der in Betracht kommenden Vorschriften des RVG. vgl. Anm. 3 zu § 77.

6. Auf Grund des Abs. 3 hat der RAM. zunächst durch VO. vom 21. 12. 23 (RVBl. Nr. 988) die Anwendung des Verfahrensgesetzes auch im Verwaltungsverfahren für die in Abs. 1 bezeichneten Angelegenheiten angeordnet, aber die Zuständigkeit des Reichspensionsamts und der mit der Regelung und Auszahlung der Gebührnisse betrauten Stellen (vgl. RVBl. 23 Nr. 855) aufrechterhalten. Nachdem dann das Reichspensionsamt durch die VO. vom 1. 2. 24 (RGBl. I S. 65 und RVBl. Nr. 75) zum 31. 3. 24 aufgehoben war, hat er die Überleitung der Geschäfte auf die Vers.Ämter und Hpt.Vers.Ämter durch Erlaß vom 29. 2. 24 (RVBl. Nr. 115) näher geregelt. Seitdem gilt das Verfahrensgesetz auch für die in Abs. 1 genannten Angelegenheiten uneingeschränkt. An Besonderheiten sei auf die abweichende Regelung der Vertretung des Reichsfiskus im Rekursverfahren (vgl. Anm. 2 zu § 49) hingewiesen. — Über Ansprüche ehemaliger aktiver Beamter der alten Wehrmacht und ihrer Hinterbliebenen vgl. RVBl. 26 Nr. 31.

Anlage 1.

Auszug aus dem Wehrmachtversorgungsgesetz

in der Fassung vom 19. 9. 25 — RGBl. I S. 349/389 — (frühere Änderungen s. Anm. 3a zu § 1 VerfG.).

§ 81.

Die Erteilung der Zeugnisse (§ 6 Abs. 1, 2), des Zivildienstscheins an Übergangsgebührnisse beziehende Soldaten (§§ 10, 61 Abs. 1) sowie die Feststellung der Übergangsgebührnisse (§§ 7, 32), der Zulage hierzu (§ 8), der Kinder-, Frauen- und Teuerungszuschläge zu den Übergangsgebührnissen (§§ 14, 53), der einmaligen Übergangsbeihilfe an Übergangsgebührnisse beziehende Soldaten (§§ 15, 54) und der einmaligen Umzugsentschädigung an Übergangsgebührnisse beziehende Soldaten und an Hinterbliebene (§§ 16, 55, 80) erfolgt durch die Regimenter, die selbständigen Bataillone und die gleichgestellten Truppen- und Marineteile oder Behörden, denen die Versorgungsberechtigten angehören oder zur Zeit der Entlassung angehört haben. Das gleiche gilt entsprechend für die Feststellung der einmaligen Zuwendung für das Sterbevierteljahr (§ 78 Abs. 2).

Die Feststellung eines Vorschusses auf die Übergangsgebührnisse und auf die Zulage hierzu an Unteroffiziere und Mannschaften (§ 9) sowie eines Vorschusses auf die Übergangsgebührnisse an Offiziere (§ 51) erfolgt durch die für die vorgenannten Regimenter usw. zuständigen Wehrkreis- oder Stationskommandos.

Die Feststellung des Ruhegehalts (§§ 4, 31), der Kinder- und Teuerungszuschläge hierzu (§ 53), der Kapitalabfindung (§§ 38, 79), der einmaligen Übergangsbeihilfe an ruhegehaltsberechtigte Offiziere (§ 54), der einmaligen Umzugsentschädigung an ruhegehaltsberechtigte Offiziere (§ 55), des Witwen- und Waisengeldes (§ 76), des Zuschusses für das Sterbevierteljahr (§ 78 Abs. 1) sowie die Erteilung des Zivildienstscheins an ruhegehaltsberechtigte Offiziere (§ 61 Abs. 1) und die Entscheidung, welche Hinterbliebenenversorgung günstiger ist (§ 76 Abs. 4), erfolgt durch den Reichswehrminister. Er kann seine Befugnisse auf andere Behörden übertragen[1]).

§ 85.

Die Regelung der Verordnungsgebührnisse erfolgt durch die im Gesetz über das Verfahren in Versorgungssachen vom 10. Jan. 1922 (RGBl. S. 59) vorgesehenen Verwaltungsbehörden.

---

[1]) Vgl. Erlaß vom 24. 4. 25 (Heeresverordnungsblatt S. 35).

§ 86.

Die Zahlung der einmaligen Übergangsbeihilfe und der einmaligen Umzugsentschädigung erfolgt durch die Regimenter, die selbständigen Bataillone und die gleichgestellten Truppen- und Marineteile oder Behörden, denen die Versorgungsberechtigten zur Zeit der Entlassung angehören oder angehört haben, die Zahlung der übrigen im § 81 bezeichneten Versorgungsgebührnisse durch Vermittlung der im Gesetz über die Versorgungsbehörden [1]) vorgesehenen Verwaltungsbehörden.

§ 90.

Gegen die Bescheide der Regimenter, der selbständigen Bataillone und der gleichgestellten Truppen- und Marineteile oder Behörden und des Reichswehrministers, in denen über Ansprüche aus diesem Gesetz oder über die Rückforderung zu Unrecht erhobener Versorgungsgebührnisse entschieden wird, sowie gegen die Bescheide der für die Regelung vorgesehenen Behörden (§ 85) ist der Rechtszug im Spruchverfahren der Militärversorgung (Gesetz über das Verfahren in Versorgungssachen vom 10. Januar 1922 — RGBl. S. 59 —) zulässig.

Der Rekurs ist ausgeschlossen, wenn es sich um die Erteilung der Zeugnisse nach § 6 Abs. 1, 2 und um die Höhe der festgestellten Versorgungsgebührnisse nach den §§ 7, 8, 14, 15, 16, 32, 53 (soweit Kinder- und Teuerungszuschläge strittig sind), §§ 54, 55, 78, 80 handelt.

§ 103.

Für das Verfahren nach den §§ 2, 5, 33, 35, 76 Abs. 4 (soweit eine Versorgung nach dem Reichsversorgungsgesetze gewährt wird), § 77 gelten lediglich die Vorschriften über das Verfahren in Versorgungssachen nach dem Reichsversorgungsgesetze [2]) mit der Maßgabe, daß der Rekurs über eine Versorgung nach § 2 Abs. 2, § 77 Abs. 1 zweiter Satzteil und Abs. 2 ausgeschlossen ist.

---

[1]) Dieses Gesetz ist versehentlich in der Bekanntm. der neuen Fassung (RGBl. 25 I S. 349) stehen geblieben und auch in den Berichtigungen vom 20. 11. 25 (RGBl. I S. 389) nicht durch das Verfahrensgesetz ersetzt worden.

[2]) Es gilt in diesen Angelegenheiten also lediglich das Verfahrensgesetz. Die angeführten Vorschriften ordnen die Anwendung des Reichsversorgungsgesetzes an.

Anlage 2.

Auszug aus dem Kriegspersonenschädengesetz[1])

vom 15. 7. 1922 (Änderungen s. Anm. 3e zu § 1 VerfG.).

§ 1.

Reichsangehörige, die durch den letzten Krieg innerhalb oder außerhalb des Reichsgebiets Schädigungen an Leib oder Leben erlitten haben und nicht zu den nach dem Reichsversorgungsgesetze vom 12. Mai 1920 (RGBl. S. 989) versorgungsberechtigten Personen gehören, erhalten mit Wirkung vom 1. April 1920 für sich und ihre Hinterbliebenen Versorgung. Diese bestimmt sich nach dem Reichsversorgungsgesetze nebst den Ausführungsbestimmungen, soweit nicht die nachfolgenden Vorschriften etwas anderes enthalten.

Mit Genehmigung der Reichsregierung kann die Versorgung auch solchen Zivilpersonen gewährt werden, welche die Reichsangehörigkeit nicht besitzen.

§ 16.

Für die nach diesem Gesetz erforderlichen Entscheidungen im Verwaltungs- und Spruchverfahren sind die Behörden zuständig, die für die Feststellung der nach dem Reichsversorgungsgesetze zu gewährenden Gebührnisse zuständig sind.

§ 17.

Das Verfahren vor den im § 16 bezeichneten Behörden richtet sich nach den Vorschriften, die für die Durchführung des Reichsversorgungsgesetzes gelten.

§ 18.

Die Ansprüche für Schäden an Leib und Leben, die im Zusammenhang mit inneren Unruhen durch offene Gewalt oder durch ihre Abwehr unmittelbar verursacht werden, bestimmen sich für die Zeit vom 1. April 1920 ab nach den Vorschriften dieses Gesetzes mit der Maßgabe, daß sie sich gegen das Land richten, in dem der Schaden entstanden ist; durch Landesgesetz kann bestimmt werden, daß an Stelle des Landes ganz oder zum Teil die Gemeinden oder Gemeindeverbände ersatzpflichtig sind, in deren Bezirk der Schaden entstanden ist. Dies gilt auch für die in den §§ 43, 44 des Reichsversorgungsgesetzes genannten Personen, sofern

---

[1]) Vgl. die Anm. 3e zu § 1, 11 zu § 37, 23 zu AB. zu § 38, 1 zu § 49, 1 zu § 50, 5 zu § 90 und 2 zu § 92 VerfG.

der Tod ihres Ernährers auf die im Satze 1 bezeichneten Umstände zurückzuführen ist; entsprechendes gilt auch für den Witwer (§ 7). Wenn bei der Entstehung des Schadens ein Verschulden des Betroffenen mitgewirkt hat, so findet § 254 des Bürgerlichen Gesetzbuches Anwendung.

Für das Verfahren gelten die §§ 16, 17 dieses Gesetzes, und zwar auch, soweit Ansprüche für die Zeit vor dem 1. April 1920 erhoben werden.

Die Kosten der Versorgung für die durch innere Unruhen verursachten Personenschäden tragen vorbehaltlich anderer landesgesetzlicher Regelung in Höhe von zwei Dritteln das Land, in dem der Schaden entstanden ist, und in Höhe von einem Drittel die beteiligte Gemeinde. Die Landeszentralbehörde kann den Anteil leistungsschwacher Gemeinden höheren Gemeindeverbänden ganz oder zum Teil auferlegen. Die Landeszentralbehörde kann bestimmen, daß wirtschaftlich und örtlich zusammenhängende Gemeinden für die Erstattung als eine einheitliche Gemeinde zu gelten haben.

Anlage 8.

Auszug aus dem Reichsgesetz über die Schutzpolizei der Länder[1])

vom 17. 7. 22 (RGBl. I S. 597).

§ 1.

Schutzpolizei im Sinne dieses Gesetzes ist die Polizei der Länder, deren Angehörige

a) in einem öffentlich-rechtlichen Dienstverhältnis stehen,
b) auf Zeit in der Weise angestellt sind, daß sie zu einer ununterbrochenen Dienstzeit von 12 Jahren verpflichtet sind und in der Regel nach Ablauf dieser Zeit ausscheiden.

§ 2.

Nach ihrem Ausscheiden darf den Angehörigen der Schutzpolizei und nach ihrem Tode ihren Hinterbliebenen von den Ländern eine Versorgung in den Grenzen gewährt werden, wie sie für die entsprechenden Angehörigen der Wehrmacht und ihre Hinterbliebenen durch das Wehrmachtversorgungsgesetz vorgesehen ist. An Stelle des Zivildienstscheins usw.

---

[1]) Vgl. die Anm. 3f zu § 1, 1 zu § 50 und 2 zu § 73 VerfG. — Das Reichsgesetz über die Schutzpolizei ist ein sog. Sperrgesetz. Es soll nach einem z. Zt. den gesetzgebenden Körperschaften vorliegenden Gesetzentwurf unter Vorbehalt bereits erworbener Rechte aufgehoben werden. Dadurch werden die Schutzpolizeigesetze der Länder in ihrer Geltung nicht berührt, aber der Landesgesetzgebung Änderungen freigestellt.

§ 7.

Wenn eine dem Reichsversorgungsgesetz entsprechende Versorgung durch Landesgesetz vorgesehen wird, erfolgt die Durchführung im Verwaltungsverfahren durch die im Gesetz über das Verfahren in Versorgungssachen vom 10. Januar 1922 (RGBl. S. 59 ff.) vorgesehenen Verwaltungsbehörden. Die Vorbereitung geschieht durch die zuständige Landespolizeibehörde.

Die Länder haben die Übertragung dieser Aufgaben auf die genannten Behörden beim Reichsarbeitsminister zu beantragen.

Die Kosten der Versorgung werden von den Versorgungsbehörden für Rechnung der Länder verauslagt.

Wird durch verschiedene Leiden oder durch ein Leiden und seine Verschlimmerung der Anspruch auf Versorgung auf Grund von Militär- und Polizeidienstbeschädigung begründet, so ist durch die Versorgungsbehörde die Minderung der Erwerbsfähigkeit infolge der Gesamteinwirkung der Gesundheitsstörungen nach den Vorschriften des Reichsversorgungsgesetzes zu ermitteln und entsprechend dem Grade dieser Erwerbsfähigkeit eine einheitliche Versorgungsrente festzustellen. Der auf das Land entfallende Kostenanteil bestimmt sich nach dem Grade der durch die Polizei-Dienstbeschädigung verursachten Minderung der Erwerbsfähigkeit.

§ 8.

Wenn landesgesetzlich eine dem Wehrmachtversorgungsgesetz oder dem Reichsversorgungsgesetz entsprechende Versorgung vorgesehen wird, so ist durch Landesgesetz zu bestimmen, daß gegen die Entscheidung der zuständigen Verwaltungsbehörde das Spruchverfahren nach dem Gesetz über das Verfahren in Versorgungssachen zulässig ist, soweit für die entsprechende Leistung nach dem Reichsversorgungsgesetz oder dem Wehrmachtversorgungsgesetze das Spruchverfahren gegeben sein würde. In diesen Fällen ist der ordentliche Rechtsweg ausgeschlossen.

Anlage 4.

Hauptversorgungsämter, Versorgungsämter und sonstige Versorgungsdienststellen.

(Nach dem Stande vom 1. Mai 1926).

A. 15 Hauptversorgungsämter und 104 Versorgungsämter.

I. Hauptversorgungsamt Berlin in Berlin-Schöneberg, General Papestraße, Tel. Stephan 1330—42.

Versorgungsamt I Berlin: Stadt Berlin. Buchstaben A—E, angegliedert Betriebskrankenkasse des Reichs und Reichsausführungsbehörde für Unfallversicherung.

" II Berlin: Stadt Berlin, Buchstaben F—H.

" III Berlin: Stadt Berlin, Buchstaben J—L.

" IV Berlin: Stadt Berlin, Buchstaben M—Q und die reichsdeutschen Versorgungsberechtigten im Ausland, soweit nicht ein anderes Versorgungsamt für zuständig erklärt ist.

" V Berlin: Stadt Berlin Buchstaben R—So.

" VI Berlin: Stadt Berlin, Buchstaben Sp—Z, mit Krankenbuchlager Berlin.

" Cottbus, Blücherstr. 1, Tel. 337: Kreise Calau, Cottbus, Forst, Guben, Luckau, Lübben, Sorau, Spremberg.

" Frankfurt a. O., Fürstenwalderstr. 58, Tel. 1551: Kreise Beeskow, Bomst, Crossen, Frankfurt a. O., Königsberg (Neumark), Lebus, Ost- und West-Sternberg, Züllichau.

" Landsberg a. W., Neustadtstr. 12, Tel. 510: Kreise Arnswalde, Friedeberg (Neumark), Landsberg, Meseritz, Schwerin a. W., Soldin.

" Neuruppin, Friedrich-Franz-Str. 4, Tel. 110: Kreise Angermünde, Neuruppin (mit Ausnahmen), Ostpriegnitz, Prenzlau, Templin, Westhavelland (mit Ausnahmen), Westpriegnitz, Wittenberge und Teile von Mecklenburg-Schwerin.

" Potsdam, Garde-du-Corps-Str. 1—5, Tel. 3270: Kreise Brandenburg a. H., Eberswalde, Jüterbog, Niederbarnim, Nowawes, Oberbarnim, Osthavelland, Potsdam, Teltow, Zauch-Belzig und Teile von Westhavelland.

II. Hauptversorgungsamt Breslau, Ohlauerstr. 45 a, Tel. Ring 7115—16, 2490.

Versorgungsamt Breslau, Bürgerwerderkaserne, Tel. Ring 7115 bis 16, 2490: Kreise Breslau, Brieg, Gr.-Wartenberg, Guhrau, Militsch, Namslau, Neumarkt, Oels, Ohlau, Steinau, Trebnitz, Wohlau.

Versorgungsamt Gleiwitz, Keithstr. 7, Tel. 601: Kreise Beuthen, Gleiwitz, Groß-Strehlitz, Hindenburg, Tarnowitz, Tost-Gleiwitz und die reichsdeutschen Versorgungsberechtigten in Polnisch-Oberschlesien.

" Görlitz, Ziethenstr. 6, Tel. 200: Kreise Bunzlau, Görlitz, Hirschberg, Hoyerswerda, Landeshut, Lauban, Löwenberg, Rothenburg a. L.

" Liegnitz, Weißenburgerstr., Tel. 2130: Kreise Bolkenhain, Fraustadt, Freystadt, Glogau, Goldberg, Grünberg, Jauer, Liegnitz, Lüben, Sagan, Schönau, Sprottau.

" Oppeln, Malapanerstr. 75, Tel. 1117: Kreise Falkenberg, Grottberg, Kreutzburg, Lublinitz, Neisse, Neustadt, Oppeln, Rosenberg in O/S.

" Ratibor, Brunken 16, Tel. 665: Kreise Cosel, Leobschütz, Ratibor, Rybnik und die reichsdeutsch. Versorgungsberechtigten im Hultschiner Gebiet.

" Schweidnitz, Sedanplatz 2, Tel. 1084: Kreise Frankenberg, Glatz, Habelschwerdt, Münsterberg, Neurode, Nimptsch, Reichenbach, Schweidnitz, Strehlen, Striegau, Waldenburg.

III. **Hauptversorgungsamt Cassel**, Landgrafenstr. 2, Tel. 1881.

Versorgungsamt Cassel, Viktoriastr. 3, Tel. 1509: Kreise Cassel. Eschwege, Frankenberg, Fritzlar, Fulda, Gersfeld, Hersfeld, Hofgeismar, Homberg, Hünfeld, Melsungen, Rotenburg a. F., Witzenhausen, Wolfhagen, Ziegenhain und Freistaat Waldeck.

" Darmstadt, Eschollbrückerstr. 27, Tel. 2590: Kreise Bensheim, Darmstadt, Dieburg, Erbach. Gr.-Gerau, Heppenheim (mit Ausnahmen), Offenbach (mit Ausnahmen).

" Frankfurt a. M., Marienstr. 10, Tel. Hansa 2685: Kreise Büdingen, Frankfurt, Friedberg i. H., Gelnhausen, Hanau, Schlüchtern, Teile von Obertaunus und Usingen.

" Gera, Pariserstr. 1, Tel. 2245: Kreise Altenburg, Gera, Greiz, Rudolstadt, Saalfeld, Schleiz, Ziegenrück und Teile der Amtshauptmannschaft Werdau.

" Gießen, Liebigstr. 16, Tel. 150: Kreise Alsfeld, Biedenkopf, Dillkreis, Gießen, Kirchhain, Lauterbach, Limburg, Marburg, Oberlahnkreis, Oberwesterwaldkreis, Schotten, Westerburg Wetzlar.

" Gotha, Emminghausstr. 8, Tel. 1779: Kreise Arnstadt, Eisenach ohne Dermbach, Gotha und Teile des Landkreises Erfurt.

Versorgungsamt Mainz, Schillerstr. 23, Tel. 4242: Kreise Bingen, Mainz, Alzey, Oppenheim, Worms.

" Meiningen, Leipzigerstr. 19, Tel. 88: Kreise Hildburghausen, Meiningen, Salzungen, Schmalkalden, Sonneberg und Dermbach vom Kreise Eisenach.

" Weimar, Wilhelmsallee 10, Tel. 1157: Kreise Apolda, Camburg, Jena, Sondershausen Weimar, Teile von Naumburg und Weißenfels.

" Wiesbaden, Bertramstr. 3, Tel. 480: Kreise St. Goarshausen, Höchst, Rheingau, Unterlahnkreis, Untertaunuskreis, Unterwesterwaldkreis, Wiesbaden, Teile von Offenbach, Obertaunus und Usingen.

IV. Hauptversorgungsamt Coblenz, Weißerstr. 18, Tel. 2421, 2542.

Versorgungsamt Aachen, Düppelstr. 92, Tel. 6222: Kreise Aachen, Düren, Erkelenz, Geilenkirchen, Heinsberg, Jülich, Monschau, Schleiden und die reichsdeutschen Versorgungsberechtigten in Belgien einschl. Eupen-Malmedy.

" Barmen, Oberdörnerstr. 57, Tel. 354, 7425: Kreise Barmen, Elberfeld, Lennep, Mettmann, Remscheid, Solingen.

" Coblenz, Weißerstr. 18, Tel. 2421, 2542: Kreise Adenau, Ahrweiler, Altenkirchen, Cochem, Coblenz, Kreuznach, Mayen, Meisenheim, Neuwied, St. Goar, Simmern, Zell.

" Deutz in Köln I, Apostelnkloster 3, Tel. A 1527: Kreise Gummersbach, Mühlheim, Siegkreis, Waldbröhl, Wipperfürth und Köln rechts des Rheins.

" Düsseldorf, Roßstr. 92, 92a, Tel. Gneisenau 31888, 32038: Kreise Crefeld, Düsseldorf, Gladbach, Grevenbroich, Kempen, Neuß, Rheydt.

" Duisburg, Hansastr. 86, 86a Tel. 4567: Kreise Cleve, Duisburg, Geldern, Mörs.

" Essen, III. Hagen 13, 15, Tel. 8455: Kreise Essen, Mühlheim, Oberhausen.

" Köln, Vorgebirgstr. 49, Tel. Ullrich 1544, 4720: Kreise Bergheim, Bonn, Euskirchen, Köln, Rheinbach und Stadt Köln links des Rheins.

" Trier, Gartenfeldstr. 24, Tel. 645: Kreise Berncastel, Bidburg, Daun, Merzig, Prüm, Saarburg, St. Wendel, Trier, Wittlich, Birkenfeld (Oldenb.) und die reichsdeutschen Versorgungsberechtigten in Luxemburg, Ruhegehaltsempfänger und Versorgungsberechtigte nach dem Wehrmachtsversorgungsgesetz im Saargebiet.

" Wesel, Esplanade 9, Tel. 22: Kreise Dinslaken, Hamborn, Rees, Sterkrade und die reichsdeutschen Versorgungsberechtigten in Holland.

V. **Hauptversorgungsamt Dresden.** Zirkusstr. 38, Tel. 25961.

Versorgungsamt Bautzen, Am Königswall 3, Tel. 3104: Kreise Bautzen, Kamenz, Löbau, Zittau.

" Chemnitz, Feldstr. 13, Tel. 654: Kreise Annaberg, Chemnitz, Flöha, Marienberg, Rochlitz, Stollberg und Rußdorf vom Kreise Altenburg.

" Dresden, Große Meißnerstr. 15, Tel. 25961: Kreise Dippoldiswalde, Dresden, Freital, Pirna und die reichsdeutschen Versorgungsberechtigten in der Tschechoslowakei; mit Krankenbuchlager Dresden.

" Leipzig in Leipzig-Gohlis, Ehrensteinstr. 3, Tel. 19225, 19238: Kreise Borna, Grimma, Leipzig, Oschatz, angegliedert Betriebskrankenkasse des Reichs in Leipzig.

" Meißen in Meißen-Zeschendorf, Jägerstr. 2, Tel. 23: Kreise Döbeln, Freiberg, Sayda, Großenhain, Meißen.

" Plauen, Fabricestr., Tel. 2593: Kreise Auerbach, Oelsnitz, Plauen.

" Zwickau, Werdauerstr. 62, Tel. 2196: Kreise Glauchau, Schwarzenberg, Werdau (mit Ausnahmen), Zwickau.

VI. **Hauptversorgungsamt Hannover,** Am Welfenplatz 1, Tel. Nord 5767—69.

Versorgungsamt Altona, Mathildenstr. 44, Tel. D 2, 6158: Kreise Altona, Pinneberg, Stormarn, Wandsbeck und Teile vom Gebiet Hamburgs, angegliedert Betriebskrankenkasse des Reichs in Altona.

" Braunschweig, Kasernenstr. 25, Tel. 4295: Kreise Blankenburg, Braunschweig (mit Ausnahmen), Goslar, Helmstedt (mit Ausnahmen), Ilfeld, Wolfenbüttel ohne Palstorf, Zellerfeld, Teile der Kreise Gandersheim, Gardelegen, Halberstadt und Grafschaft Hohenstein.

" Bremen, Rambertistr. 29, Tel. Hansa 4987: Bremen ohne Bremerhaven.

" Celle, Sägemühlenstr. 13, Tel. 141: Kreise Bleckede, Burgdorf, Celle, Dannenberg, Fallingbostel, Gifhorn, Isenhagen, Lüchow Lüneburg, Soltau, Uelzen, Winsen.

" Flensburg, Duburgerstr. 72, Tel. 243: Kreise Flensburg, Südtondern und die reichsdeutschen

Versorgungsberechtigten in Dänemark und dem abgetretenen Gebiet Nordschleswigs.

Versorgungsamt **Hamburg** in Altona I, Palmaille 71, Tel. D 2 0693, 0798, 0842: Hamburg ohne Ritzebüttel mit Cuxhaven und einige Dörfer und die reichsdeutschen Versorgungsberechtigten in England.

" **Hannover**, Am Welfenplatz 1, Tel. Nord 5767 bis 5769: Kreise Hannover, Hoya, Linden, Neustadt a. R., Nienburg, Springe, Stolzenau, Sulingen und Schaumburg-Lippe, angegliedert Betriebskrankenkasse des Reichs in Hannover.

" **Hildesheim**, Steingrube 19, Tel. 4781: Kreise Alfeld, Duderstadt, Einbeck, Gandersheim ohne Ostharingen, Göttingen, Gronau, Hameln, Hildesheim, Holzminden, Marienburg i. H., Minden, Northeim, Osterode, Peine, Grafschaft Schaumburg, Uslar, Teile des Landkreises Braunschweig.

" **Kiel**, Feldstr. 21, Tel. 454: Kreise Bordesholm, Kiel, Neumünster, Plön, Seegeberg.

" **Lübeck**, Fackenburger Allee 31, Tel. 8994: Kreise Lübeck, Lauenburg, Kreis Oldenburg, Provinz Lübeck in Oldenb. und Schönberg in Mecklenburg-Strelitz.

" **Oldenburg**, Pferdemarkt 13, Tel. 1051: Oldenburg und die Kreise Aurich, Emden, Leer, Norden, Weener, Wittmund, Wilhelmshaven.

" **Osnabrück**, Neuer Graben, Tel. 1414: Kreise Aschendorf, Bentheim, Bersenbrück, Diepholz, Hümmling, Iburg, Lingen, Melle, Meppen, Osnabrück, Syke, Wittlage.

" **Schleswig**, Schloß Gottorp, Tel. 108: Kreise Eckernförde, Eiderstedt, Husum, Norder- und Süderdittmarschen, Rendsburg, Schleswig, Steinburg.

" **Stade**, Am Sande 1, Tel. 83: Kreise Achim, Blumenthal, Bremervörde, Geestemünde, Hadeln, Harburg, York, Kehdingen, Lehe, Neuhaus, Osterholz, Rothenburg, Stade, Verden, Zeven, Helgoland, Bremerhaven, Ritzebüttel und Cuxhaven, Teile von Braunschweig.

VII. Hauptversorgungsamt Karlsruhe, Moltkestr. 18 A, Tel. 6454, 6455.

Versorgungsamt **Freiburg** i. B., Sautierstr. 30, Tel. 3766: Amtsbezirke Emmendingen, Freiburg, Kehl, Lahr, Lörrach, Müllheim, Neustadt, Oberkirch, Offenburg, Säckingen, Schopfheim, Staufen, Waldkirch, Wolfach.

Versorgungsamt Heidelberg, Plöck 79, Tel. 320: Amtsbezirke Adelsheim, Buchen, Heidelberg, Mannheim, Mosbach, Sinsheim, Tauberbischofsheim, Weinheim, Wertheim und Teile vom Kreise Heppenheim und Oberamt Mergentheim.

" Karlsruhe, Karlsruhe-Mühlburg, Moltkestr. 18a, Tel. 6454, 6455: Amtsbezirke Bretten, Bruchsal, Bühl, Ettlingen, Karlsruhe, Pforzheim, Rastatt, Wiesloch, die reichsdeutschen Versorgungsberechtigten in Frankreich und Elsaß-Lothringen und die Versorgungsberechtigten mit französischer Staatsangehörigkeit.

" Radolfzell, Teggingerstr. 13, Tel. 52: Amtsbezirke Donaueschingen, Engen, Konstanz, Meßkirch, Pfullendorf, Stockach, Ueberlingen, Villingen, Waldshut, Teile von Hohenzollern und Sigmaringen, von Reutlingen und Tuttlingen und die reichsdeutschen Versorgungsberechtigten in der Schweiz.

VIII. Hauptversorgungsamt Königsberg in Pr., Litauer-Wall-Str., Tel. 5242, 5260.

Versorgungsamt Allenstein, Wadangerstr. 60, Tel. 646: Kreise Allenstein, Heilsberg, Neidenburg, Ortelsburg, Osterode, Rössel.

" Insterburg, Artilleriestr. 2, Tel. 198: Kreise Darkehmen, Gerdauen, Goldap, Gumbinnen, Insterburg, Niederung, Pillkallen, Stallupönen, Tilsit; mit Zweigstelle Tilsit, Stolbeckerstraße 106, Tel. 395: für die reichsdeutschen Versorgungsberechtigten im Memelgebiet, Rußland und den Randstaaten.

" Königsberg in Pr., Brahmsstr. 9, Tel. Hindenburg 22157, 22158: Kreise Braunsberg, Fischhausen, Friedland, Heiligenbeil, Königsberg, Labiau, Wehlau.

" Lötzen, Angerburger Chaussee, Tel. 238: Kreise Angerburg, Johannesburg, Lötzen, Lyck, Oletzko, Rastenburg, Sensburg.

" Marienburg in Westpr., Birkgasse 80/82, Tel. 51: Kreise Elbing, Marienburg, Marienwerder, Mohrungen, Pr. Holland, Rosenberg i. W., Stuhm und die reichsdeutschen Versorgungsberechtigten in Danzig.

15*

IX. Hauptversorgungsamt Magdeburg, Porsestr. 8, Tel. 8057, 8058.

Versorgungsamt Dessau, Leopoldstr. 8 und Wolfgangstr. 13, Tel. 2293: Kreise Bernburg, Bitterfeld, Cöthen, Delitzsch, Dessau, Liebenwerda, Schweinitz, Torgau, Wittenberg, Zerbst und Gem. Löbnitz vom Saalkreis.

" Erfurt, Anger 6, Tel. 2744: Kreise Erfurt, Hohenstein, Heiligenstadt, Langensalza, Mansfeld, Mühlhausen, Nordhausen, Sangerhausen, Weißensee, Worbis, Gem. Tilkerode des Kreises Ballenstedt.

" Halberstadt, Paulsplan 28, Tel. 2178: Kreise Aschersleben, Ballenstedt, Wernigerode, Halberstadt, Oschersleben, Quedlinburg und Palstorf.

" Halle a. S., Schloßberg 2, Tel. 6382, 6676: Kreise Eckartsberga, Eisleben, Halle, Mansfelder Seekreis, Merseburg, Naumburg (mit Ausnahmen), Querfurt, Saalkreis (mit Ausnahmen), Weißenfels, Zeitz.

" Magdeburg, Porsestr. 8, Tel. 8057, 8058: Kreise Calbe, Gardelegen (mit Ausnahmen), Jerichow I und II, Magdeburg, Neuhaldensleben, Osterburg, Salzwedel, Stendal, Wanzleben, Wolmirstedt und Teile des Kreises Helmstedt.

X. Hauptversorgungsamt München, Barerstr. 38—40, Tel. 27221, zugleich Landesdienststelle für das Versorgungswesen in Bayern.

Versorgungsamt Augsburg, Morellstr. 30, Tel. 3114: Bezirksämter Augsburg, Dillingen, Donauwörth Friedberg, Füssen, Günzburg, Illertissen, Ingolstadt, Kaufbeuren, Kempten, Krumbach, Lindau, Markt Oberdorf, Memmingen, Mindelheim, Neuburg, Neu-Ulm, Nördlingen, Schrobenhausen, Schwabmünchen, Sonthofen, Wertingen, Zusmarshausen und Teile von Sigmaringen.

" Landshut, Friedhofstr. 7, Tel. 195: Bezirksämter Bogen, Deggendorf, Dingolfing, Eggenfelden, Grafenau, Griesbach, Kelheim, Kötzting, Landau, Landshut, Mainburg, Mallersdorf, Passau, Pfarrkirchen, Regen, Rottenburg, Straubing, Viechtach, Vilsbiburg, Vilshofen, Wegscheid, Wolfstein.

" München-Stadt in München 31, Heßstr. 104, Tel. 53612: Stadt München und die reichsdeutschen Versorgungsberechtigten in Italien, angegliedert Krankenbuchlager in München.

Versorgungsamt München-Land in München 43, Barerstr. 38 bis 40, Tel. 27221: Bezirksämter Aibling, Altötting, Berchtesgaden, Dachau, Ebersberg, Erding, Freising, Fürstenfeldbruck, Garmisch, Landsberg, Laufen, Miesbach, Mühldorf, München, Pfaffenhofen, Rosenheim, Schongau, Starnberg, Tölz, Traunstein, Wasserburg, Weilheim, Wolfratshausen und die reichsdeutschen Versorgungsberechtigten in Deutsch-Österreich, Ungarn und den Balkanstaaten.

XI. Hauptversorgungsamt Münster i. W., Ägidiistr. 66—68, Tel. 4340.

Versorgungsamt Bielefeld, Bürgerweg 62, Tel. 502, 503: Kreise Bielefeld, Büren, Halle i. W., Herford, Höxter, Lübbecke, Minden, Paderborn, Warburg, Wiedenbrück und Freistaat Lippe ohne Lipperode.

" Dortmund, Ballenstr. 40, Tel. 1012: Kreise Dortmund, Hörde, Bochum, Hattingen, Herne, Witten.

" Gelsenkirchen, Industriestr. 61, Tel. 1525, 1526: Kreise Bottrop, Buer, Gelsenkirchen, Gladbeck, Osterfeld, Recklinghausen.

" Münster, Ägidiistr. 66—68, Tel. 3441: Kreise Ahaus, Beckum, Bocholt, Borken, Coesfeld, Lüdinghausen, Münster, Steinfurt, Tecklenberg, Warendorf.

" Soest, Vor dem Nöttentor 14, Tel. 138: Kreise Altena, Arnsberg, Brilon, Hagen, Hamm, Iserlohn, Lippstadt, Lüdenscheid, Meschede, Olpe, Schwelm, Siegen, Soest, Wittgenstein und Lipperode in Lippe.

XII. Hauptversorgungsamt Saarbrücken, Petersstr. 11.

Versorgungsamt Neunkirchen
" Saarbrücken
" Saarlouis
} Saargebiet.

XIII. Hauptversorgungsamt Stettin, Elisabethstr. 5, Tel. 7691—93.

Versorgungsamt Belgard, Kasernenstr. 1, Tel. 76: Kreise Belgard, Bublitz, Greifenberg, Köslin, Kolberg, Neustettin, Regenwalde, Schievelbein, Schlochau.

" Rostock i. M., St. Georgstr. 109, Tel. 2573: Mecklenburg-Schwerin und -Strelitz (mit Ausnahmen), Teile von Neuruppin und Demmin.

" Schneidemühl, Zeughausstr. 1, Tel. 52: Kreise Deutsch-Krone, Dramburg, Netzekreis, Flatow,

Schneidemühl und die reichsdeutschen Versorgungsberechtigten in Polen ausschließlich Poln.-Oberschlesien.

Versorgungsamt Stettin, Am Heiliggeisttor 4—5, Tel. 7691 bis 7693: Kreise Greifenhagen, Kammin, Naugard, Pritz, Randow, Saatzig, Stargard, Stettin, Ueckermünde, Usedom-Wollin und die reichsdeutschen Versorgungsberechtigten in Schweden und Norwegen.

" Stolp, Präsidentenstr. 41, Tel. 201: Kreise Bütow, Lauenburg, Rummelsburg, Schlawe, Stolp.

" Stralsund, Bleistr. 5, Tel. 2120: Kreise Anklam, Demmin (mit Ausnahmen), Franzburg, Greifswald, Grimmen, Rügen, Stralsund und die Insel Usedom.

XIV. Hauptversorgungsamt Stuttgart, Rotebühlstr. 30, Tel. 1380, 4984, 4985, 12496.

Versorgungsamt Ellwangen a. J., Bergstr. 10, Tel. 139: Oberämter Aalen, Backnang, Crailsheim, Ellwangen, Gaildorf, Gerabronn, Gmünd, Hall, Künzelsau, Mergentheim (mit Ausnahmen), Neckarsulm, Neresheim, Oehringen, Weinsberg, Welzheim.

" Rottweil, Johanniterstr. 16, Tel. 136: Oberämter Balingen, Freudenstadt, Herrenberg, Horb, Nagold, Oberndorf, Reutlingen (mit Ausnahmen), Rottenburg, Rottweil, Spaichingen, Sulz, Tübingen, Tuttlingen (mit Ausnahmen) und Teile von Hechingen.

" Stuttgart, Rotebühlstr. 30, Tel. 1380, 4984, 4985, 12496: Oberämter Besigheim, Böblingen, Brackenheim, Calw, Cannstadt, Eßlingen Heilbronn, Kirchheim, Leonberg, Ludwigsburg, Marbach, Maulbronn, Neuenbürg, Nürtingen, Schorndorf, Stuttgart, Urach, Vaihingen, Waiblingen und Teile von Eppingen und Heppenheim und die reichsdeutschen Versorgungsberechtigten in Spanien und Portugal.

" Ulm, Karlstr., Tel. 1213: Oberämter Biberach, Blaubeuren, Ebingen, Geislingen, Göppingen, Heidenheim, Laupheim, Leutkirch, Münsingen, Ravensburg, Riedlingen, Saulgau, Tettnang, Ulm, Waldsee, Wangen und Teile von Sigmaringen und Ueberlingen.

XV. Hauptversorgungsamt Würzburg, Wörthstr. 23, Tel. 2321.

Versorgungsamt Ansbach, Hindenburgweg 22, Tel. 15: Ansbach, Dinkelsbühl, Eichstätt, Feuchtwangen, Gunzenhausen, Rothenburg, Uffenheim, Weißenburg.

Versorgungsamt **Bamberg**, Heiliggrabstr. 28, Tel. 256: Bamberg, Coburg, Ebermannstadt, Ebern, Forchheim, Haßfurt, Höchstadt, Hofheim, Königsberg i. Fr., Kronach, Lichtenfels, Neustadt, Rodach, Staffelstein, Teuschnitz.

" **Bayreuth**, Helbstr. 7, Tel. 170: Bayreuth, Berneck, Eschenbach, Hof, Kemnath, Kulmbach, Marktredwitz, Münchberg, Naila, Pegnitz, Rehau, Selb, Stadtsteinach, Tirschenreuth, Wunsiedel und Hollfeld in Ebermannstadt.

" **Kaiserslautern**, Rummelstr. 8, Tel. 405: Kaiserslautern, Kirchheimbolanden, Kusel ohne Außensitz, Waldmohr, Rockenhausen.

" **Ludwigshafen**, Maxstr. 35, Tel. 62108: Bergzabern, Germersheim, Landau, Frankenthal, Ludwigshafen, Dürkheim, Neustadt a. d. H., Speyer.

" **Nürnberg**, Ludwigstr. 36, Tel. 10840/41: Erlangen, Fürth, Hersbruck, Hilpoltstein, Lauf, Neustadt a. A., Nürnberg, Scheinfeld, Schwabach.

" **Regensburg**, Bertholdstr. 2, Tel. 392: Amberg, Beilngries, Burglengenfeld, Cham, Nabburg, Neumarkt, Neunburg, Neustadt a. d. W., Oberviechtach, Parsberg, Regensburg, Riedenburg, Roding, Schwandorf, Stadtamhof, Sulzbach, Vohenstrauß, Waldmünchen, Weiden.

" **Würzburg**, Wörthstr. 23, Tel. 2321: Alzenau, Aschaffenburg, Brückenau, Gemünden, Gerolzhofen, Hammelburg, Karlstadt, Kissingen, Kitzingen, Königshofen, Lohr, Marktheidenfeld, Mellrichstadt, Miltenberg, Neustadt a. S., Obernburg, Ochsenfurt, Schweinfurt, Würzburg.

" **Zweibrücken**, Dinglerstr. 1, Tel. 142: Pirmasens, Zweibrücken, Teile von Kaiserslautern und Kusel.

B. Sonstige Versorgungsdienststellen.

I. Versorgungskrankenhäuser (9).

Benediktbeuren, Chemnitz, Görlitz, Hanau, Minden, Müllheim i. B., Potsdam, Schleswig, Weingarten in Württ.

II. Versorgungskuranstalten (11).

Borkum, Driburg, Glasewaldsruhe (Bez. Dresden), Helsa, Bad Homburg v. d. H., Kissingen, Landeck i. Schles., Mergentheim, Bad Nauheim, Waldeck, Wildbad.

III. Orthopädische Versorgungsstellen (37).

Aachen, Allenstein, Altona, Barmen, Berlin, Bielefeld, Braunschweig, Bremen, Breslau, Cassel, Coblenz, Dortmund,

Dresden, Düsseldorf, Erfurt, Frankfurt a. M., Frankfurt a. O., Freiburg i. Br., Gelsenkirchen, Gleiwitz, Halle a. S., Hannover, Kaiserslautern, Karlsruhe, Köln, Königsberg i. Pr., Köslin, Leipzig, Magdeburg, München, Münster i. W., Nürnberg, Rostock, Stettin, Stuttgart, Würzburg, Zwickau i. Sa.

IV. Versorgungsärztliche Untersuchungsstellen (16).

Altona, Berlin, Breslau, Cassel. Dresden, Hannover, Heidelberg, Köln, Königsberg i. Pr., Magdeburg, München, Münster i. W., Nürnberg, Stettin, Stuttgart, Würzburg.

V. Reichsarbeitskasse (Reichsversorgungskasse) in Berlin NW. 40, Scharnhorststr. 36.

VI. Einkaufsstelle für Sanitätsbedarf im Versorgungswesen in Berlin-Tempelhof, Friedrich-Wilhelm-Str. 1—5.

VII. Kaiser-Wilhelms-Akademie für ärztlich-soziales Versorgungswesen in Berlin NW. 40, Scharnhorststr. 36 (dem Reichsgesundheitsamt angegliedert).

Anlage 5.

Die Spruchbehörden der Reichsversorgung.

(Nach dem Stande vom 1. Mai 1926).

I. Das Reichsversorgunsgericht

in Berlin W. 15, Königin-Augusta-Str. 26, Tel. Nollendorf 6274 bis 79 (Reichsbehörde).

II. Das bayerische Landesversorgungsgericht

in München, Ludwigstr. 14 (Landesbehörde).

III. 67 Versorgungsgerichte (Landesbehörden).

a) Preußen (35).

Versorgungsgericht Berlin in Charlottenburg, Berlinerstr. 11.
" Königsberg i. Pr., Fuchsberger Allee 5—7.
" Allenstein, Kleebergstr. 32—34.
" Marienwerder, Wilhelmstr. 19.
" Potsdam, Priesterstr. 11/12 I.
" Frankfurt a. O., Regierungsgebäude.
" Stettin, Hakenterrasse.
" Köslin, Bergstr. 41.
" Stralsund Heiliggeiststr. 62/63.
" Gumbinnen, Friedrich-Wilhelmplatz 1.
" Schneidemühl, Jastrowerstr. 17.
" Breslau, Neumarkt 1—8.

Versorgungsgericht Liegnitz, Lübenerstraße.
" Oppeln, Friedrichsplatz 1 (mit Spruchkammern in Gleiwitz und Neisse).
" Magdeburg, Remtergang 1.
" Merseburg, Schloß.
" Erfurt, Regierungsgebäude.
" Schleswig, Poststr. 4.
" Hannover, Regierungsgebäude.
" Hildesheim, Bahnhofplatz 5.
" Lüneburg, Reitende Dienerstr. 3.
" Stade, Bungenstr. 19.
" Osnabrück, Regierungsgebäude.
" Aurich, Nebengebäude der Regierung.
" Münster i. W., Bispinghof 3.
" Arnsberg, Bahnhofstr. 5.
" Dortmund, Kepplingstr. 5 (mit Spruchkammern in Bochum, Hamm, Hagen, Soest).
" Kassel, Hohenzollernstr. 44.
" Wiesbaden, Alexanderstr. 10.
" Koblenz, Regierungsgebäude.
" Düsseldorf, Cäcilienallee 1 (mit Spruchkammern in Elberfeld, Crefeld, Duisburg, M.-Gladbach, Wesel, Cleve, Remscheid, Solingen, Essen, Mühlheim-Ruhr).
" Köln a. Rh., Zeughausstr. 8.
" Trier, St. Martinsufer 2.
" Aachen, Wallstr. 10.
" Sigmaringen, Karlstr. 13.

b) Bayern (8):

" München, Ludwigstr. 14.
" Landshut, Maximilianstr. 18.
" Speyer, Weberstr. 11.
" Regensburg, Gabelsbergerstr. 7a.
" Bayreuth, Leopoldstr. 3.
" Nürnberg, Weintraubengasse 1.
" Würzburg, Friedenstr. 14.
" Augsburg, Holbeinstr. 10.

c) Sachsen (5):

" Bautzen, Schloßstr. 12.
" Chemnitz, Stollbergerstr. 12.
" Dresden, Dürerstr. 4.
" Leipzig, Bosestr. 4.
" Zwickau, Reichsstr. 8.

d) Württemberg (1):

" Stuttgart, Rotebühlstr. 79 (Spruchkammern in Reutlingen, Ellwangen und Ulm).

e) Baden (4):

Versorgungsgericht Konstanz, Lutherplatz 8.
" Freiburg i. Br., Uhlandstr. 11.
" Karlsruhe, Stephanienstr. 74.
" Mannheim, Schloß.

f) Thüringen (2):

" Gotha, Schloßberg 2 (Spruchkammern in Weimar, Neustadt und Coburg).
" Meiningen, Schloßrundbau.

g) Hessen:

" Darmstadt, Neckarstr. 1 (Spruchkammer in jeder Provinz).

h) Hamburg:

" Hamburg, Ringstr. 15.

i) Mecklenburg-Schwerin:

" Schwerin i. M., Schloßstr. 5.

k) Braunschweig:

" Braunschweig, Turnierstr. 7.

l) Oldenburg:

" Oldenburg, Katharinenstr. 5 (Spruchkammern in Eutin und Birkenfeld).

m) Anhalt:

" Dessau, Ministerium.

n) Bremen:

" Bremen, am Wall 201.

o) Lippe:

" Detmold, Kaiser-Wilhelm-Platz.

p) Lübeck:

" Lübeck, Große Burgstr. 4.

q) Mecklenburg-Strelitz:

" Neustrelitz, Schloß.

r) Waldeck und Schaumburg:

(Vers.-Ger. Hannover und Cassel).

s) Saargebiet:

" Saarbrücken, Schillerstr. 9/11.

t) Danzig:

" Danzig, Neugarten 11 (Danziger Behörde).

Sachverzeichnis.

Die großen Zahlen bezeichnen, wo nichts anderes angegeben, die Gesetzesparagraphen, die kleinen die Anmerkungen. AB. = Ausführungsbestimmungen, Vorb. = Vorbemerkung, Anl. = Anlage.

A.

B.

D.

E.

F.

G.

L.

P.

R.

V.

W.

Z.

FSC
www.fsc.org
MIX
Papier | Fördert
gute Waldnutzung
FSC® C083411

Kolibri 360 GmbH
Ferdinand-Jühlke-Straße 7
99095 Erfurt, Deutschland
produktsicherheit@kolibri360.de